Muttersprache plus

Sprach- und Lesebuch 8 Sachsen

Erarbeitet von
Veronika Amm, Hartmut Frentz, Thomas Hopf, Birgit Mattke, Jana Mikota,
Viola Oehme, Elke Oll, Katrin Paape, Gerda Pietzsch, Bianca Ploog, Cordula Rieger,
Luzia Scheuringer-Hillus, Adelbert Schübel, Ute Schultes, Wiebke Schwelgengräber,
Bernd Skibitzki, Viola Tomaszek

Unter Beratung von
Veronika Amm, Simone Fischer, Viola Oehme, Katrin Paape

VOLK UND WISSEN

Inhalt

Was weißt du noch aus Klasse 7? 6

Sprechen, Zuhören, Schreiben, Lesen

Über mich und andere: Recht und Unrecht

Kurzgeschichten lesen und verstehen 8
Was habe ich gelernt? 13
Gewusst wie: Eine Inhaltsangabe verfassen 14

Sachtexte erschließen 16
Sachtexten Informationen und Meinungen entnehmen 16
Teste dich selbst! 22

Präsentieren: Projektergebnisse vorstellen 24
Was habe ich gelernt? 29

Meinungen austauschen – Diskutieren 30
Was habe ich gelernt? 36
Gewusst wie: Diskussionen auswerten 37

Sich schriftlich mit Problemen auseinandersetzen – Erörtern 38
Lineare Erörterungen schreiben 38
Was habe ich gelernt? 43
Dialektische (kontroverse) Erörterungen schreiben 44
Was habe ich gelernt? 46

Reklamationen und Beschwerden schreiben 47
Was habe ich gelernt? 50

Lesestoff
Heinrich Böll: Die Waage der Baleks 51
Wann spricht der Gesetzgeber von Betrug? 57

Entdeckungen: Printmedien

Medien unterscheiden 58
Was habe ich gelernt? 60

Printmedien untersuchen 61
Was habe ich gelernt? 66

Spezielle Zeitungstexte untersuchen und schreiben 67
Was habe ich gelernt? 69

Interviews vorbereiten und führen 70
Was habe ich gelernt? 72

Gewusst wie: Umfragen vorbereiten und durchführen 73

Lesestoff
Eine Auswahl journalistischer Texte **76**
Sylvia Englert: Der bunte Blätterwald **79**
Sylvia Englert: Medienmacher. Wer an der Entstehung von Zeitungsinhalten beteiligt ist. **80**

Die Welt der Bücher: Kriminalistisches Nr. 1

Kriminalgeschichten lesen und verstehen 84
Was habe ich gelernt? **97**

 Gewusst wie: Lesen als Spurensuche –
Ein Lesetagebuch führen **98**

 Gewusst wie: Personen und Figuren charakterisieren **99**

Aus unterschiedlichen Perspektiven erzählen 100
Was habe ich gelernt? **103**

Eindrücke wiedergeben – Schildern 104
Was habe ich gelernt? **108**

 Lesestoff
Roald Dahl: Lammkeule **109**

Fantasie und Wirklichkeit: Form im Aufbruch

Den Expressionismus als Literaturepoche kennen lernen 117
Was habe ich gelernt? **125**

Gedichte lesen – Texte schreiben 128
Was habe ich gelernt? **130**

 Gewusst wie: Lyrikwerkstatt **131**

 Lesestoff
Kurt Tucholsky: Luftveränderung **132**
Arno Holz: Märkisches Städtchen **133**
Kurt Heynicke: Freundschaft **134**

Gewusst wie: Praktikum und Beruf

Bewerbungen schreiben 135
Was habe ich gelernt? 137

Praktikumsberichte schreiben 138
Was habe ich gelernt? 141

 Lesestoff
Marie-Aude Murail: Über kurz oder lang 142

Schritt für Schritt: Wort–Satz–Text

Über Sprache nachdenken

Wortarten und Wortformen 146
Die Wortarten im Überblick 146
Nomen/Substantive und Nominalisierungen/Substantivierungen 149
Verben 150
    Zeitformen (Tempusformen) 150
    Die Modusformen des Verbs: Indikativ und Konjunktiv I 151
    Die Modusformen des Verbs: Konjunktiv II 154
    Die Modusformen des Verbs: Imperativ 156
    Aktiv und Passiv 157
    Die Modalverben 158
Adverbien 159

Satzbau und Zeichensetzung 160
Der einfache Satz 160
    Die Satzglieder im Überblick 160
    Textgestaltung durch Satzverknüpfung 162
    Nachgestellte Erläuterungen 163
    Infinitiv- und Partizipgruppen 165
Der zusammengesetzte Satz 168
    Zweigliedrige Sätze 168
    Mehrfach zusammengesetzte Sätze 171
Zeichensetzung 174
    Die Kommasetzung im Überblick 174
    Zeichensetzung bei der direkten (wörtlichen) Rede 175
    Zeichensetzung beim Zitieren 176

Wortschatzerweiterung 178
Wortbildung 178
Wortbedeutung 182
    Synonyme 182
    Antonyme 184

Homonyme 186
Metaphern 188
Personifizierungen 190
Teste dich selbst! 192

Richtig schreiben

Groß- und Kleinschreibung 194
Nominalisierungen/Substantivierungen 194
Die Schreibung von Eigennamen 196

Getrennt- und Zusammenschreibung 198
Regeln der Getrennt- und Zusammenschreibung bei Verben 198
Die Schreibung von Straßennamen 203
Wörter mit Bindestrich 205

Fremdwörter 207

Abkürzungen und Kurzwörter 211
 Gewusst wie: Fehlerschwerpunkte erkennen und Fehler korrigieren 215
Teste dich selbst! 220

Wahlpflicht

Kriminalistisches Nr. 2
Einen Drehbuchausschnitt untersuchen 222
Selbst eine Drehbuchszene schreiben und drehen 229

Mundart
Standardsprache und Mundart unterscheiden 232
Verschiedene Mundarten vergleichen 233
Mundarttexte gestalten 237

Unsere Zeitung – eine Schülerzeitung gestalten 240
Einen Titel finden 241
Den Inhalt festlegen 242
Texte schreiben und Layout gestalten 243
Präsentieren der Schülerzeitung 245
Gewusst wie: Rechtliches 247

Merkwissen 248   Lösungen zu den Tests 270
Quellenverzeichnis 274   Sachregister 277

Was weißt du noch aus Klasse 7?

1 Lies den folgenden Text.

Freunde treffen, Schule, Sport – Prioritäten setzen

1 Stress kann vermieden werden, wenn man sich auf die Dinge konzentriert, die einem wirklich wichtig sind. Soziale Beziehungen stehen für die meisten an erster Stelle. Doch permanente Erreichbarkeit durch Handy, Chat und Co. kann anstrengend werden.

2 Jugendliche sollten sich Zeit nehmen, um bewusst Schwerpunkte in ihrem Leben zu setzen. »Immer mehr muss heute in immer weniger Zeit erledigt werden«, sagte Wolfgang Gaiser vom Deutschen Jugendinstitut in München. Wichtige Fragen seien deshalb: Was habe ich mir alles vorgenommen? Was muss wirklich sein? Was ist mir sehr wichtig? Auf was kann ich vielleicht verzichten?

3 Dass sich Jugendliche zwischen immer mehr Bereichen entscheiden müssen, belegt auch die aktuelle Shell-Jugendstudie, die am Dienstag in Berlin vorgestellt wurde: Der persönliche Erfolg durch Fleiß und Ehrgeiz ist demnach für eine Mehrheit der Jugendlichen wichtig. Gleichzeitig wollen sie ihr Leben genießen und legen Wert auf ihr soziales Umfeld aus Familie, Freunden und Bekannten. Auch politisches Engagement spielt für viele Jugendliche eine Rolle.

4 Es gehe deshalb vor allem darum, Prioritäten zu setzen und die eigentlichen Interessen nicht aus den Augen zu verlieren, erklärte Gaiser. Dabei könnten am besten die eigenen Freunde helfen. Jugendliche empfinden ihre Entscheidung für eine bestimmte Ausbildung zum Beispiel als viel zufriedenstellender, wenn sie das Thema vorher mit Freunden besprochen haben.

5 Unter Freunden könnten Jugendliche Fragen stellen und diskutieren, welche Entscheidungen sie im Leben wirklich treffen wollen, erläuterte Gaiser. Soziale Netze dienten als wichtiger Rückhalt, um den immer vielfältigeren Anforderungen der Jugend gerecht zu werden.

6 Das Gefühl, immer viele Dinge erledigen zu müssen, könne sich Gaiser zufolge durch permanente Erreichbarkeit verstärken. »Dauernd surfen, E-Mails bearbeiten, Fotos herumschicken und chatten kann durchaus Stress erzeugen.« Deshalb sollten Jugendliche zwischendurch auch einmal komplett auf Kommunikation und Erreichbarkeit verzichten.

2 Notiere die richtige Antwort.

Die Shell-Jugendstudie berichtet, dass die meisten Jugendlichen …
1 wenig Interesse an politischem Engagement haben.
2 ihre eigentlichen Interessen aus den Augen verlieren.
3 persönlichen Erfolg sowie Freunde und Familie wichtig finden.
4 sich mit Freunden selten über Entscheidungen im Leben unterhalten.

3 Welches zentrale Problem wird im Text angesprochen? Notiere die richtige Antwort.

Jugendliche …
1 chatten zu häufig und schreiben zu viele E-Mails.
2 nehmen sich zu selten Zeit für sich und ihre Hobbys.
3 sind ständig erreichbar und genießen das Leben zu wenig.
4 machen viele Dinge gleichzeitig und können daher gestresst werden.

4 Schätze ein, welche Funktion der Text hat, und notiere die Antwort. Begründe deine Entscheidung am Text, indem du mindestens zwei Beispiele findest.

Der Text …
1 informiert mich, was Jugendlichen wichtig ist.
2 fordert mich auf, bewusst mit der Zeit umzugehen.

5 Schreibe aus dem 3. Abschnitt des Textes von Aufgabe 1 die Attribute mit den Nomen/Substantiven heraus, auf die sie sich beziehen. Bestimme die Attribute nach ihrer Stellung.

6 Forme die Sätze wie in Klammern angegeben in Aktiv oder Passiv um. Beachte die Zeitformen.

1 Ich schrieb die E-Mails auf diesem Computer. (Passiv)
2 Paul schießt beim Fußballspielen die meisten Tore. (Passiv)
3 Der Fußballverein wurde von Tom gegründet. (Aktiv)
4 Soziale Netzwerke werden von Jugendlichen oft genutzt. (Aktiv)

Über mich und andere: Recht und Unrecht

Kurzgeschichten lesen und verstehen

> Als **Kurzgeschichten** bezeichnet man (in Anlehnung an die amerikanischen *Short Stories*) kurze und prägnante Erzählungen mit folgenden typischen **Merkmalen**:
> - es werden einzelne alltägliche Ereignisse oder Erlebnisse beleuchtet,
> - es treten wenige Figuren auf,
> - die Geschichte beginnt oft unvermittelt,
> - das Ende ist meist offen, mitunter überraschend,
> - die Handlungszeit ist begrenzt (meist nur wenige Stunden oder Tage),
> - die Handlungsorte sind begrenzt (oft nur einer),
> - es wird eine knappe alltägliche Sprache verwendet, häufig mit Andeutungen und Metaphern.

a   Lies die folgende Geschichte von Ursula Wölfel (geb. 1922).

Ursula Wölfel

Lügen

Ein Kind kommt von der Schule nach Hause. Die Eltern fragen nach der Rechenarbeit. Hat der Lehrer sie heute zurückgegeben? Sie haben mit dem Kind gelernt, nun möchten sie wissen, ob es eine gute Arbeit geschrieben hat. Der Lehrer hat die Arbeit noch
5   nicht zurückgegeben. Das sagt das Kind. Hat es nicht gestern erzählt, heute sollten sie die Arbeit zurückbekommen? Sie haben die Verbesserungen gleich in der Schule gemacht. Der Lehrer hat die Hefte wieder in den Schrank gelegt. Er hat die Arbeit also doch zurückgegeben! Warum lügt das Kind? Hat es eine schlechte Note?
10   Es hat eine Drei, sagt das Kind. Eine Drei, das ist ordentlich. Deshalb brauchte das Kind doch nicht zu lügen? Das Kind gibt keine Antwort. Die Mutter sieht in der Schultasche nach. Sie findet das Heft mit der Rechenarbeit. Aber das Kind hat behauptet, der Lehrer hätte die Hefte in den Schrank gelegt. Wieder hat es
15   gelogen. Das Kind will schnell sagen, dies sei nicht das richtige Heft. Es will der Mutter das Heft wegnehmen. Aber sie hat es schon aufgeschlagen.

»Mangelhaft«, steht unter der Arbeit. Eine Fünf hat das Kind. Heute finden die Eltern das nicht schlimm. Jeder kann einmal eine schlechte Arbeit schreiben. Dass aber ihr Kind zu feige ist, die Wahrheit zu sagen, dass es zweimal gelogen hat, das finden sie schlimm, traurig, schrecklich.

Das Kind hatte Angst. Es wusste nicht, dass heute eine Fünf nicht so schlimm ist wie sonst. Das letzte Mal hat es Ohrfeigen bekommen, wegen der Fünf im Diktat. Will es sich herausreden? Damit macht es alles noch schlimmer. Die Eltern nennen das Kind böse und schlecht. Zur Strafe darf es heute nicht draußen spielen. Es muss die Aufgaben aus der Rechenarbeit abschreiben und so oft rechnen, bis alles richtig ist.

Das Kind sagt nichts mehr. Es rechnet. Die Eltern unterhalten sich. Heute soll ihr altes Auto verkauft werden. Eine Frau will kommen und es ansehen. Vielleicht nimmt sie es gleich mit. Vor einem halben Jahr hatte der Vater einen Unfall mit diesem Auto. Es wurde repariert und frisch gespritzt. Man sieht nichts mehr von dem Schaden. Die Frau braucht nicht zu wissen, dass sie einen Unfallwagen bekommt. Sonst nimmt sie ihn womöglich nicht. Wahrscheinlich fragt sie gar nicht danach. Und wenn sie es doch tut, werden sie sagen, sie solle den Wagen betrachten. Sieht er wie ein Unfallwagen aus? Dass mit dem Rahmen etwas nicht stimmt, kann sie nicht sehen. Er ist nur ganz leicht verzogen. Sollte das später herauskommen, können sie sagen, sie hätten das nicht gewusst. Wenn der Mann aus der Werkstatt den Rahmen nicht nachgemessen hätte, wüssten sie tatsächlich nichts davon.

Die Frau kommt früher, als sie gedacht haben. Sie hat den Wagen schon gesehen, das Garagentor stand offen. Er gefällt ihr gut. Sie freut sich. Dies wird ihr erstes Auto sein.

Die Eltern bieten ihr etwas zu trinken an, und der Vater erzählt der Frau, was für einen großartigen Wagen sie von ihm bekommt. Er verkauft ihn nur, weil er einen größeren braucht.

Den Kaufvertrag hat er schon vorbereitet. Wollen sie den jetzt beide unterschreiben? Vom Unfall ist nicht die Rede. Ehe die Frau den Vertrag unterschreibt, sähe sie sich den Wagen gern noch einmal genauer an.

Der Vater will ihn auf die Straße fahren. Die Frau kann hier warten. Er geht hinaus und auch die Mutter geht für einen Augenblick aus dem Zimmer. Sie will Zigaretten holen. Das Kind bleibt mit der

60 Frau allein. Der Frau fällt jetzt ein, dass sie noch
was fragen wollte. Ist der Wagen unfallfrei?
Weiß das Kind etwas darüber? Das Kind
erschrickt. Es sagt: »Ich weiß nicht.«
Die Frau ist beruhigt. Wenn das Kind nichts
65 davon weiß, hatte der Wagen bestimmt keinen
Unfall. So etwas vergisst doch keiner.
Die Mutter kommt zurück.
Die Frau geht ans Fenster und sieht zu, wie der
Vater das Auto hinausfährt. Sie möchte nun lieber gleich hinunter-
70 gehen und keine Zigarette mehr rauchen. Den Vertrag nimmt sie
mit, den kann sie auch auf der Straße unterschreiben. Sie verab-
schiedet sich von der Mutter und dem Kind und geht. Die Mutter
will wissen, worüber die Frau vorhin mit dem Kind gesprochen
hat. Die Frau hat gefragt, ob das Auto keinen Unfall hatte. Und das
75 Kind hat ihr alles erzählt? Ist die Frau deshalb so schnell wegge-
gangen? Das Kind hat gesagt, es wüsste nichts. Nun lobt die Mutter
das Kind. Das war die beste Antwort. Der Vater kommt wieder.
Er ist vergnügt. Sie sind die alte Kiste los, hier ist der Vertrag, unter-
schrieben. Und hier ist das Geld.
80 Die Mutter erzählt ihm, wie gescheit das Kind war. Eigentlich
hätte es eine Belohnung verdient. Wenn die Rechenaufgaben fertig
sind, darf es draußen spielen. Das meint auch der Vater. Er hat
nichts dagegen, wenn das Kind sofort nach draußen geht. Es kann
heute Abend weiterrechnen.
85 Das Kind hat doch wieder gelogen? Es hat der Frau nicht die Wahrheit gesagt. Es weiß, dass der Wagen einen Unfall hatte. Und die
Eltern haben auch nicht die Wahrheit gesagt.
Das ist etwas anderes, das versteht das Kind noch nicht.

b Wie gefällt dir die Geschichte? Begründe kurz deine Meinung.

Mir gefällt der Text (nicht), weil …

**Eine Kurz-
geschichte
untersuchen**

→ **S. 248** Merkwissen,
Erzählen

2 Weise nach, dass es sich bei dem Text aus Aufgabe 1 a um eine Kurzgeschichte handelt.

a Bestimme, aus wessen Perspektive die Geschichte erzählt wird.

b Unterteile den Text in Abschnitte. Untersuche, welche Figuren
auftreten, und stelle fest, was du jeweils über sie erfährst.

c Bewerte die Handlungsweisen der Figuren. Begründe deine Meinung.

d Untersuche die Sprache der Geschichte. Übertrage dazu die Tabelle in dein Heft und ergänze sie.

sprachliche Besonderheiten	»Lügen«
Wortwahl Satzlänge, Satzbau Wie werden Dialoge wiedergegeben? …	…

a Lies die folgende Geschichte von Anna Drawe.

Im Warenhaus

Betty Warner war eine gute Seele, aber sie hatte Hunger, und die Brieftasche, die aus der Hosentasche des Mannes hervorlugte, der im großen Warenhaus vor ihr herging, reizte ihre Begierde. Ihr war auch sehr kalt, ihre Kleider waren nur dünn, einen Mantel besaß
5 sie nicht mehr. Zudem war sie eben an vielen Stellen gewesen, wo sie sich vergeblich um Arbeit bemüht hatte.
Sie war nicht ins Warenhaus gekommen, um Einkäufe zu machen, sondern nur, um sich zu wärmen, sie fror bis ins Innerste. Sie bemühte sich, nicht auf die Brieftasche zu schauen, aber die
10 blickte so verführerisch zwischen den Rockschößen des Mannes hervor, und sie sah es dem Herrn an, dass er schon einmal eine Brieftasche verlieren konnte. Denn das, was allein sein Anzug kostete, hätte ihr monatelang zum Lebensunterhalt genügt.
Sie ging dichter hinter der Brieftasche und schaute die Leute
15 ringsum an: eine freundlich aussehende, kleine alte Frau in Schwarz, zwei junge Mädels, die lebhaft miteinander plauderten. Wenn nicht ein Augenblick gekommen wäre, in dem die kleine alte Frau nach einem Taschentuch herumsuchte und die Mädels
20 verschwunden wären, so hätte Betty die Brieftasche nicht genommen. In diesem Augenblick fiel jede Scheu und Hemmung von ihr ab. Sie nahm die Brieftasche mit einer hastigen Bewe-
25 gung und ließ sie in ihrer Handtasche verschwinden.

Dieser fürchterliche Augenblick war nun vorüber, und sie war wieder das nette, rosige junge Mädchen, das in ihrem ganzen Leben kaum etwas wirklich Schlechtes begangen hatte. Sie blieb stehen und tat so, als ob sie sich seidene Strümpfe anschaute. Am selben Ladentisch stand die kleine alte Frau. War sie Betty absichtlich gefolgt?

»Sie sehen müde aus«, sprach die kleine alte Frau, »warum gehen Sie nicht in den Damenwarteraum und ruhen sich aus?«

»Ich – ich kann nicht, ich ... muss gehen«, stammelte das Mädchen. In der warmen Luft wurde ihr, die schon lange nichts mehr gegessen hatte, schwindelig, sie taumelte und ließ ihr Handtäschchen fallen. Die kleine alte Frau hob es auf und reichte es ihr.

»Trotzdem sollten Sie erst ein wenig ausruhen.«

Aber Betty hörte es nicht. Sie hielt sich am Ladentisch, sie zitterte vor Angst. Über den Köpfen der Menge hin, die durch die Gänge des Warenhauses wogte, hatte sie das besorgte Gesicht des Besitzers der Brieftasche wahrgenommen und neben ihm schimmerte eine Schutzmannsuniform. Die Leute im Warenhaus erschienen Betty alle wie sehr entfernte, kleine schwarze Punkte, so aufgeregt war sie.

»Gehn Sie nicht weg von mir«, bat Betty, »– gehen Sie nicht fort!« Die kleine alte Frau gab keine Antwort. Sie sah den Schutzmann an. Denn er berührte eben Betty an der Schulter.

»Dieser Herr«, sagte er grob, »– hat seine Brieftasche verloren.« Das Mädchen stammelte ein paar Worte, die ihr selbst fremd klangen. Dem Besitzer der Brieftasche schien sie leidzutun. Er begann: »Ich sage ja nicht, dass Sie die Brieftasche genommen haben, aber Sie waren ganz dicht hinter mir, als es geschah. Sie ging zuerst vor mir«, sagte er zum Schutzmann, »dann blieb sie zurück und eine Sekunde später war die Tasche fort.«

Betty glaubte in den Erdboden zu versinken. Sie starrte besinnungslos vor sich hin, während der Schutzmann die Handtasche öffnete. Sie starrte noch immer, als er die Tasche auf den Ladentisch warf und zu dem Herrn sagte: »Das junge Mädchen hat sie nicht!«

Sie sah die beiden Männer fortgehen, aber ihre vor Angst stumpfen Sinne fassten es nicht.

»Ich habe natürlich die Brieftasche herausgenommen«, sagte die kleine alte Frau, indem sie das Mädchen zum Ausgang führte. »Der Schutzmann wird die Adresse des Herrn haben, und ich will dafür sorgen, dass er die Tasche zurückerhält. Sind Sie hungrig?«

»Ja, sehr.«

»Sie mussten Ihren Mantel verkaufen aus Not, nicht wahr? Sie
70 scheinen stellenlos zu sein und ohne Geld?«
»Ja.«
»Hm – das hab ich mir doch gedacht.«
»Warum – warum haben Sie das für mich getan?«
»Weil ich solche Fälle kenne. Es war das erste Mal, dass Sie so etwas
75 machten?«
»Ja.«
»Versprechen Sie mir, es niemals wieder zu tun?«
»Ach ja, nie ... nie wieder!«
»Sehen Sie«, sagte die alte Frau, »darum hab ich's
80 getan. Und jetzt, Kind, wollen wir etwas essen
gehen.«
»Wer ... wer sind Sie?«, fragte das Mädchen.
Die kleine alte Frau lächelte: »Ich bin nur die
Warenhausdetektivin«, sagte sie.

b Fasse kurz zusammen, wovon der Text handelt.

c Bestimme, aus wessen Perspektive das
   Geschehen erzählt wird.

d Nenne Gründe, die Betty Warner zum Stehlen bewogen
   haben.

e Bewerte das Verhalten der Kaufhausdetektivin. Schreibe deine
   Meinung zu dem Vorfall auf.

f Lies noch einmal den Merkkasten auf Seite 8. Welche Merkmale
   treffen auf den Text »Im Warenhaus« zu?

●●● g Fasse deine Ergebnisse zusammen und halte einen kurzen Vortrag
        zum Thema: Warum es sich beim Text »Im Warenhaus« um eine
        Kurzgeschichte handelt.

●●● 4 Erläutere die Merkmale der Kurzgeschichte am Text »Die Waage der
        Baleks« (S. 51–56).

Was habe ich gelernt? 5 Fasse zusammen, was du über Kurzgeschichten gelernt hast.
Fertige eine Mindmap zu den Merkmalen von Kurzgeschichten an.

Gewusst wie

Eine Inhaltsangabe verfassen

> **!** Mit einer **Inhaltsangabe** gibt man in sachlicher und knapper Form den wesentlichen Inhalt eines literarischen Textes, eines Films, einer Fernsehsendung oder eines Theaterstücks wieder.
> Eine Inhaltsangabe enthält folgende **Bestandteile**:
> - Einleitung: Angaben zu Autorin/Autor, Textsorte (z. B. Kurzgeschichte), Titel, Thema
> - Hauptteil: Darstellung der Figuren und des Handlungsverlaufs unter Beachtung der richtigen Reihenfolge (*W*-Fragen)
> - Schluss: Besonderheiten des Textes nennen (z. B. offene Fragen, Lehre, Bezug zur Überschrift)

1 So könnte sich ein Gespräch auf dem Pausenhof zugetragen haben.

> Hast du gestern im Fernsehen den Film »Die Geistervilla« gesehen? Der war echt gruselig! In dem Haus spukte es und der Eigentümer hatte einen teuflischen Plan.

> Nein, habe ich nicht gesehen. Klingt aber spannend!

> Wie sah der Plan denn aus? Los, sag schnell, bevor es klingelt!

a Überlege, wann und warum man im Alltag Inhaltsangaben benötigt und welchem Zweck sie dienen.

b Informiert euch gegenseitig kurz und knapp über den Inhalt interessanter Bücher oder Filme.

2 Schreibe eine Inhaltsangabe zur Kurzgeschichte »Im Warenhaus« (S. 11, Aufgabe 3 a) oder zu einer Kurzgeschichte deiner Wahl.

Eine Inhaltsangabe planen

a Beantworte zuerst folgende Fragen in Stichpunkten in deinem Heft.
1. Worum geht es in der Geschichte?
2. Wer erzählt?
3. Wann spielt die Geschichte?
4. Wo findet die Handlung statt?
5. Welche Figuren treten auf und in welchem Verhältnis stehen sie zueinander?
6. Wie ist der Handlungsverlauf?

Gewusst wie: Eine Inhaltsangabe verfassen

→ **S.99** Personen und Figuren charakterisieren

b Notiere Stichpunkte zu wichtigen Charaktereigenschaften der Figuren.

c Entwirf die Einleitung deiner Inhaltsangabe.

Die Kurzgeschichte »Im Warenhaus«
von Anna Drawe …

> Beim Schreiben einer **Inhaltsangabe** muss man folgende **sprachliche Besonderheiten** beachten:
> - Inhalt mit eigenen Worten wiedergeben (keine Zitate),
> - knappe, sachliche Sprache verwenden, meist ohne eigene Gefühle,
> - Wiederholungen vermeiden,
> - direkte (wörtliche) Rede in indirekte Rede umwandeln,
> - in Präsens oder Perfekt schreiben.

 d Tauscht euch aus, wie ihr den Schluss der Inhaltsangabe gestalten wollt. Schreibt ihn danach auf.

Eine Inhaltsangabe entwerfen

e Schreibe nun den Entwurf einer Inhaltsangabe zur Kurzgeschichte »Im Warenhaus«. Lass einen breiten Rand für die Überarbeitung.

Den Entwurf überarbeiten

f Überarbeite den Entwurf. Achte dabei besonders auf sachliche Formulierungen, Zeitformen und indirekte Rede.

Die Endfassung schreiben

g Schreibe die Endfassung.

 **3** Lies die Geschichte »Lügen« auf der Seite 8.
Ist es leicht oder schwierig, für diesen Text eine Inhaltsangabe zu schreiben? Begründe deine Meinung.

4 Überprüfe, was du jetzt über Inhaltsangaben weißt.
Ordne den Zahlen die richtigen Buchstaben zu.

1	Einleitung	A	Besonderheiten des Textes
2	Wo und Wann?	B	die Aussageabsicht oder Botschaft
3	Wer?	C	die handelnden Figuren
4	Was geschieht?	D	Ort und Zeit der Handlung
5	Warum?	E	Autor/in, Titel, Textsorte, Thema
6	Schluss	F	die Grundzüge der Handlung

Sachtexte erschließen

Sachtexten Informationen und Meinungen entnehmen

 Beim **sachlichen Informieren** wird objektiv über einen Sachverhalt oder ein Problem berichtet. Oft werden Argumente dafür (pro) und dagegen (kontra) angeführt, damit sich der Leser eine eigene Meinung bilden kann.

Den Text überfliegen

a Erfasse das Thema des Textes durch orientierendes Lesen schon so genau wie möglich. Ergänze den folgenden Satz.

Der Text beschäftigt sich mit …

Rosen aus Kenia – Ostafrikas gefährliche Blüten

Wer die Ausdehnung der Gewächshäuser auf den 70 riesigen Farmen rund um den Naivasha-See sieht, kann erahnen, wie groß die wirtschaftliche Bedeutung dieses Industriezweigs für das von Krisen gebeutelte Kenia ist. Blumen gehören neben Tourismus
5 und Tee zu den wichtigsten Wirtschaftsgütern des Entwicklungslandes. Sie ernähren eine halbe Million Menschen. Mit einem Jahresumsatz von umgerechnet rund 400 Millionen Euro machen sie fast fünf Prozent des kenianischen Bruttoinlandsproduktes aus und sind nach dem Tourismus der zweitwichtigste Devisen-
10 bringer.
Und doch: Die Blumenzucht ist auch ein Problem. Zum Beispiel für den Naivasha-See, den einzigen Süßwassersee der Gegend. Früher sorgten Papyrus-Biotope und Akazienwälder für eine natürliche Reinigung des Gewässers, an dessen Ufer sich 495
15 Vogel- und 55 Säugetierarten tummeln, darunter eine große Kolonie Flusspferde. Weil die Blumenindustrie dem See Wasser für ihre Gewächshäuser entnimmt, droht er jedoch langsam auszutrocknen. Gleichzeitig verseuchen giftige Pflanzenschutzmittel und Dünger das Wasser, gegen die natürliche Filter
20 machtlos sind. Hinzu kommen die Abwässer slumähnlicher Siedlungen ohne Kanalisation und Müllentsorgung, in denen vor allem Arbeiter kleinerer Blumenfarmen und neu Hinzugezogene ohne Job leben.

Und: Die Blumenzucht ist auch ein Problem für den Volksstamm
der Massai, die rund um den See leben. »Die Abwässer der Farmen,
belastet mit Pestiziden und Dünger, werden ungefiltert in den See
geleitet«, klagt ein Sprecher der örtlichen Massai-Gemeinde. Sein
Beweis sind seine toten Tiere – 78 Schafe und Ziegen hat er im
vergangenen Jahr verloren. Und sie seien nicht Opfer von Dieben
oder wilden Tieren geworden, sondern einfach gestorben. »Die
Tiere haben wahrscheinlich aus Abwasserkanälen der Blumenfarmen getrunken.« Für die Hirten des Nomadenstamms ist der
Verlust der Rinder schon eine Katastrophe. Die Tiere sind
Heiligtum und Existenzgrundlage zugleich. Die Kühe ernähren als
Milch- und Fleischlieferanten die Massai-Familien. Zudem
schätzen die Stammesangehörigen Rinderblut als Getränk. Über-
schüssige Tiere werden auf Viehmärkten verkauft – so kommt das
nötige Bargeld für den täglichen Bedarf und die Schulgebühren der
Kinder zusammen. Das Gleiche gilt auch für Schafe und Ziegen.
Noch dazu gehört das Land, auf dem heute Blumen gezüchtet
werden, eigentlich den Massai. Sie fordern: »Die Farmen müssen
endlich ihre Abwässer korrekt entsorgen.«
Das werde längst getan, versichern Vertreter des Anbauverbandes.
Die Abwässer würden nie ungefiltert in den See gelangen. Viele
Farmen arbeiteten sogar mit einem geschlossenen Wasserkreislauf
und recycelten das Wasser. Viele Unternehmen seien von Umwelt-
schutzorganisationen ausgezeichnet worden und einige dürften
gar das Fair-Trade-Siegel tragen.

Harald Czycholl

b Lies den Text nun gründlich und beantworte spontan die Frage: Sollte man Rosen aus Kenia kaufen?

→ S. 31 Argumente

c Übertrage die Tabelle in dein Heft und ergänze die Argumente aus dem Text für bzw. gegen die Produktion von Blumen in Kenia.

TIPP
Lies dazu den Text Abschnitt für Abschnitt.

Blumenindustrie in Kenia	
dafür spricht	dagegen spricht
...	...

Sachinformationen von Meinungen unterscheiden

d Bewerte die Überschrift des Textes in Aufgabe a. Was sagt sie über den Standpunkt des Autors aus?

 e Formuliert die Aussage der Überschrift als These.

f Entscheidet hinsichtlich der Textfunktion: Ist der Text sachlich-informierend oder will der Autor damit seine Meinung kundtun? Belegt eure Aussagen mit Textbeispielen.

 An einer Stelle im Text von Aufgabe 1a wird ein Beispiel als Beweis für eine Feststellung angeführt. Sucht dieses Beispiel im Text und besprecht, welche Wirkung der Autor mit diesem Beispiel erzielt.

TIPP
Überprüft die Wirkung des Beispiels, indem ihr es z. B. einfach weglasst.

a Suche im folgenden Text die Textstellen heraus, die den Begriff »virtuelles Wasser« und dessen Folgen erklären. Lies diese Textstellen mehrmals und mach dir Notizen zu diesem Begriff.

Deutschland ist Wasserimporteur

Wer morgens sein Tässchen Kaffee trinkt, verbraucht nicht nur die 200 Milliliter Wasser in der Tasse. Schon zuvor floss eine vielfache Menge Wasser in den Anbau der Bohnen und ihre Verarbeitung – für eine Tasse Kaffee ganze 140 Liter. Sichtbar ist dieser Wasser-
5 verbrauch nicht, Experten sprechen daher von virtuellem Wasser. Ein weiteres Beispiel ist der Kauf von Blumen, zum Beispiel aus Kenia. Blumenliebhaber aus anderen Ländern nehmen damit jenem Teil der lokalen Bevölkerung in Kenia, der nicht an den Erlösen der Blumenproduktion teilhat, die Existenzgrundlage.
10 Hinter einem solchen Import von wasserreichen Produkten verbirgt sich also oft eine versteckte Aneignung von Wasser durch die wohlhabenderen Länder zu Lasten (wasser-)armer Regionen. Über den »Umweg virtuelles Wasser« werden so gigantische Wassermengen auf der Welt umverteilt. Die Wissenschaft unter-
15 scheidet daher schon zwischen Wasserexporteuren und Wasserimporteuren. Zur letztgenannten Gruppe zählt auch Deutschland. Dass Deutschland noch keine Wüste ist, liegt auch daran, dass wir enorme Mengen virtuellen Wassers importieren. Andernorts drohen die Wasservorräte aber dadurch zu schrumpfen.
20 Sollen diese Umverteilung und die damit einhergehenden Folgen nicht weiter ausufern, sind verschiedene Strategien denkbar. Effizientere Bewässerungstechniken und der Abbau von Wasserpreis-Subventionen[1] in den Anbaugebieten sind ein Weg. Ein anderer Weg wäre es, den Anbau von Produkten mit hohem
25 Wasserbedarf in wasserreiche Gegenden zu verlagern. Nur: Politisch durchsetzbar ist das kaum. Soll die gewaltige Umverteilung

TIPP
Du kannst dir den Text zunächst auch einmal vorlesen lassen, um das aufmerksame Zuhören zu trainieren.

[1] Unterstützung mit öffentlichen Geldern

virtuellen Wassers wieder in nachhaltigere Bahnen gelenkt werden, müssen wohl letztlich die Verbraucher Verantwortung übernehmen. Ein Anfang wäre schon mit dem Verzicht auf importierte Früchte und der Bevorzugung regionaler, ökologischer Waren gemacht.
Thomas Wischniewski

 b Erklärt euch mithilfe eurer Notizen gegenseitig, was man unter dem Begriff »virtuelles Wasser« versteht und welche Folgen das hat.

c Untersuche, welche Aussagen der Text zur Blumenindustrie in Kenia macht. Trage die Argumente in deine Tabelle von Aufgabe 1c (S. 17) ein.

4

a Beschreibe mit deinen Worten, was das folgende Diagramm darstellt.

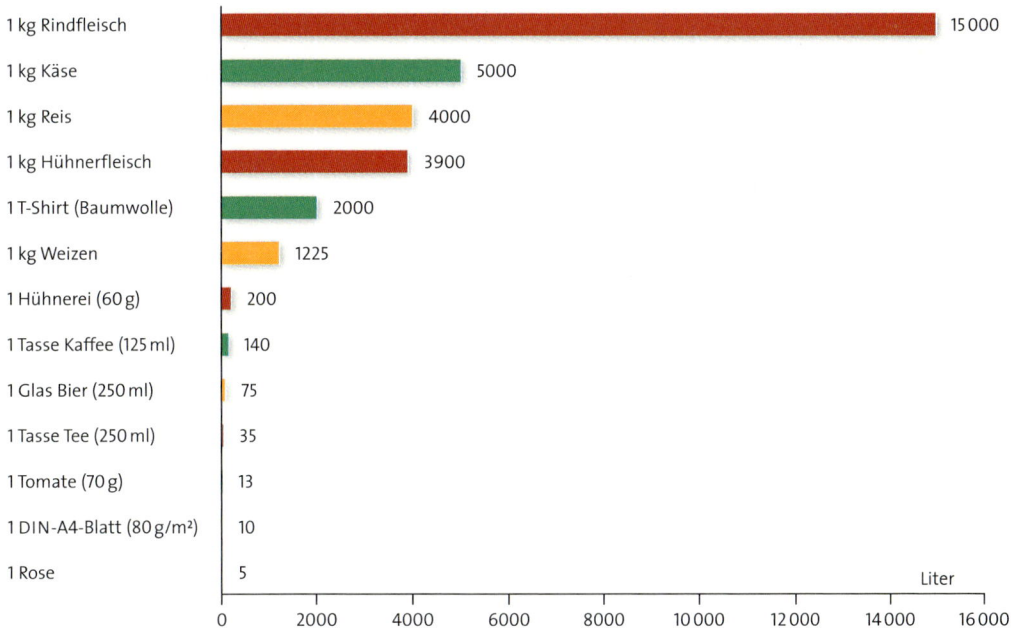

TIPP
Überlege, welche Vor- und Nachteile Diagramme haben.

b Erläutere, in welcher Beziehung die grafische Darstellung zum Text von Aufgabe 3a (S. 18) steht.

c Vergleiche den virtuellen Wasserverbrauch für die Produktion einer Rose mit dem der anderen dargestellten Posten. Notiere deine Feststellung in einem Satz.

d Tauscht euch darüber aus, ob sich aus der Grafik Argumente für oder gegen den Kauf von Rosen aus Kenia verwenden lassen. Belegt eure Meinungen mithilfe von Beispielen.

Argumente bewerten

a Bewerte alle in der Tabelle von Aufgabe 1c (S. 17) gesammelten Argumente hinsichtlich ihrer Aussage- und Überzeugungskraft.

TIPP
Überlege dazu:
Ist das Argument einleuchtend, überzeugend, dem Sachverhalt angemessen?

b Unterstreiche die fünf überzeugendsten Argumente.

c Entscheide dich: Sollte man Blumen aus Kenia kaufen oder nicht?

d Begründe deine Meinung mithilfe der ermittelten Argumente.

e Formuliere ein Argument (Begründung und Beispiel) in deinem Heft.

f Schreibe einen Artikel für die Schülerzeitung, in dem du deinen Standpunkt erläuterst.

> **!** Sachtexte können mit unterschiedlichen Absichten geschrieben werden. Die meisten Sachtexte wollen informieren, sie können aber auch **appellierenden (auffordernden) Charakter** haben. Das Appellieren zielt darauf, die Meinung der Leser zu beeinflussen und möglichst eine vom Autor gewollte Handlung bei ihnen auszulösen. Das kann auf **indirekte Weise** oder auf **direkte Weise** geschehen, z. B.:
>
> indirekt: *Man müsste …*   direkt: *Ich fordere Sie auf …*
>   *Wir sind gefordert …*   *Wir appellieren an euch …*

a Erläutert die Aussage der Überschrift des Textes von Aufgabe 3a (S. 18).

b Sucht den Textabschnitt auf, in dem ein Vorschlag unterbreitet wird, wie die Umverteilung des virtuellen Wassers beeinflusst werden kann. Formuliert diesen Vorschlag mit eigenen Worten.

c Besprecht, an welchen Formulierungen im Text ihr den Vorschlag des Autors zum Umverteilen des virtuellen Wassers erkannt habt.

d Was will der Autor mit seinem Vorschlag beim Leser erreichen? Notiert seine Absicht in ein bis zwei Sätzen.

Sachtexten Informationen und Meinungen entnehmen 21

e Formuliert den Vorschlag des Autors in einen direkten Appell um.

→ S.64 Printmedien

> Neben **informierenden** und **appellierenden Sachtexten** gibt es Texte, in denen die Autorin / der Autor den eigenen **Standpunkt** zum dargestellten Sachverhalt **mitteilen** will **(Sachtexte mit wertendem Charakter: Kommentare)**.
> Das kann **direkt** geschehen:
> - durch Formulierungen, wie z. B.: *Ich finde/meine/denke …, Meiner Meinung nach …, Unsere Auffassung dazu …,*
> - durch konkrete Aussagen, wie z. B.: *Einfach durchsetzbar ist das nicht. Das ist richtig/falsch. Gut/Schlecht wäre, wenn …*
>
> oder **indirekt** durch:
> - wertende Adjektive, z. B.: *bedauerlich, erstrebenswert, wertvoll,*
> - wertende Verben, z. B.: *kritisieren, verabscheuen, freuen, loben,*
> - wertende Nomen, z. B.: *Glücksumstand, Ärgernis, Elend, Ehre,*
> - unpersönliche wertende Fügungen, z. B.: *Da kann man sich nur wundern! Wenn das mal gut geht! Ist das gerecht?*

7

a Lies den Merkkasten und notiere in übersichtlicher Form, woran du den Standpunkt der Autorin / des Autors in Texten erkennen kannst.

Standpunkt der Autorin / des Autors

direkt   *indirekt*

…   …

b Findet Beispiele für die direkte und indirekte Darstellung des Autorenstandpunkts im Text von Aufgabe 3 a.

direkt	indirekt
»Politisch durchsetzbar ist das kaum.« (Zeilen 25–26) = → konkrete Aussage …	»ganze 140 Liter« (Zeile 4) = → wertendes Adjektiv …

8 Suche in Zeitschriften oder im Internet nach einem Text zum Problem »Wasserverbrauch in Deutschland«. Untersuche, mit welcher Absicht der Text geschrieben wurde und ob die Autorin/der Autor einen Standpunkt mitteilen will. Belege deine Meinung mithilfe von Textstellen.

Teste dich selbst!

1

a Lies den folgenden Text. Notiere in einem Satz, welches Problem angesprochen wird.

Wo ist der Müllstrudel?

Nirgends sieht man die Erdverschmutzung so dramatisch wie am Nordpazifischen Müllstrudel. Darin sammelt sich Zivilisationsmüll, der absichtlich oder versehentlich ins Meer gekippt wurde und sich nicht zersetzt. Der Müllstrudel ist groß, sogar sehr groß –
5 er hat etwa die Dimension Mitteleuropas. Rund 100 Millionen Tonnen Kunststoffmüll rotieren im Plastik-Strudel südlich der Beringstraße, der weltweit leider nicht der einzige ist. Auch im Nordatlantik und an anderen Punkten ballt sich bereits Plastik zusammen. Plastikmüll ist der schlimmste Meeresverschmutzer
10 überhaupt. Nach Berechnungen US-amerikanischer Institute schwimmen heute schon auf jedem Quadratkilometer Meeresoberfläche durchschnittlich 18 000 Plastikteile.
Besonders problematisch bei Plastikmüll ist seine chemische Zusammensetzung: Er kann giftige Substanzen, zum Beispiel
15 Weichmacher, enthalten. Weitere Probleme sind seine relativ lange Haltbarkeit und die langsame Abbaurate. Richtig beängstigend wird diese Umweltverschmutzung, wenn man bedenkt, dass Kunststoff bis zu 500 Jahre braucht, um sich im Salzwasser zu zersetzen. Und: Kunststoff wird in großem Maße erst seit 60 Jahren
20 hergestellt. Kaum auszudenken, welche Ausmaße dieser Strudel erst in zwei, drei Generationen haben wird.
Meeresverschmutzung durch Plastikabfälle ist ein ernstzunehmendes Umweltproblem. Im Gegensatz
25 zur Erderwärmung, die man mit sehr viel Wohlwollen vielleicht auf natürliche Klimaschwankungen schieben kann, ist an diesem ökologischen Desaster nur einer schuld: der Mensch.

b Welche Absicht verfolgt der Autor mit dem Text? Entscheide, ob er informieren, appellieren oder seinen Standpunkt mitteilen will.

c Beschreibe, welche Wirkung die Überschrift erzeugt.

2

a Formuliere kurz, welchen Standpunkt der Autor zum Problem hat.

b Untersuche, wie der Autor seinen Standpunkt zum Ausdruck bringt. Übertrage die folgende Tabelle in dein Heft und ergänze sie.

Adjektive	Verben	Nomen
…	…	…

c Welche Befürchtung äußert der Autor im Text? Schreibe einen Satz.

d Formuliere die Befürchtung in einen kurzen Aufruf an die Leser um.

3

a Welche Argumente verwendet der Autor, um seinen Standpunkt zu untermauern? Schreibe sie heraus.

b Bewerte die Argumente hinsichtlich ihrer Aussage- und Überzeugungskraft.

c Erkläre, wie der Autor es schafft, dem Leser die Größe des Müllstrudels zu veranschaulichen.

4

a Erkläre, welche Aussage im Text durch die folgende Grafik besonders veranschaulicht wird.

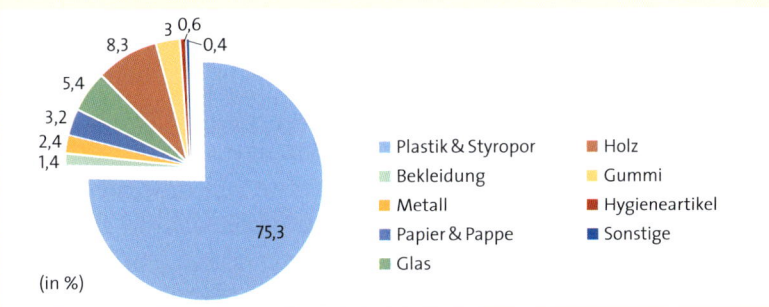

OSPAR Mülluntersuchungen an der Wattenmeerküste 2002–2008

b Schreibe unter Nutzung der Angaben aus der Grafik eine kurze Ergänzung zum Text.

Präsentieren: Projektergebnisse vorstellen

1 In fachübergreifendem Unterricht wird ein Projekt zum Thema »Wasser« durchgeführt. Dabei sollt ihr euch in Gruppen mit unterschiedlichen Fragen und Teilthemen beschäftigen und anschließend eure Ergebnisse präsentieren.

Themen festlegen   a Tragt zusammen, welche Themen ihr bearbeiten könntet.

→ S. 248 Merkwissen   b Wiederholt, wie man eine Präsentation vorbereitet.

Informationen sammeln   **2** Bearbeitet das Thema »Wasserkreislauf«.

a Lest dazu den Lexikonartikel und seht euch das Schaubild an.

Wasserkreislauf

Bezeichnung für die Zirkulation des Wassers zwischen Erdoberfläche und Atmosphäre. Der Motor für den Wasserkreislauf ist die Sonne, die das Wasser am Boden verdunstet. Es stammt vor allem von großen Wasserflächen (wie den Meeren) und von der
5 Verdunstung der Pflanzen (etwa Wälder, Wiesen, Äcker). Der Wasserdampf verdichtet sich zu Wolken, die sich als Niederschläge in Form von Regen, Schnee oder Hagel entleeren. Auf der Erdoberfläche sammelt sich ein Teil des Wassers und fließt dem nächsten Gewässer zu. Ein weiterer Teil des Wassers versickert im
10 Boden und fließt unterirdisch auf wasserundurchlässigen Schichten, bis es in einer Quelle wieder an die Oberfläche tritt oder in ein Gewässer einmündet. Der Kreislauf ist geschlossen.

Informationen ordnen und gliedern

b Besprecht, wie ihr den Wasserkreislauf erklären würdet. Klärt Fachwörter und beschreibt die Teilvorgänge.

Fachwort	Erklärung
Zirkulation	…
Verdunstung	…

TIPP
Lasst einen breiten Rand für spätere Ergänzungen.

c Erstellt eine Gliederung für die Erklärung des Wasserkreislaufs.

1 Verdunstung
a …

! Bei einer guten **Präsentation** ergänzen sich Textvortrag und Abbildungen, Fotos oder Modelle. Zu beachten ist:
- Erkennt der Zuhörer alles Wichtige?
- Worauf muss der Zuhörer extra hingewiesen werden?
- Welcher Zusammenhang (z. B. Ursache – Wirkung) muss genauer erklärt werden?

d Betrachtet noch einmal das Schaubild zum Wasserkreislauf. Überlegt, worauf ihr beim Erklären extra hinweisen müsst, und ergänzt eure Gliederung durch entsprechende Stichpunkte.

Die Präsentation üben

e Übt die Präsentation. Achtet besonders auf die Verknüpfungen zwischen den Gliederungspunkten. Nutzt z. B. die Verknüpfungen aus dem Merkkasten auf S. 26 oben.

26 Präsentieren: Projektergebnisse vorstellen

> ❗ Die Teile des Vortrags sollten durch **Überleitungen** miteinander verbunden sein. Das erleichtert dem Zuhörer das Verständnis, denn er kann so die Gliederung nachvollziehen. Mit folgenden Verknüpfungen kann man von einem Gliederungspunkt zum nächsten überleiten:
> *Die erste Funktion ist …*   *Zuerst spreche ich über …*
> *Eine weitere Aufgabe …*   *Ebenfalls wichtig ist …*
> *Außerdem muss als weitere Funktion … genannt werden.*
> *Zuletzt sei noch … genannt.*   *Zum Schluss möchte ich auf … hinweisen.*

f Tragt eure Präsentation zum Thema »Wasserkreislauf« der Klasse vor.

Anschauungsmaterial nutzen

③ Eine wichtige Rolle bei Präsentationen können Fotos spielen.

TIPP
Beachte folgende Grundregeln:
1. zeigen *(touch)*,
2. zum Publikum drehen *(turn)*,
3. sprechen *(talk)*.

a Überlegt, warum das so ist, und tragt zusammen, welche unterschiedlichen Aufgaben Bilder bei einer Präsentation haben können.

b Seht euch diese Fotos an und überlegt,
- auf welche Themen diese Fotos die Zuschauer einstimmen könnten,
- was man mit diesen Fotos veranschaulichen kann,
- worauf man die Aufmerksamkeit des Betrachters lenken sollte.

> ❗ Wichtig ist, dass der Vortragende das **Anschauungsmaterial** nicht beschreibt, sondern die Aufmerksamkeit des Betrachters auf Wesentliches lenkt. Geeignete Wendungen sind z. B.:
> *Das Foto, das in … gemacht wurde, zeigt / veranschaulicht …*
> *Das Foto von 2011 illustriert / lässt uns verstehen, warum …*
> *Deutlich zu sehen / zu erkennen sind im Hintergrund / Vordergrund …*
> *Wenn ihr das Foto betrachtet / anschaut, …*
> *Ich möchte eure Aufmerksamkeit auf … lenken.*

Präsentieren: Projektergebnisse vorstellen **27**

TIPP
Überlege, wie du das Foto präsentierst, z. B. auf einer Folie, als vergrößerte Kopie oder auf dem PC.

c   Stelle dir vor, du müsstest eines der beiden Fotos in der Klasse präsentieren. Nutze dazu die Wendungen aus dem Merkkasten.

d   Suche in Zeitschriften, Fachbüchern oder im Internet ein Foto, das zum Projekt »Wasser« passen könnte. Präsentiere es der Klasse. Beachte, dass für alle verwendeten Bilder und Fotos eine Quelle angegeben werden muss.

4   Häufig müssen die Zuhörer wichtige Informationen mitschreiben.

TIPP
Sollen die Zuhörer mitschreiben, muss der Vortragende langsam sprechen, Wichtiges betonen und wiederholen.

a   Entwerft ein Arbeitsblatt, das die Zuhörer während des Vortrags ausfüllen können. Nutzt dazu die Gliederung aus Aufgabe 2c (S. 25).

Der Kreislauf des Wassers
1 Verdunstung: …
a …

b   Gestaltet weitere Arbeitsblätter für den gleichen Vortrag, z. B. Lückentexte, zu beschriftende Abbildungen, Rätsel usw.

!   Im Anschluss an eine Präsentation geben die Zuhörer dem Vortragenden eine **Rückmeldung (Feedback).** Man formuliert das Feedback freundlich und motivierend nach der **Sandwich-Methode**: Lobe etwas Gutes, sage, was verbessert werden kann, schließe mit Positivem.

5

a   Lies die folgenden Rückmeldungen von Lena und Toni und überlege, wie das Feedback bei den Vortragenden ankommt.

Ich hab nix verstanden. Dabei finde ich das Thema eigentlich interessant. Mann, ihr habt aber auch genuschelt. Niklas hat die ganze Zeit an die Wand gestarrt beim Reden. Wirklich, das Foto war auch komplett unscharf.

Die Gliederung an der Tafel finde ich eigentlich logisch. Ich konnte sie nur nicht sehen, weil Svenja die ganze Zeit davorstand. Eure Schaubilder waren zu klein. Und dann diese langen Sätze. Wer soll denn das verstehen?

b Formuliere das Feedback so, dass es freundlich und motivierend ist.

 **6** Bearbeitet nun das Thema »Wasser für alle Menschen?«.

Informationen sammeln

a Lest und betrachtet die folgenden Materialien.

Material 1

> **Über eine Milliarde Menschen haben heute keinen Zugang zu sicherem Trinkwasser. Bis 2025 können es nach Schätzungen der UN sechsmal mehr Menschen sein.**
>
> - Mit Wassermangel einher gehen fast 80 % aller Krankheiten in den Entwicklungsländern. Schlechte sanitäre Versorgung kostet jährlich zwölf Millionen Menschen das Leben.
> - Aufgrund fehlenden Wassers entstehen erhebliche Ernährungsprobleme.
> - Wassermangel ist eine Ursache bedrohlicher zwischenstaatlicher und innerstaatlicher Konflikte.
> - Wassermangel ist ein Auslöser für Landflucht und das sprunghafte Anwachsen der Metropolen.
> - Wassermangel motiviert Raubbau an der Natur und die Zerstörung natürlicher Ressourcen.
> - Wasserverfügbarkeit wird zum Instrument der Macht und der Unterdrückung.
>
> Quelle: www.misereor.de/themen/wasser.html; 22.12.2011.

Material 2

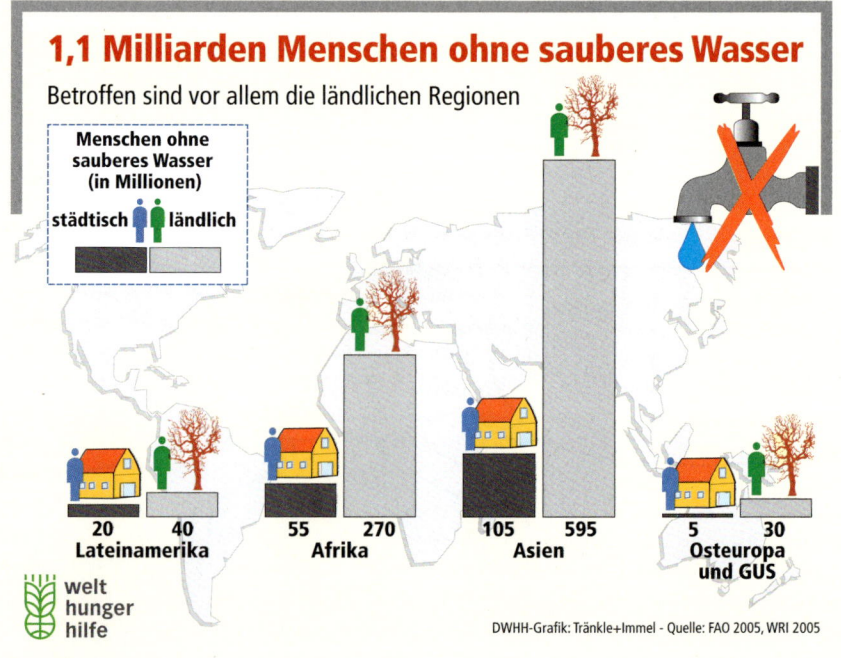

Präsentieren: Projektergebnisse vorstellen 29

Informationen ordnen	**b**	Fertigt eine Mindmap zum Thema »Wassermangel« an. Sammelt dann weitere Informationen und ergänzt die Mindmap.
Eine Präsentation vorbereiten	**c**	Bereitet eure Präsentation zum Thema »Wasser für alle Menschen?« vor. Überlegt, • welche Fachwörter ihr klären müsst, • welche Schaubilder oder Fotos ihr einsetzen könnt, • wo ihr sprachliche Wendungen zur Überleitung einsetzt.
Eine Präsentation vortragen	**d**	Übt eure Präsentation und tragt sie in der Klasse vor.
	e	Gebt den Vortragenden eine faire Rückmeldung (Feedback).

7 Bereitet selbstständig eine Präsentation zum Thema »Wasser« vor.

a Legt in der Klasse die Themen fest, die ihr bearbeiten wollt. Teilt euch in Gruppen auf und wählt jeweils ein Thema.

TIPP
Nutzt dazu die Ergebnisse der Aufgabe 1a (S. 24). Auf den Seiten 16–19 findet ihr weitere Texte zum Thema »Wasser«.

b Sammelt Informationen und ordnet sie.

c Entwerft eure Präsentation und übt sie. Tragt die Projektergebnisse eurer Gruppe anschließend der Klasse vor.

d Gebt euch gegenseitig faire Rückmeldungen (Feedbacks).

8 Bereitet selbstständig eine Präsentation zu einem Thema eurer Wahl vor.

Was habe ich gelernt?	**9**	Überprüfe, was du über Präsentationen gelernt hast. Entwirf ein Poster mit Hinweisen für eine gelungene Präsentation. *Tipps für eine gute Präsentation* *inhaltliche Gestaltung* *sprachliche Gestaltung* – … – … *Medieneinsatz* *Vortragsweise* – … – …

Meinungen austauschen – Diskutieren

> **!** Die **Diskussion** ist eine Gesprächsform, in der man gemeinsam um die Lösung eines Problems oder die Beantwortung einer problemhaften Frage ringt. Die Diskussionsteilnehmer tauschen ihre Standpunkte und Argumente aus. **Standpunkte** geben die persönlichen Meinungen zum Problem in Form von **Behauptungen (Thesen)** wieder. **Argumente (Begründungen + Beispiele)** sollen die Richtigkeit der Behauptungen beweisen.
> Die Diskussion endet in der Regel mit der Zusammenfassung der Ergebnisse des Gedankenaustauschs und Vorschlägen für das weitere Handeln.

1 Schnelle Snacks am Schulkiosk oder warmes Schulessen?

a Lies, was die Schülerinnen und Schüler der Klasse 8 b dazu sagen.

Leonie Der Schulkiosk bietet mir alles, was ich brauche, wenn mich der Hunger überfällt.
Henry Mir reicht auch das Angebot am Kiosk. Aber mittags esse ich lieber etwas Warmes. Da weiß ich, dass es gesund ist.
5 Außerdem kostet es nicht viel.
Julia Was soll denn daran gesund sein?
Martin Das Schulessen ist fettarm, wenig gesalzen und ohne Geschmacksverstärker und künstliche Aromen. Das genaue Gegenteil von Snacks und Fast Food!
10 **Sophie** Typisch Martin: »… ohne Geschmacksverstärker und künstliche Aromen«!
Claudia Martin hat zwar Recht, aber es schmeckt nicht! Dieses labbrige Zeug bleibt einem im Halse stecken. Und man muss auch noch die halbe Pause anstehen. Die Kleinen toben herum
15 und besonders einladend ist der Essenraum auch nicht. Nein, danke!
Eric Das sehe ich auch so! Ich beobachte schon lange, dass viele sich morgens beim Bäcker versorgen oder etwas Schnelles am Kiosk kaufen. Wer isst schon Schulessen?
20 **Anne** Ich gehe auch lieber richtig Mittag essen! Da ist der Weg nicht weit. Außerdem haben wir da schon so eine Art Stammtisch. Wir sitzen gern dort und es ist immer lustig.

Max Ich bin weder für das eine noch für das andere. Das kostet alles Zeit und Geld. Ich bringe mir mein Pausenbrot von zu Hause mit. Da weiß ich, was ich habe.
Gregor Na, dann lass dir deine aufgeweichte Stulle schmecken!
Nele Ich meine, es würden sich mehr Schüler mittags für Schulessen entscheiden, wenn sich einiges verbessern ließe. Essen und Preis sind ja ganz okay, aber das Drumherum ist nicht einladend. Hier könnten wir mithelfen, z. B. die Tische dekorieren und ab und zu mal zum Wischlappen greifen. Ebenso sollten wir auch unsere Wünsche zum Angebot deutlicher äußern.

Diskussionsbeiträge untersuchen

b Nenne diejenigen Schülerinnen/Schüler, die nur eine Behauptung aufstellen und keine Begründungen und Beispiele anfügen.

c Nenne die Sprecherinnen/Sprecher, die Begründungen und Beispiele für oder gegen eine der Verpflegungsmöglichkeiten anbringen.

d Beurteile die Überzeugungskraft der Begründungen. Welche Diskussionsteilnehmer wirken überzeugend, welche nicht? Woran liegt das?

e Erkläre, warum man Gregors Bemerkung als »Killerphrase« bezeichnen kann.

f Im Gespräch ist noch eine »Killerphrase« enthalten. Suche sie und begründe deine Meinung.

→ S.16 Sachtexten Informationen und Meinungen entnehmen

! Man überzeugt in Diskussionen nur dann, wenn man seine Behauptungen beweisen kann. Dazu führt man **Argumente (Begründungen + Beispiele)** an. Diese können auf allgemein bekannte Tatsachen, auf gemeinsame Erlebnisse oder persönliche Erfahrungen Bezug nehmen.
Ein **Diskussionsbeitrag** besteht also aus folgenden Teilen:
- Behauptung: *Unser Schulessen ist gut,*
- Begründung: *denn es ist gesund und abwechslungsreich.*
- Beispiel: *Die Speisen sind fettarm, wenig gesalzen und ohne Geschmacksverstärker und künstliche Aromen.*
- Schlussfolgerung: *Das Schulessen bietet alles, was wir brauchen.*

Meinungen austauschen – Diskutieren

2 Bereite einen Diskussionsbeitrag vor.

Einen Diskussionsbeitrag vorbereiten

• Argumente suchen und ordnen

a Notiere zuerst: Was spricht für (pro) und was gegen (kontra) schnelle Snacks und warmes Schulessen? Lege dazu eine Tabelle an und ordne die Argumente aus der Diskussion in Aufgabe 1a (Seite 30) richtig ein.

pro (für) Schulessen		kontra (gegen) Schulessen	
Begründung	Beispiel	Begründung	Beispiel
gesund	…	…	…

pro (für) schnelle Snacks		kontra (gegen) schnelle Snacks	
Begründung	Beispiel	Begründung	Beispiel
…	…	…	…

b Ergänze die Tabellen durch Beispiele aus deinem eigenen Erfahrungsbereich.

c Suche weitere Argumente (Begründungen + Beispiele) und ergänze die Tabellen.

• Den Standpunkt formulieren

d Formuliere deine Meinung zur Frage »Schnelle Snacks am Schulkiosk oder warmes Schulessen?« als Behauptung (These).

Ich denke, dass …

• Argumente formulieren und ordnen

e Notiere die Argumente, mit denen du deine Meinung begründen willst, und ordne sie steigernd, d.h., das wichtigste Argument sollte am Schluss stehen.

• Schlussfolgerungen und Lösungsvorschläge formulieren

f Formuliere einen Schluss deines Diskussionsbeitrags. Fasse deinen Vorschlag zusammen und leite Schlussfolgerungen ab, wie man das Problem lösen könnte.

Zusammenfassend kann man sagen, dass … Daraus kann man die Schlussfolgerungen ableiten, dass …

Einen Diskussionsbeitrag halten

g Stellt eure Diskussionsbeiträge in der Klasse vor und beurteilt ihre Überzeugungskraft.

Meinungen austauschen – Diskutieren **33**

Einen Diskussionsbeitrag sprachlich gestalten

3 Ordne die folgenden Wendungen den Bestandteilen eines Diskussionsbeitrags zu. Vervollständige die Aufstellung mit eigenen Beispielen.

1. Meine These lautet: …
2. Die Gründe für meine Meinung sind: …
3. Folgende Beobachtungen (Erlebnisse, Tatsachen) sprechen für die Richtigkeit meines Standpunkts: …
4. Zusammengefasst ergibt sich, dass …
5. Abschließend gebe ich folgende Empfehlungen: …

– *Behauptung*:
  Meine These lautet: …
– *Begründung*:
  …

Einen Diskussionsbeitrag vorbereiten und halten

4 Bereite einen weiteren Diskussionsbeitrag vor.

a Lies den Vorschlag von Max noch einmal und notiere dazu eine Behauptung (These).

b Formuliere Pro- und Kontra-Argumente zu diesem Vorschlag.

c Schreibe jetzt deine eigene Meinung zum Vorschlag von Max auf und begründe sie durch Argumente. Du kannst die Sätze deiner Argumentation durch folgende Wörter verbinden.

zuerst – weil – deshalb – darum – damit – außerdem – wenn … dann – um … zu

d Stellt eure Meinungen und Argumente in der Klasse vor und beurteilt ihre Überzeugungskraft.

5 Überlege, welche anderen Möglichkeiten es für eine gesunde Schulverpflegung gibt.

a Stelle deinen Vorschlag zur Diskussion. Nutze dazu die Schrittfolge.

> **So kannst du einen Diskussionsbeitrag vorbereiten**
> 1. Formuliere das Problem, das diskutiert werden soll, als Frage.
> 2. Überlege, welche Meinung du zu diesem Problem hast.
> 3. Formuliere deinen Standpunkt als Behauptung (These).
> 4. Suche Argumente für die Richtigkeit deiner These.
>   • Überlege dir Begründungen zur Verdeutlichung deines Standpunkts.
>   • Suche Beispiele zur Veranschaulichung.
> 5. Leite Schlussfolgerungen ab.
>   • Wie lautet dein Vorschlag zur Lösung des Problems?
>   • Was ist bei der Umsetzung deines Vorschlags zu tun?

b Formuliere eine Empfehlung für eine gesunde Schulverpflegung. Berücksichtige dabei die Vorschläge aus der Diskussion.

a Wie verhalte ich mich in der Diskussion angemessen? Sucht passende Regeln aus und begründet eure Auswahl.

1. Ich warte, bis mich die Diskussionsleitung aufruft.
2. Ich höre mir die Beiträge der Teilnehmerinnen/Teilnehmer genau an und schließe meinen Beitrag an eine Vorrednerin / einen Vorredner an.
3. Ich mache durch Mimik und Gestik auf mich aufmerksam.
4. Ich melde mich, wenn gerade eine Gesprächspause ist.
5. Ich falle den Vorrednern ins Wort, um nicht vergessen zu werden.
6. Ich warte das Ende der Diskussion ab, weil mein Beitrag der wichtigste ist.

b Ergänzt weitere Gesprächsregeln.

 Eine **Diskussionsleiterin** / ein **Diskussionsleiter** führt die Teilnehmerinnen und Teilnehmer durch die Diskussion. Sie/Er eröffnet die Diskussion, achtet auf die Einhaltung der Gesprächsregeln und fasst die Ergebnisse zusammen. Eine Protokollantin / ein Protokollant kann sie/ihn dabei unterstützen.

Meinungen austauschen – Diskutieren **35**

Die Leitung einer Diskussion vorbereiten

7 Stelle dir vor, du wärst Diskussionsleiterin/Diskussionsleiter.

a Formuliere eine Einleitung für die Diskussion zum Problem »Schnelle Snacks am Schulkiosk oder warmes Schulessen?« (S. 30, Aufgabe 1a).

b Notiere Fragen, die sich aus diesem Problem ergeben.

c Schreibe Stichpunkte für den Abschluss der Diskussion auf.

— *Dank für die Beiträge, …*

Eine Diskussion vorbereiten, durchführen und auswerten

8 Führt in der Klasse eine Diskussion zu folgendem Thema durch.

a Lies den Text und bereite einen Diskussionsbeitrag vor. Nutze dabei die Schrittfolge auf S. 34. Wenn du weitere Hilfen brauchst, bearbeite die Aufgaben b bis e.

»Raubkopierer sind Verbrecher« – so das Motto einer Kampagne der Filmwirtschaft. In den Werbespots sitzen Raubkopierer im Gefängnis, weil sie Filme illegal kopiert haben. Auch die Musikwirtschaft hat Raubkopierern den Kampf angesagt. Etwa dann, wenn sie gebrannte CDs verbreiten und MP3s ins Internet stellen. Die Musik-
5 industrie macht Raubkopierer für die starken Umsatzeinbrüche verantwortlich. Aber fünf Jahre Haft für einen Download bei Internet-Tauschbörsen wie Kazaa oder für das Brennen einer CD? (…)
Eins ist klar: Kopien für den eigenen Gebrauch sind erlaubt. Das regelt das Urheberrechtsgesetz, Paragraph 53, Absatz 1: »Zulässig sind einzelne Vervielfältigungen eines
10 Werkes durch eine natürliche Person zum privaten Gebrauch auf beliebigen Trägern.« Legal ist also: CD kaufen, mit legaler Software brennen und im Auto hören. Oder CD »rippen« und die Dateien auf den eigenen MP3-Player schieben. Aber mehr ist nach Meinung der Musikwirtschaft nicht drin. (…)
Andere Juristen sind aber der Meinung, dass der Käufer durchaus auch Kopien an
15 Verwandte und Freunde weitergeben darf. (…) Wie viele Kopien der Käufer machen darf, ist nach Meinung einiger Juristen auch geregelt: bis zu sieben Kopien. (…) Wie die Gerichte heute im Ernstfall entscheiden, ist unklar. (…)
Und noch eins ist klar: Das Kopieren von Filmen, Musik oder Software für den gewerblichen Gebrauch ist ohne Einschränkung verboten. (…) Wer CDs oder DVDs
20 brennt und die Kopien verkauft, macht sich strafbar. Ebenso droht strafrechtliche Verfolgung, wenn jemand illegale Kopien kauft oder gegen Bezahlung aus dem Internet zieht.

b Formuliere das Problem, das der Text aufwirft, als Frage.

Im Text geht es um die Frage: Ist …?

c Überlege, welche Meinung du zu diesem Problem hast. Formuliere deinen Standpunkt in Form einer Behauptung (These).

Ich denke, dass …

d Überlege, mit welchen Argumenten (Begründungen + Beispielen) du deinen Standpunkt verdeutlichen kannst.

e Leite Schlussfolgerungen ab. Wie lautet dein Lösungsvorschlag?

Abschließend gebe ich folgende Empfehlungen: …

→ S.37 Diskussionen auswerten

f Bestimmt einen Diskussionsleiter und führt die Diskussion durch. Wertet sie danach aus: Was ist gelungen, was kann man verbessern?

Eine Diskussion vorbereiten, durchführen und auswerten

9 Führt eine Diskussion zu einem der folgenden Probleme durch.

a Wählt eine der Problemfragen aus.

1 Verletzt das Einsammeln von Handys Rechte von Schülerinnen/Schülern?
2 Sollten Schüler ihre Lehrer im Internet bewerten dürfen?
3 Wie kann unser Schulalltag weniger stressig werden?

b Bildet euch einen Standpunkt und bereitet einen Diskussionsbeitrag vor. Sucht nach überzeugenden Argumenten.

c Bestimmt einen Diskussionsleiter und führt die Diskussion durch. Achtet dabei auf die Gesprächsregeln (S. 34, Aufgabe 6 a).

10 Führt weitere Diskussionen zu selbst gewählten Themen durch. Einigt euch zuerst, wie ihr dabei vorgehen wollt.

Was habe ich gelernt?

11 Fasse zusammen, was du über das Diskutieren und Argumentieren gelernt hast, und fertige ein Merkblatt an.

Gewusst wie

Diskussionen auswerten

> **!** Um bewerten zu können, ob ein Problem in der Diskussion gelöst werden konnte, sollte man die **Diskussion auswerten**. Dabei geht man auf inhaltliche Fragen ein, z. B. ob man sich in der Diskussion auf eine gemeinsame Meinung oder einen Kompromiss einigen konnte. Die Inhalte der Diskussion (Verlauf und/oder Ergebnisse) können auch in einem **Protokoll** festgehalten werden.
> Eine wichtige Rolle bei der Auswertung spielen aber z. B. auch die Einhaltung der Gesprächsregeln und der Umgang der Diskussionsteilnehmer miteinander.

 **1**

a Wählt aus dem Kapitel *Meinungen austauschen – Diskutieren* (S. 30–36) ein Thema aus oder sucht selbst ein Thema und organisiert eine Diskussion.

b Beurteilt nach dem Ende der Diskussion und dem Lesen des Protokolls den Inhalt und den Verlauf des Gesprächs. Nutzt dazu die Schrittfolge.

So könnt ihr eine Diskussion auswerten

1. Zum Inhalt der Diskussion
   - Welche Standpunkte zum Thema wurden geäußert?
   - Welche Argumente wurden genannt?
   - Mit welchen Beispielen wurden die Argumente veranschaulicht?
   - Zu welchem Ergebnis sind wir gekommen?
   - Welche Schlussfolgerungen wurden gezogen?
2. Zum Verlauf der Diskussion
   - Wie gingen die Diskussionsteilnehmer miteinander um?
   - In welcher Weise sind sie auf ihre Vorredner eingegangen?
   - Wurde sachlich und zielbewusst diskutiert?
   - Wie wurde die Diskussionsleiterin / der Diskussionsleiter ihrer/seiner Rolle gerecht?
   - Wie hat sie/er auf die Einhaltung der Gesprächsregeln geachtet?
   - Waren ihre/seine Fragen und Anregungen verständlich und auf die wichtigen Punkte des Themas bezogen?

Sich schriftlich mit Problemen auseinandersetzen – Erörtern

Lineare Erörterungen schreiben

 Bei einer **schriftlichen Erörterung** setzt man sich denkend und schreibend mit einem Problem auseinander. Dieses wird als **Thema** in der Überschrift formuliert, z. B.: *Mobbing unter Schülern.*
Mit dem Thema verbunden sind einzelne **Fragen**, die für mögliche Lösungen des Problems wichtig sind, z. B.:
Was kann man gegen Mobbing unter Schülern tun? Ist Mobbing unter Schülern vermeidbar?
Das Ziel des Erörterns ist es, Problemlösungen zu finden.
Dazu verschafft man sich einen Überblick über das Problem, bildet sich einen **Standpunkt** dazu und sucht nach Problemlösungsmöglichkeiten. Mit **Argumenten (Begründungen + Beispielen)** überzeugt man die Leserinnen/Leser von der Richtigkeit der Problemlösungen.

1 In der Zeitschrift »Hallo« erschien folgender Artikel.

a Lies den Artikel aufmerksam durch.

Die vielen Leserzuschriften zeigen, dass in der letzten Zeit die Zahl der Mobbingfälle unter Schülern gestiegen ist. Insbesondere Mädchen werden aus unterschiedlichen Gründen gehänselt, von der Klassengemeinschaft ausgestoßen oder sogar terrorisiert. Solche Gründe können in einer anderen Nationalität, in einem abweichenden Aussehen oder Verhalten liegen. Gerade stille und ängstlich wirkende Schülerinnen und Schüler sind die typischen Mobbingopfer. Die meisten dieser Opfer haben starke Schulängste und Leistungsschwächen. Einige werden sogar krank, weil sie keinen Ausweg sehen. Sie ergeben sich ihrem Schicksal.
Mobbing ist aber kein Schicksal!
Mobbing kann und muss bekämpft werden!
Mobbing ist zu besiegen!

15 Viele Leserzuschriften beweisen das. Sie zeigen, dass man Mobbing überwinden kann, wenn man als Opfer in erster Linie zweierlei beachtet: Erstens sollte man sein eigenes Verhalten ändern. Man muss seine Zurückhaltung und Ängstlichkeit überwinden. Ein selbstbewusstes Auftreten wirkt auf die Täter
20 abschreckend. Man muss den Mut aufbringen, sich gegen die Täter zu stellen. Selbstbehauptungs- und Selbstverteidigungskurse können hilfreich sein. Das ist für den Einzelnen jedoch schwer, Hilfe ist nötig. Deswegen ist es zweitens ratsam, sich mit anderen zu verbünden. Wer Freunde gewinnt und nicht
25 mehr allein dasteht, scheidet schon als Mobbingopfer aus. Auch Eltern und Lehrer können helfen, man muss sie nur ansprechen.
Einige unserer Leserinnen und Leser belegen mit ihren Zuschriften den Erfolg solcher Empfehlungen:
30 Carmen hat nicht nur etwas gegen ihr Übergewicht getan, sie tritt jetzt auch viel offener und entschiedener auf und behauptet sich unter ihren Mitschülern besser als früher. Sie merkt sogar schon, dass sie etwas mehr geachtet wird.
Cindy hat sich ihren Lehrern anvertraut. So machte z. B. ihre
35 Deutschlehrerin das Thema »Mobbing« zum Unterrichtsthema. In Rollenspielen und Diskussionen suchte man gemeinsam nach Lösungen.
Maren ist froh, eine Freundin gefunden zu haben. Sie steht ihr bei, wenn sie bedroht wird. Das ist zwar nicht immer erfolg-
40 reich, aber ein Anfang ist gemacht.
Diese Beispiele machen Mut. Sie zeigen, dass sich niemand dem Mobbing ergeben muss. Sie zeigen, dass gemeinsames Handeln den Teufelskreis durchbricht.
Es ist also nötig, dass wir alle etwas gegen Gewalt gegen andere
45 tun. Noch besser ist es, wenn es gar nicht erst zu solchen Konflikten kommt. Probleme untereinander lassen sich z. B. durch Gespräche miteinander eher lösen als durch seelische oder körperliche Gewalt gegeneinander.

Eine Erörterung untersuchen

b Nenne das Thema des Artikels und suche eine passende Überschrift.

- **Ein Problem erkennen**

c Formuliere das Problem, das in dem Text erörtert wird, als Frage.

Was kann man ...?

40 Sich schriftlich mit Problemen auseinandersetzen – Erörtern

2

- Einen Standpunkt erkennen

  a Stelle fest, welcher Standpunkt in dem Artikel vertreten wird. In welcher Form wird er formuliert? Nenne weitere Formulierungsmöglichkeiten.

- Argumente erfassen

  b Bestimme die Argumente (Begründungen + Beispiele) der Redaktion und trage sie in die Tabelle ein.

Begründung	Beispiel

- Eigene Argumente finden

  c Suche nach weiteren Argumenten für die Richtigkeit des redaktionellen Standpunkts. Ergänze dazu deine Tabelle.

- Schlussfolgerungen erkennen

  d Gib die Schlussfolgerung der Redaktion wieder. Lies den Text noch einmal und nenne die Textstelle, an die die Schlussfolgerung anknüpft.

Probleme erkennen, Fragen formulieren

3 Übe, Probleme zu erkennen und als Fragen zu formulieren. Notiere zu folgenden Themen Fragen für eine Erörterung.

1. Handyverbot in der Schule
2. Schuluniformen für alle!
3. Schwänzen – na und?
4. Sind Computerspiele schädlich?

> Eine **lineare (steigernde) Erörterung** ist eine der beiden Hauptformen des schriftlichen Erörterns. Man baut sie folgendermaßen auf:
> - *Einleitung:*
>   Nennen des Themas, Beschreiben des Problems und Wecken des Interesses der Leserinnen/Leser,
> - *Hauptteil:*
>   – Formulieren des eigenen Standpunkts als These (Behauptung),
>   – Begründen des Standpunkts durch einzelne Argumente (Begründungen + Beispiele), wobei das wichtigste in der Regel am Schluss steht,
> - *Schluss:*
>   – Zusammenfassung mit Bezug auf die These und
>   – Schlussfolgerungen für das weitere Handeln.

Eine lineare Erörterung untersuchen

4 Lies noch einmal den Artikel aus der »Hallo« (S. 38, Aufgabe 1a).

a Formuliere den Standpunkt der Redaktion als Behauptung (These).

Sich schriftlich mit Problemen auseinandersetzen – Erörtern **41**

b Beurteile, ob es sich um eine lineare Erörterung handelt.

c Bestimme in dem Artikel Einleitung, Hauptteil und Schluss. Gib jeweils Anfang und Ende der Teile an.

TIPP
Nutze dazu die Ergebnisse der Aufgabe 2 b (S. 40).

d Überprüfe die Anordnung der Argumente im Hauptteil des Artikels. Woran erkennst du eine Steigerung ihrer Wichtigkeit?

 e Suche nach einem eigenen Argument, das eine weitere Steigerung gegenüber den genannten Argumenten darstellt. Ergänze deine Tabelle aus Aufgabe 2 b (S. 40).

 f Beurteile den Schluss. Äußere deine Meinung zur Empfehlung der Redaktion, wie man Mobbing vermeiden kann, in einer These.

Eine lineare Erörterung planen

5 Lege begründet deinen Standpunkt zur Frage »Sind Tattoos gefährlich?« dar.

a Lies die Zeitungsmeldung und überlege, welche Informationen du für die Einleitung deiner Erörterung verwenden kannst.

Tückische Tattoos

Tätowierungen standen schon seit Langem im Verdacht, das Risiko von Infektionen zu erhöhen. Nun haben kanadische Forscher entdeckt, dass Tattoos beispielsweise zur Hepatitis-C-Infektion beitragen können. Ihre Auswertung von 124 medizinischen Untersuchungen ergab, dass Tattoo-Träger das gefährliche Virus dreimal häufiger haben als Menschen, die diesen Hautschmuck nicht tragen. Es wird empfohlen, sich nach dem Anbringen eines Tattoos, etwa während eines Aufenthalts im Ausland, einem Bluttest zu unterziehen. Der Test kann die Infektion schon zwei Wochen nach einer eventuellen Übertragung der Viren nachweisen.

b Beschreibe in deiner Einleitung das Problem in ein bis zwei Sätzen.

1 Einleitung: …

TIPP
Überlege, welche Fragen zu klären sind.

c Formuliere für den Hauptteil deiner Erörterung zunächst deinen Standpunkt zum Thema in Form einer These.

2 Hauptteil:
Standpunkt: …

TIPP
Suche nach weiteren Informationen, um deine Argumentation zu untermauern.

d Notiere Argumente zur Begründung deines Standpunkts und ordne sie. Achte auf eine Steigerung der Überzeugungskraft deiner Begründungen und Beispiele.

Argument 1: …
Argument 2: …
…

! Der **Schlussteil** der linearen Erörterung enthält eine Zusammenfassung und Schlussfolgerungen für das weitere Handeln. Man kann ihn z. B. mit folgenden sprachlichen Wendungen einleiten:
Zusammengefasst ergibt sich …
Deshalb meine ich …
Meine Schlussfolgerung lautet: …
Daraus kann man ableiten …

e Formuliere deinen Schluss in ein bis zwei Sätzen. Achte darauf, dass er keine neuen Argumente enthält, sondern eine Zusammenfassung deines Standpunkts ist und Schlussfolgerungen aufzeigt.

3 Schluss:
Zusammenfassung: …
Schlussfolgerung: …

Eine lineare Erörterung entwerfen

f Schreibe einen Entwurf deiner linearen Erörterung zum Thema »Sind Tattoos gefährlich?«. Verwende dazu deinen Schreibplan aus den Aufgaben 5 a–e.

Eine Erörterung überarbeiten

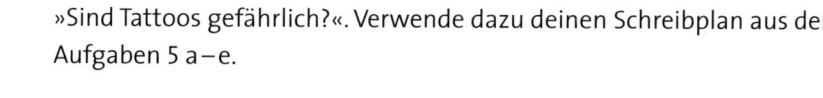

g Überarbeitet eure Entwürfe mithilfe der Arbeitsschritte und Tipps im Merkkasten auf der nächsten Seite.

 **6** Schreibe eine lineare Erörterung zum Thema »Ist Sport ›Mord‹?«. Gehe dazu vor wie in den Aufgaben 5 b–g.

Eine Erörterung überarbeiten

Arbeitsschritte	Tipps
1. Schreibaufgabe bedenken	
– Für wen? Für welchen Zweck?	Beachte z. B. die Besonderheiten einer Erörterung.
2. Inhalt überarbeiten	
– Darstellung des Themas und Problems? – Darstellung des Standpunkts?	Prüfe, ob Thema/Problem und Standpunkt eindeutig genannt sind.
– Überzeugungskraft der Argumente? – Anordnung der Argumente? – Gestaltung von Einleitung und Schluss?	Prüfe, ob das wichtigste Argument am Ende steht. Beurteile, ob die Einleitung Interesse weckt. Prüfe, ob am Schluss die Erörterung des Standpunkts zusammengefasst und Schlussfolgerungen gezogen wurden.
3. Wortwahl und Satzbau überarbeiten	
– Klar und verständlich formuliert? – Fachbegriffe sinnvoll und richtig verwendet?	Nutze ggf. Nachschlagewerke.
– Unnötige Wortwiederholungen vermieden?	Nutze ggf. Wortfelder.
– Sinnvolle Satzverknüpfungen genutzt?	Prüfe, ob Satzglieder umgestellt werden können/sollten. Nutze geeignete Konjunktionen und Adverbien.
4. Rechtschreibung und Zeichensetzung korrigieren	
– Alles richtig geschrieben? – Alle Satzzeichen vorhanden? – Genutzte Quellen richtig gekennzeichnet?	Nutze Nachschlagewerke. Berate dich mit anderen. Beachte die Regeln für Quellenangaben.

Was habe ich gelernt?

❼ Fasse zusammen, was du über das lineare Erörtern gelernt hast. Erstelle ein Merkblatt zum Aufbau einer linearen Erörterung.

Dialektische (kontroverse) Erörterungen schreiben

> ! Eine **kontroverse (dialektische) Erörterung** ist neben der linearen Erörterung die zweite Hauptform des schriftlichen Erörterns. Dabei wägt man im **Hauptteil** verschiedene Argumente für (pro) und gegen (kontra) einen Standpunkt zum Problem ab. Eine Möglichkeit der **Gliederung** ist die Gegenüberstellung der Argumente **im Block**. Das heißt, man führt zuerst alle Kontra-Argumente und danach alle Pro-Argumente an oder umgekehrt. Ausschlaggebend ist, ob man sich selbst für Pro oder für Kontra entscheidet. Die Argumente für die eigene Position stellt man an das Ende, weil sie so dem Leser besser im Gedächtnis bleiben, z. B.:
>
> These: *Netbooks sind bessere Mobilrechner als Notebooks.*
> Kontra-Argument 1: *Netbooks haben weniger Programme als Notebooks und man kann z. B. keine …*
> Kontra-Argument 2: *Netbooks haben kein DVD-Laufwerk.*
> Kontra-Argument 3: *Netbooks haben nur einen kleinen Arbeitsspeicher.*
> Pro-Argument 1: *Netbooks haben alle notwendigen Programme.*
> Pro-Argument 2: *DVDs kann man über einen USB-Stick anschauen.*
> Pro-Argument 3: *Den Speicher kann man durch ein Upgrade erweitern.*

Eine kontroverse Erörterung planen

• Das Problem formulieren

1 Ist ein Netbook besser als ein Notebook?

a Lies die Informationen in der Tabelle.

Netbook	Notebook
vorwiegend für Internetnutzung	vollwertiger Arbeitsplatzrechner
geringe Größe	größer als Netbook
Gewicht um 1,3 Kilogramm	schwerer als Netbook
Grafik-Chip mit geringer Leistung	großer Grafik-Chip
kleiner Arbeitsspeicher	großer Arbeitsspeicher
kleine Tastatur	große Tastatur
geringe Akkulaufzeit	lange Akkulaufzeit
Bilddiagonale: 25 Zentimeter	Bilddiagonale: ab 46 Zentimeter
günstiger Preis	höherer Preis

Sich schriftlich mit Problemen auseinandersetzen – Erörtern **45**

• Thesen formulieren	b	Formuliere zur Frage in Aufgabe 1 zwei verschiedene Standpunkte in Form von Behauptungen (Thesen).

Standpunkt 1: Ja, ein Netbook ist …
Standpunkt 2: …

• Argumente notieren und ordnen	c	Notiere Argumente (Begründungen + Beispiele) für (pro) und gegen (kontra) Netbooks. Nimm die Informationen aus der Tabelle zu Hilfe und überlege, welche weiteren Fakten du einbeziehen könntest.
• Sich eine Meinung bilden	d	Entscheide dich jetzt für eine These und ordne die Argumente im Block nach Kontra und Pro. Lies dazu ggf. noch einmal im Merkkasten (S. 43) nach.
• Den Schluss formulieren	e	Formuliere den Schluss der Erörterung. Nutze dazu den Merkkasten auf S. 42.
Einen Textentwurf schreiben	f	Schreibe einen vollständigen Entwurf deiner kontroversen Erörterung. Nutze dazu die Vorarbeiten aus den Aufgaben c und d.
Den Textentwurf überarbeiten	g	Überarbeite deinen Entwurf und schreibe die Endfassung.

→ **S. 43** Eine Erörterung überarbeiten

> **!** Eine zweite Möglichkeit der **Gliederung** des **Hauptteils** einer dialektischen (kontroversen) Erörterung ist folgende: Man verbindet **im Wechsel** die Kontra-Argumente sofort mit den Pro-Argumenten, z. B.:
> These: *Netbooks sind bessere Mobilrechner als Notebooks.*
> Kontra-Argument 1: …
> Pro-Argument 1: …
> Kontra-Argument 2: …
> Pro-Argument 2: …
> Kontra-Argument 3: …
> Pro-Argument 3: …

2 Erprobe mithilfe des Merkkastens die zweite Gliederungsmöglichkeit einer Erörterung.

TIPP
Nutze deine Vorarbeiten aus Aufgabe 1.

a Schreibe deine Erörterung zum Thema »Ist ein Netbook besser als ein Notebook?« erneut. Gestalte den Hauptteil wie im Merkkasten, indem du die Pro- und Kontra-Argumente im Wechsel anordnest.

b Gib am Schluss deiner Erörterung eine Kaufempfehlung – entweder für ein Netbook oder für ein Notebook.

Nachdem ich die Vor- und Nachteile abgewogen habe, ...

3 Schreibe zu einem Thema aus Aufgabe 3 (S. 40) eine kontroverse Erörterung. Gestalte dabei den Hauptteil wie im Merkkasten (S. 45), indem du die Pro- und Kontra-Argumente im Wechsel anordnest.

●●● **4** Schreibe zu einem selbst gewählten Thema eine kontroverse Erörterung. Entscheide dich dabei für eine der beiden Gliederungsmöglichkeiten. Nutze dazu die Schrittfolge.

> **So kannst du eine dialektische (kontroverse) Erörterung schreiben**
> 1. Formuliere das Problem in Form einer Frage und bilde dir eine Meinung dazu.
> 2. Gib deinen Standpunkt als Behauptung (These) wieder.
> 3. Notiere dir Argumente (Begründungen + Beispiele) und ordne die Pro- und Kontra-Argumente entweder im Block oder im Wechsel.
> 4. Schreibe einen Entwurf deiner Erörterung (Einleitung, Hauptteil, Schluss).
> 5. Überarbeite den Entwurf und schreibe die Endfassung der Erörterung.

Was habe ich gelernt?

5 Fasse zusammen, was du über das dialektische (kontroverse) Erörtern weißt. Ergänze dein Merkblatt zum Erörtern.

Aufbau einer linearen Erörterung:
– Einleitung: ...
– ...

Aufbau einer kontroversen Erörterung:
– Einleitung: ...
– ...

Reklamationen und Beschwerden schreiben

1 Tragt zusammen, welche besonderen Merkmale eine Mail hat und welche Unterschiede zwischen einem Brief und einer E-Mail bestehen.

2 Du hast dir bei einem Internetversand Kopfhörer gekauft und wenige Tage nach der Lieferung funktionieren sie nicht mehr. Deine Mutter empfiehlt dir, sie schriftlich zu reklamieren.

a Informiert euch, was man unter einer Reklamation versteht und welche Rechte ein Kunde im Fall einer Reklamation hat.

Über den Schreibzweck nachdenken

b Tragt zusammen, wann und warum eine schriftliche Reklamation erfolgreich sein kann.

c Überlegt, mit welcher Begründung ihr die Kopfhörer reklamieren und was ihr erreichen möchtet. Entscheidet, ob ihr Brief oder E-Mail bevorzugt.

→ S. 248
Merkwissen (szenischer Text)

d Präsentiert die Ergebnisse eurer Arbeit in einem Rollenspiel (Mutter und Jugendliche/r).

> **!** Eine **schriftliche Reklamation** ist eine Beschwerde des Käufers über eine mangelhafte Ware beim Verkäufer. Man möchte dadurch erreichen, dass der Mangel beseitigt wird.
> Eine Reklamation (Brief oder E-Mail) sollte wie ein **offizieller Brief** verfasst werden. Im Betreff sollte »Reklamation« und die Nummer der Bestellung, des Lieferscheins oder der Rechnung stehen. Man gibt die genaue Warenbezeichnung und den Liefertermin an. Dann beschreibt man den Mangel und erklärt, welche Lösung des Problems man erwartet.
> Wichtig ist eine **sachliche und höfliche Ausdrucksweise**.

48 Reklamationen und Beschwerden schreiben

Den Text planen

→ **S. 248** Merkwissen (Mitteilungen)

3

a Wiederhole den Aufbau und die Gestaltung eines offiziellen Briefs. Lies die folgende Reklamation und entscheide, ob sie den Anforderungen an einen offiziellen Brief entspricht.

Tim Heinrich   Chemnitz, 29.08.2012
Kurze Straße 4
09111 Chemnitz

Internetversand Hastig
Lerchenweg 19
51065 Köln

Reklamation
Lieferschein/Rechnung Nr. 127

Sehr geehrte Damen und Herren,

ich habe bei Ihnen das Buch »Lucas« von Kevin Brooks bestellt, das ich gestern auch per Post bekommen habe.
Leider musste ich feststellen, dass die Seiten 17 bis 32 fehlen.
Ich bitte um die Zusendung eines fehlerfreien Exemplars.

Mit freundlichen Grüßen
Tim Heinrich

Anlagen: – Kopie des Lieferscheins / der Rechnung
                – mangelhaftes Buch

Den Text entwerfen

b Entwirf einen Brief, in dem du die defekten Kopfhörer (S. 47, Aufgabe 2) beim Internetversand reklamierst.

c Überlege, was man bei einer E-Mail ändern müsste, und verfasse eine Reklamation der Kopfhörer als Mail.

Von:	tim.heinrich@mail.de
An:	hastig@internetversand.com
Betreff:	Reklamation, Lieferschein/Rechnung Nr. 127

Reklamationen und Beschwerden schreiben

Den Text überarbeiten

Achtung, Fehler!

4 Die folgenden Sätze aus Reklamationen weisen Ausdrucks- und Rechtschreibfehler auf. Schreibe die Sätze richtig in dein Heft.

1. Wir haben uns letzte Woche bei ihnen ein Toaster gekauft. Bei der ersten Benutzung schmorte er durch.
2. Es kann doch verdammt noch mal nicht wahr sein, dass Sie die Fernbedienung ohne Batterien ausliefern.
3. Das Smartphone, das Sie mir zuschickten, war tierisch zerkratzt.
4. Deshalb verlangen wir, unser Fernsehgerät auszutauschen.
5. Da dass Gerät defekt ist, möchte ich, das sie es umtauschen.

5 Überarbeite jetzt deine Reklamation.

a Überlege, auf welche Aspekte du besonders achten möchtest.

aussagekräftige Betreffzeile ✓
Mangel genannt ☐
Anredepronomen großgeschrieben ☐
... ☐

Die Endfassung schreiben

b Schreibe die Endfassung deiner Reklamation als E-Mail oder Brief.

6 Du hast im Internet eine DVD bestellt, sie ist aber zerkratzt. Schreibe eine Reklamation und bitte um Umtausch.

a Überlege, ob du einen Brief oder eine E-Mail schicken möchtest, und formuliere die Betreffzeile.

b Entwirf den Text. Nenne den Mangel und die gewünschte Lösung.

c Überarbeite deinen Entwurf und schreibe die Endfassung.

7 Du hast im Internet ein Buch bestellt. Bei der Lieferung stellst du fest, dass der Buchdeckel geknickt ist. Verfasse eine Reklamation und bitte um Umtausch. Nutze dazu die Schrittfolge auf S. 50.

8 Bei den Schuhen aus dem Internetversand löst sich die Sohle ab. Sende die Schuhe zurück und bitte um Rückerstattung des Geldes.

> **!** Auch ein **Beschwerdebrief** sollte wie ein offizieller Brief abgefasst werden. Der Verfasser beschreibt, worin das Problem besteht, und erklärt, welche Lösung er erwartet. Der Brief kann mit einer Bitte um Rückmeldung beendet werden.
> Auf eine **sachliche und höfliche Ausdrucksweise** ist zu achten.

9 Verfasse einen Brief, in dem du dich beim Anbieter der Schulspeisung beschwerst, weil das Mittagessen häufig schon kalt ist, wenn es ausgegeben wird. Nutze dazu die Schrittfolge.

> **So kannst du einen Beschwerdebrief / eine Reklamation schreiben**
> 1. Schreibe oben links deinen Absender (Name und Adresse) und oben rechts Ort und Datum hin.
> 2. Schreibe unter den Absender Name und Adresse des Empfängers.
> 3. Formuliere in der Betreffzeile, worüber du dich beschweren bzw. was du reklamieren möchtest.
> 4. Schreibe nach der Anrede, worin das Problem / der Mangel besteht und welche Lösung du dir vorstellst.
> 5. Ergänze die Grußformel und die Unterschrift.
> 6. Führe darunter die Anlagen auf, die du dem Brief beifügst.
> 7. Überarbeite deinen Entwurf. Achte dabei auf klare und höfliche Formulierungen. Schreibe anschließend die Endfassung.

TIPP
Orientiere dich am Musterbrief aus Aufgabe 3 a (S. 48).

10 Schreibe einen Beschwerdebrief an die Reinigungsfirma, weil die Turnhalle in den letzten beiden Wochen sehr schmutzig war.

11 Verfasse eine Beschwerde an die Verkehrsbetriebe über den unhöflichen Schulbusfahrer. Entscheide dich zwischen Brief oder Mail.

Was habe ich gelernt?

12 Überprüfe, was du über das Schreiben von Reklamationen und Beschwerden gelernt hast. Schätze dich selbst ein.

1. Ich kann offizielle Briefe adressatengerecht verfassen.
2. Ich weiß, welche Aufgabe eine Reklamation hat, und kann diese als Brief oder E-Mail gestalten.
3. Ich kann eine schriftliche Beschwerde angemessen formulieren.

1 Lies die folgende Geschichte und notiere deine ersten Gedanken dazu.

Heinrich Böll

Die Waage der Baleks

Kamen die Kinder aus der Schule, mussten sie in die Wälder gehen und – je nach der Jahreszeit – Pilze sammeln und Kräuter: Waldmeister und Thymian, Kümmel und Pfefferminz, auch Fingerhut, und im Sommer, wenn sie das Heu von ihren mageren Wiesen
5 geerntet hatten, sammelten sie die Heublumen. Einen Pfennig gab es fürs Kilo Heublumen, die in der Stadt in den Apotheken für zwanzig Pfennig das Kilo an nervöse Damen verkauft wurden. Kostbar waren die Pilze: Sie brachten zwanzig Pfennig das Kilo und wurden in der Stadt für eine Mark zwanzig gehandelt. Weit in
10 die grüne Dunkelheit der Wälder krochen die Kinder im Herbst, wenn die Feuchtigkeit die Pilze aus dem Boden treibt, und fast jede Familie hatte ihre Plätze, an denen sie Pilze pflückte, Plätze, die von Geschlecht zu Geschlecht weitergeflüstert wurden.
Die Wälder gehörten den Baleks, auch die Flachsbrechen, und die
15 Baleks hatten im Heimatdorf meines Großvaters ein Schloss, und die Frau des Familienvorstandes jeweils hatte neben der Milchküche ein kleines Stübchen, in dem Pilze, Kräuter, Heublumen gewogen und bezahlt wurden. Dort stand auf dem Tisch die große Waage der Baleks, ein altertümliches, verschnörkeltes, mit Gold-
20 bronze bemaltes Ding, vor dem die Großeltern meines Großvaters schon gestanden hatten, die Körbchen mit Pilzen, die Papiersäcke mit Heublumen in ihren schmutzigen Kinderhänden, gespannt zusehend, wie viel Gewichte Frau Balek auf die Waage werfen musste, bis der pendelnde Zeiger genau auf dem schwarzen Strich
25 stand, dieser dünnen Linie der Gerechtigkeit, die jedes Jahr neu gezogen werden musste. Dann nahm Frau Balek das große Buch mit dem braunen Lederrücken, trug das Gewicht ein und zahlte das Geld aus, Pfennige oder Groschen und sehr, sehr selten einmal eine Mark. [...]
30 Eines der Gesetze, die die Baleks dem Dorf gegeben hatten, hieß: Keiner darf eine Waage im Hause haben. Das Gesetz war schon so alt, dass keiner mehr darüber nachdachte, wann und warum es entstanden war, und es musste geachtet werden, denn wer es brach, wurde aus den Flachsbrechen entlassen, dem wurden keine
35 Pilze, kein Thymian, keine Heublumen mehr abgenommen, und die Macht der Baleks reichte so weit, dass auch in den Nachbardörfern niemand ihm Arbeit gab, niemand ihm die Kräuter des

Waldes abkaufte. Aber seitdem die Großeltern meines Großvaters als kleine Kinder Pilze gesammelt, sie abgeliefert hatten, damit sie in den Küchen der reichen Prager Leute den Braten würzten oder in Pasteten verbacken werden konnten, seitdem hatte niemand daran gedacht, dieses Gesetz zu brechen: [...] und im Übrigen machte die altertümliche, mit Goldbronze verzierte Waage der Baleks nicht den Eindruck, als könne sie nicht stimmen, und fünf Geschlechter hatten dem auspendelnden schwarzen Zeiger anvertraut, was sie mit kindlichem Eifer im Walde gesammelt hatten. [...] Mein Großvater war der Erste, der kühn genug war, die Gerechtigkeit der Baleks zu prüfen, die im Schloss wohnten, zwei Kutschen fuhren, die immer einem Jungen des Dorfes das Studium der Theologie im Prager Seminar bezahlten, bei denen der Pfarrer jeden Mittwoch zum Tarock[1] war, denen der Bezirkshauptmann – das kaiserliche Wappen auf der Kutsche – zu Neujahr seinen Besuch abstattete und denen der Kaiser zu Neujahr des Jahres 1900 den Adel verlieh. Mein Großvater war fleißig und klug: Er kroch weiter in die Wälder hinein, als vor ihm die Kinder seiner Sippe gekrochen waren, [...] er drang weit in das Dickicht vor, schon als Knabe, brachte große Beute an Pilzen mit, fand sogar Trüffeln, die Frau Balek mit dreißig Pfennig das Pfund berechnete. Mein Großvater trug alles, was er den Baleks brachte, auf die Rückseite eines Kalenderblattes ein: jedes Pfund Pilze, jedes Gramm Thymian, und mit seiner Kinderschrift schrieb er rechts daneben, was er dafür bekommen hatte; jeden Pfennig kritzelte er hin, von seinem siebten bis zu seinem zwölften Jahr, und als er zwölf war, kam das Jahr 1900, und die Baleks schenkten jeder Familie im Dorf, weil der Kaiser sie geadelt hatte, ein Viertelpfund echten Kaffee, von dem, der aus Brasilien kommt; es gab auch Freibier und Tabak für die Männer, und im Schloss fand ein großes Fest statt [...]. Aber am Tage vor dem Fest schon wurde der Kaffee ausgegeben in der kleinen Stube, in der seit fast hundert Jahren die Waage der Baleks stand, die jetzt Balek von Bilgan hießen, weil der Sage nach Bilgan,

[1] Kartenspiel

der Riese, dort ein großes Schloss gehabt haben soll, wo die Gebäude der Baleks stehen. Mein Großvater hat mir oft erzählt, wie er nach der Schule dort hinging, um den Kaffee für vier Familien abzuholen: für die Cechs, die Weidlers, die Vohlas und für seine eigene, die Brüchers. Es war der Nachmittag vor Silvester: Die Stuben mussten geschmückt, es musste gebacken werden, und man wollte nicht vier Jungen entbehren, jeden einzeln den Weg ins Schloss machen zu lassen, um ein Viertelpfund Kaffee zu holen. Und so saß mein Großvater auf der kleinen, schmalen Holzbank im Stübchen, ließ sich von Gertrud, der Magd, die fertigen Achtelkilopakete Kaffee vorzählen, vier Stück, und blickte auf die Waage, auf deren linker Schale der Halbkilostein liegen geblieben war; Frau Balek von Bilgan war mit den Vorbereitungen fürs Fest beschäftigt. Und als Gertrud nun in das Glas mit den sauren Bonbons greifen wollte, um meinem Großvater eines zu geben, stellte sie fest, dass es leer war: Es wurde jährlich einmal neu gefüllt, fasste ein Kilo von denen zu einer Mark. Gertrud lachte, sagte: »Warte, ich hole die neuen«, und mein Großvater blieb mit den vier Achtelkilopaketen, die in der Fabrik verpackt und verklebt waren, vor der Waage stehen, auf der jemand den Halbkilostein liegen gelassen hatte, und mein Großvater nahm die vier Kaffeepaketchen, legte sie auf die leere Waagschale, und sein Herz klopfte heftig, als er sah, wie der schwarze Zeiger der Gerechtigkeit links neben dem Strich hängen blieb, die Schale mit dem Halbkilostein unten blieb und das halbe Kilo Kaffee ziemlich hoch in der Luft schwebte; [...] und er suchte aus seiner Tasche Kieselsteine, wie er sie immer bei sich trug, um mit der Schleuder nach den Spatzen zu schießen, die an den Kohlpflanzen seiner Mutter herumpickten – drei, vier, fünf Kieselsteine musste er neben die vier Kaffeepakete legen, bis die Schale mit dem Halbkilostein sich hob und der Zeiger endlich scharf über dem schwarzen Strich lag. Mein Großvater nahm den Kaffee von der Waage, wickelte die fünf Kieselsteine in sein Sacktuch, und als Gertrud mit der großen Kilotüte voll saurer Bonbons kam, [...] stand der kleine, blasse Bursche da, und nichts schien sich verändert zu haben. Mein Großvater nahm nur drei von den Paketen, und Gertrud blickte erstaunt und erschreckt auf den blassen Jungen, der den sauren Bonbon auf die Erde warf, ihn zertrat und sagte: »Ich will Frau Balek sprechen.« »Balek von Bilgan, bitte«, sagte Gertrud. »Gut, Frau Balek von Bilgan«, aber Gertrud lachte ihn aus, und er ging im Dunkeln ins Dorf zurück, brachte den Cechs, den Weidlers, den Vohlas ihren Kaffee und gab vor, er müsse noch zum Pfarrer. Aber er ging mit

seinen fünf Kieselsteinen im Sacktuch in die dunkle Nacht. Er musste weit gehen, bis er jemanden fand, der eine Waage hatte,
115 eine haben durfte; in den Dörfern Blaugau und Bernau hatte niemand eine, das wusste er, und er schritt durch sie hindurch, bis er nach zweistündigem Marsch in das kleine Städtchen Dielheim kam, wo der Apotheker Honig wohnte. Aus Honigs
120 Haus kam der Geruch frisch gebackener Pfannkuchen, und Honigs Atem, als er dem verfrorenen Jungen öffnete, roch schon nach Punsch, und er hatte die

nasse Zigarre zwischen seinen schmalen Lippen, hielt die kalten
125 Hände des Jungen einen Augenblick fest und sagte: »Na, ist es schlimmer geworden mit der Lunge deines Vaters?« »Nein, ich komme nicht um Medizin, ich wollte …« Mein Großvater nestelte sein Sacktuch auf, nahm die fünf Kieselsteine heraus, hielt sie Honig hin und sagte: »Ich wollte das gewogen haben [...] Es ist das,
130 was an der Gerechtigkeit fehlt«, und mein Großvater spürte jetzt, als er in die warme Stube kam, wie nass seine Füße waren. Der Schnee war durch die schlechten Schuhe gedrungen, und im Wald hatten die Zweige den Schnee über ihn geschüttelt, der jetzt schmolz, und er war müde und hungrig und fing plötzlich an zu
135 weinen, weil ihm die vielen Pilze einfielen, die Kräuter, die Blumen, die auf der Waage gewogen worden waren, an der das Gewicht von fünf Kieselsteinen an der Gerechtigkeit fehlte. Und als Honig, den Kopf schüttelnd, die fünf Kieselsteine in der Hand, seine Frau rief, fielen meinem Großvater die Geschlechter seiner
140 Eltern, seiner Großeltern ein, die alle ihre Pilze, ihre Blumen auf der Waage hatten wiegen lassen müssen, und es kam über ihn wie eine große Woge von Ungerechtigkeit, und er fing noch heftiger an zu weinen, setzte sich, ohne dazu aufgefordert zu sein, auf einen der Stühle in Honigs Stube, übersah den Pfannkuchen, die heiße
145 Tasse Kaffee, die die gute und dicke Frau Honig ihm vorsetzte, und hörte erst auf zu weinen, als Honig selbst aus dem Laden vorne zurückkam und, die Kieselsteine in der Hand schüttelnd, leise zu seiner Frau sagte: »Fünfeinhalb Deka[2], genau.« Mein Großvater ging die zwei Stunden durch den Wald zurück, ließ sich prügeln
150 zu Hause, schwieg, als er nach dem Kaffee gefragt wurde, sagte kein Wort, rechnete den ganzen Abend an seinem Zettel herum, auf dem er alles notiert hatte, was er der jetzigen Frau Balek geliefert hatte, und als es Mitternacht schlug, vom Schloss die Böller zu hören waren, im ganzen Dorf das Geschrei, das Klappern der

[1] ein Deka: 10 Gramm

Rasseln erklang, als die Familie sich geküsst, sich umarmt hatte, sagte er in das folgende Schweigen des neuen Jahres hinein: »Baleks schulden mir achtzehn Mark und zweiunddreißig Pfennig.« Und wieder dachte er an die vielen Kinder, [...] die alle für die Baleks Pilze gesammelt hatten, Kräuter und Blumen, und er weinte diesmal nicht, sondern erzählte seinen Eltern, seinen Geschwistern von seiner Entdeckung. Als die Baleks von Bilgan am Neujahrstage zum Hochamt in die Kirche kamen, das neue Wappen – einen Riesen, der unter einer Fichte kauert – schon in Blau und Gold auf ihrem Wagen, blickten sie in die harten und blassen Gesichter der Leute, die alle auf sie starrten. Sie hatten im Dorf Girlanden erwartet, am Morgen ein Ständchen, Hochrufe und Heilrufe, aber das Dorf war wie ausgestorben gewesen, als sie hindurchfuhren, und in der Kirche wandten sich die Gesichter der blassen Leute ihnen zu, stumm und feindlich, und als der Pfarrer auf die Kanzel stieg, um die Festpredigt zu halten, spürte er die Kälte der sonst so stillen und friedlichen Gesichter, und er stoppelte mühsam seine Predigt herunter und ging schweißtriefend zum Altar zurück. Und als die Baleks von Bilgan nach der Messe die Kirche wieder verließen, gingen sie durch ein Spalier stummer, blasser Gesichter. Die junge Frau Balek von Bilgan aber blieb vorne bei den Kinderbänken stehen, suchte das Gesicht meines Großvaters, des kleinen, blassen Franz Brücher, und fragte ihn in der Kirche: »Warum hast du den Kaffee für deine Mutter nicht mitgenommen?« Und mein Großvater stand auf und sagte: »Weil Sie mir noch so viel Geld schulden, wie fünf Kilo Kaffee kosten.« Und er zog die fünf Kieselsteine aus seiner Tasche, hielt sie der jungen Frau hin und sagte: »So viel, fünfeinhalb Deka, fehlen auf ein halbes Kilo an Ihrer Gerechtigkeit«; und noch ehe die Frau etwas sagen konnte, stimmten die Männer und Frauen in der Kirche das Lied an: »Gerechtigkeit der Erden, o Herr, hat dich getötet ...« Während die Baleks in der Kirche waren, war Wilhelm Vohla, der Wilderer, in das kleine Stübchen eingedrungen, hatte die Waage gestohlen und das große, dicke, in Leder eingebundene Buch, in dem jedes Kilo Pilze, jedes Kilo Heublumen, alles eingetragen war, was von den Baleks im Dorf gekauft worden war, und den ganzen Nachmittag des Neujahrstages saßen die Männer des Dorfes in der Stube meiner Urgroßeltern und rechneten, rechneten elf Zehntel von allem, was gekauft worden – aber als sie schon viele tausend Taler errechnet hatten und noch immer nicht zu Ende waren, kamen die Gendarmen des Bezirkshauptmanns, drangen schießend und stechend in die Stube meines Urgroßvaters ein und

holten mit Gewalt die Waage und das Buch heraus. Die Schwester meines Großvaters wurde getötet dabei, die kleine Ludmilla, ein paar Männer verletzt, und einer der Gendarmen wurde von
200 Wilhelm Vohla, dem Wilderer, erstochen.
Es gab Aufruhr nicht nur in unserem Dorf, auch in Blaugau und Bernau, und fast eine Woche lang ruhte die Arbeit in den Flachsfabriken.
Aber es kamen sehr viele Gendarmen, und die Männer und Frauen
205 wurden mit Gefängnis bedroht, und die Baleks zwangen den Pfarrer, öffentlich in der Schule die Waage vorzuführen und zu beweisen, dass der Zeiger der Gerechtigkeit richtig auspendelte. Und die Männer und Frauen gingen wieder in die Flachsbrechen – aber niemand ging in die Schule, um den Pfarrer anzusehen:
210 Er stand ganz allein da, hilflos und traurig mit seinen Gewichtssteinen, der Waage und den Kaffeetüten. Und die Kinder sammelten wieder Pilze, sammelten wieder Thymian, Blumen und Fingerhut, aber jeden Sonntag wurde in der Kirche, sobald die Baleks sie betraten, das Lied angestimmt: »Gerechtigkeit der Erden, o Herr,
215 hat dich getötet«, bis der Bezirkshauptmann in allen Dörfern austrommeln ließ, das Singen dieses Liedes sei verboten. Die Eltern meines Großvaters mussten das Dorf verlassen, das frische Grab ihrer kleinen Tochter, sie wurden Korbflechter, blieben an keinem Ort lange, weil es sie schmerzte zuzusehen, wie in allen Orten das
220 Pendel der Gerechtigkeit falsch ausschlug. Sie zogen hinter dem Wagen, der langsam über die Landstraße kroch, ihre magere Ziege mit, und wer an dem Wagen vorbeikam, konnte manchmal hören, wie drinnen gesungen wurde: »Gerechtigkeit der Erden, o Herr, hat dich getötet.« Und wer ihnen zuhören wollte, konnte die
225 Geschichte hören von den Baleks von Bilgan, an deren Gerechtigkeit ein Zehntel fehlte. Aber es hörte ihnen fast niemand zu.

2 Der Erzähler berichtet von Ereignissen aus dem Leben seines Großvaters, als dieser noch ein Kind war.
Erklärt, wodurch das Vertrauen des Jungen in die Gerechtigkeit erschüttert wurde.

3 Beschreibe den Zustand des Jungen, als er beim Apotheker eingetroffen ist.
Nenne beispielhafte Textstellen mit Zeilenangaben.

Eine Inhaltsangabe verfassen

4 Schreibe eine Inhaltsangabe zu der Geschichte.

Wann spricht der Gesetzgeber von Betrug?

1 Lies den folgenden Auszug aus dem Strafgesetzbuch der Bundesrepublik Deutschland. Gib die Definition von Betrug mit eigenen Worten wieder.

§ 263 Betrug
(1) Wer in der Absicht, sich oder einem Dritten einen rechtswidrigen Vermögensvorteil zu verschaffen, das Vermögen eines anderen dadurch beschädigt, dass er durch Vorspiegelung falscher oder durch Entstellung oder Unterdrückung wahrer Tatsachen einen Irrtum erregt oder unterhält, wird mit Freiheitsstrafe bis zu fünf Jahren oder mit Geldstrafe bestraft.
(2) Der Versuch ist strafbar.
(3) In besonders schweren Fällen ist die Strafe Freiheitsstrafe von sechs Monaten bis zu zehn Jahren. Ein besonders schwerer Fall liegt in der Regel vor, wenn der Täter:
  1. gewerbsmäßig oder als Mitglied einer Bande handelt, die sich zur fortgesetzten Begehung von Urkundenfälschung oder Betrug verbunden hat,
  2. einen Vermögensverlust großen Ausmaßes herbeiführt oder in der Absicht handelt, durch die fortgesetzte Begehung von Betrug eine große Zahl von Menschen in die Gefahr des Verlustes von Vermögenswerten zu bringen,
  3. eine andere Person in wirtschaftliche Not bringt,
  4. seine Befugnisse oder seine Stellung als Amtsträger missbraucht oder
  5. einen Versicherungsfall vortäuscht, nachdem er oder ein anderer zu diesem Zweck eine Sache von bedeutendem Wert in Brand gesetzt oder durch eine Brandlegung ganz oder teilweise zerstört oder ein Schiff zum Sinken oder Stranden gebracht hat.

2 Denkt noch einmal an den Text »Die Waage der Baleks« (S. 51–56). Beurteilt das Handeln der Familie Balek aus dem Blickwinkel unserer heutigen Rechtsprechung.

Entdeckungen: Printmedien

Medien unterscheiden

→ S.16 Sachtexte erschließen

1

a Beantworte mithilfe des Textes die folgenden Fragen.

1 Was bezeichnet der Begriff »Medien« heutzutage?
2 Wozu dienen die Medien?
3 Welche Verbreitungswege haben Medien?
4 Welche Medienarten werden unterschieden?

Kein Tag vergeht, ohne dass wir Medien benutzen. Aber was sind Medien eigentlich? Schlägt man den Begriff nach, liest man: Medien sind Mittel der Verständigung der Menschen untereinander. Demzufolge umfasst der Begriff »Medien« alle audiovisu-
5 ellen Mittel und Verfahren zur Verbreitung von Informationen. Im Alltag wird der Medienbegriff aber oft mit dem Begriff der »Massenmedien« gleichgesetzt. Massenmedien sind Kommunikationsmittel, die durch technische Vervielfältigung und Verbreitung mittels Schrift, Bild oder Ton Inhalte öffentlich an ein
10 anonymes und räumlich verstreutes Publikum weitergeben. Dabei ist die Zahl der Menschen, die die Informationen erhalten können oder sollen, weder eindeutig festgelegt noch zahlenmäßig begrenzt.
Medien können unterschiedlich eingeteilt werden. Nach der Form,
15 in der ein Medium vorliegt, unterscheidet man Printmedien (das sind gedruckte Veröffentlichungen), audiovisuelle Medien (diese vermitteln sowohl Ton- als auch Bildinformationen) und elektronische oder digitale Medien (diese liegen in elektronischer Form auf einem Datenträger oder online im Internet vor).
Im Laufe der Zeit hat sich im Medienbereich viel verändert.
20 Während Printmedien (dazu zählen beispielsweise Zeitungen, Zeitschriften, Kataloge, Flyer, Plakate und Bücher) als klassische Formen gelten, wächst seit den 1990er-Jahren die Bedeutung des World Wide Webs. Deshalb werden heutzutage alle technischen Massenkommunikationsmittel allgemein als Medien bezeichnet.

b Fertige mithilfe der Antworten aus Aufgabe a ein Schaubild (z. B. Cluster) zum Begriff »Medien« an.

→ S.73
Umfragen vorbereiten und durchführen

2 Ermittelt mithilfe eines Fragebogens, welche Medien in eurer Klasse am häufigsten genutzt werden.

a Besprecht, wie ihr den Fragebogen aufbauen wollt, um möglichst viel über die Medienerfahrungen und die Mediennutzung in der Klasse zu erfahren.

b Wertet den Fragebogen aus. Zählt dazu die Häufigkeit aller angekreuzten oder notierten Antworten aus.

c Veranschaulicht die Ergebnisse als Diagramm.

d Sprecht darüber, wie ihr in eurer Klasse Massenmedien nutzt.

→ http://www.mpfs.de

e Vergleicht eure Ergebnisse mit anderen Umfrageergebnissen, z. B. mit der aktuellen JIM-Studie.

3
a Vergleicht die folgenden Massenmedien des gleichen Tages miteinander. Übertragt die Tabelle in euer Heft und ergänzt die Ergebnisse des Vergleichs.

	seriöse Tageszeitung	www.tagesschau.de
Anliegen, Aufgabe	...	...
Aufmachung, Gestaltung		
Aktualität der Informationen		
Umfang der Informationen		
Aussagekraft		
Anzahl der Fotos		
Gestaltung der Fotos		
Art der Vermittlung		
Zusatzinformationen		
Vielseitigkeit		
Extras		

→ S.24 Präsentieren

b Benennt Vor- und Nachteile der beiden Massenmedien und präsentiert sie in geeigneter Form.

Medien unterscheiden

 4 Untersucht ein Nachrichtenportal im Internet. Beantwortet dazu die folgenden Fragen.

TIPP
Nachrichtenportale sind z. B.: Spiegel online, Focus online, Welt online, bild.de, n-tv.de, taz.de.

1. Wie ist die Eingangsseite gestaltet (z. B. Übersichtlichkeit, Farbgestaltung, Text-Bild-Verhältnis, Zugriffsmöglichkeiten)?
2. Welche Sachgebiete und Themen sind vertreten?
3. Wie benutzerfreundlich ist das Portal?
4. Wie werden die Nachrichten präsentiert?
5. Wie aktuell sind die Nachrichten?
6. Welche interaktiven Möglichkeiten gibt es?
7. Was gibt es an diesem Tag z. B. zu lesen, zu sehen, zu hören?
8. Wie ist die Erreichbarkeit von Zusatzinformationen?
9. Was ist das Besondere des von euch ausgewählten Portals?

 5 Teilt euch in zwei bis vier Gruppen auf. Jede Gruppe sieht sich am selben Tag eine andere Nachrichtensendung im Fernsehen an und analysiert diese anhand vorher festgelegter Kriterien.

TIPP
Trefft Absprachen.

> 1. Inhalte: Anzahl und Themen der weltpolitischen Beiträge, …
> 2. Art der Darbietung: Art der Moderation, …
> 3. Verhältnis von Ton- und Bildbeiträgen
> 4. Zeitumfang der Sendung
> 5. …

 6

a. Diskutiert, welche besonderen Anforderungen Radio- und Fernsehnachrichten jeweils erfüllen müssen.

→ S. 232 Standardsprache

b. Gestaltet aus einer ausgewählten Nachricht eines Tages jeweils eine Radio- und eine Fernsehnachricht.

Was habe ich gelernt?

7 Fasse zusammen, was du über Medien gelernt hast. Berichte deiner Lernpartnerin/deinem Lernpartner darüber.

Printmedien untersuchen

> ❗ Klassische Informationsquellen, wie Zeitschriften, Zeitungen und Bücher, werden als **Printmedien** (Druckmedien) bezeichnet, weil sie in gedruckter Form vorliegen. Zu dieser Gruppe gehören auch Kataloge, geografische Karten und Pläne sowie Flugblätter, Flugschriften, Postkarten, Kalender, Poster und Plakate.

1 Ergänze mithilfe des Merkkastens das Schaubild aus Aufgabe 1b (S.58) um weitere Beispiele für Printmedien.

Zeitungen und Zeitschriften untersuchen

→ S.79 Lesestoff

 2

a Wiederholt, worin sich Zeitung und Zeitschrift voneinander unterscheiden.

b Informiert euch über die Vielfalt des derzeitigen Zeitungs- und Zeitschriftenangebots, z.B. im Zeitungsladen.

c Erklärt, inwiefern Name und Aufmachung einer Zeitung oder Zeitschrift Aufschluss über den zu erwartenden Inhalt geben.

Titelseiten von Printmedien untersuchen

→ S. 241 Schülerzeitung

3

a Lies den folgenden Text und nenne die Funktion, die die Titelseite einer Zeitung oder Zeitschrift erfüllt.

Ob eine Zeitung oder Zeitschrift gekauft wird, hängt zu einem großen Teil von der Gestaltung (Layout) und dem Inhalt (Text/Bild) der Titelseite ab. Um die Kaufentscheidung positiv zu beeinflussen, muss sie deshalb so gestaltet sein, dass der Leser sich ange-
5 sprochen fühlt. Auch die Wiedererkennung ist äußerst wichtig. Deswegen sollten das Logo und der Titelkopf möglichst nicht verändert werden. Das Logo ist zumeist der Schriftzug des Zeitungs- oder Zeitschriftennamens und zugleich der wichtigste Faktor der Wiedererkennung. Das Logo wird oben links platziert,
10 damit es auch bei einer einsortierten Zeitschrift im Regal noch sichtbar ist. Im Titelkopf sind meistens der Titel des Druckwerks, die Ausgabenummer oder das Erscheinungsdatum, der Preis in den jeweiligen Vertriebsgebieten sowie die Art des Druckwerks angeführt. Die Titelseiten sollten sich bei Zeitschriften der verschie-
15 denen Ausgaben nicht zu stark ähneln, damit die einzelnen Ausgaben unterscheidbar bleiben.
Eine Titelseite muss grundsätzlich übersichtlich gegliedert sein. Die Schlagzeile muss auffallen, deshalb wird sie mit der größten Schrift der Seite dargestellt; zugleich muss sie aber auch verständ-
20 lich sein.
Für jede Art von Zeitung und Zeitschrift gibt es verschiedene Maßstäbe für die Gestaltung der Titelseite. Die Gestaltung muss dem Geschmack der Zielgruppe der Publikation entsprechen. Bei der Wahl der Farbe, des Fotos oder des Bilds, des Textes und
25 der Gestaltung müssen sich demnach die Redakteure nach ihrer Zielgruppe richten.
Die Titelseite ist das Schaufenster einer Zeitung bzw. Zeitschrift und verrät schon viel über ihren Charakter. Bei Zeitschriften besteht die Titelseite meistens aus einem Titelbild und der Ankün-
30 digung der Artikel. Die Titeltexte sollten möglichst aussagekräftig sein und neugierig machen. Das Schwerpunktthema der Ausgabe wird in der Regel durch ein Titelfoto veranschaulicht. Um das Interesse der Leser auf einen Artikel zu richten, wird oft ein Foto von einem Prominenten gewählt.
35 Bei einer Zeitung befindet sich auf der Titelseite zumeist der Leitartikel. Bei Tageszeitungen werden außerdem lokale Themen, die Sonderthemen der Ausgabe und das Wetter erwähnt.

b Schreibe aus dem Text in Stichpunkten heraus, worauf bei der Gestaltung einer Titelseite grundsätzlich zu achten ist.

c Erkläre, worin sich die Gestaltung der Titelseite einer Zeitung von der einer Zeitschrift unterscheidet.

d Fertige mithilfe der Antworten aus den Aufgaben a und b ein Schaubild an.

4 Vergleicht die Titelseiten der »Bild-Zeitung« und einer regionalen Tageszeitung vom gleichen Tag miteinander.

a Beantwortet die Fragen 1–4.

b Beantwortet alle Fragen.

1. Welches ist der wichtigste Artikel auf der Titelseite der Zeitung (Aufmacher)?
2. Über welche Themen wird berichtet?
3. Wie hoch ist der Anteil von Text bzw. Bild?
4. Welche Funktion haben Text und Bild?
5. Wie werden die Schlagzeilen formuliert?
6. Welche Schriftgröße wird verwendet?
7. Wie wirkt die grafische Gestaltung?
8. Auf welche Lesebedürfnisse ist die Seite ausgerichtet?

> **!** **Ressorts** sind die Themenbereiche einer Zeitung oder Zeitschrift, die oft von verschiedenen Redaktionen betreut werden, z. B.: *Politik, Lokales, Wirtschaft, Kultur.* Meist haben die Ressorts feste Plätze in der Zeitung oder Zeitschrift.

TIPP
Auch Mehrfachzuordnungen sind möglich.

5 Ordne die folgenden Ressorts Zeitungen oder Zeitschriften zu.

Politik – Lokales – Wirtschaft – Sport – Feuilleton – Kreuzworträtsel – Veranstaltungstipps – Wissen – Immobilien – Horoskop – Kultur – Wetterbericht – Leserbriefe – Fernsehprogramm – Ratgeber – Backrezepte – Klatsch und Tratsch – Börsenbericht – Werbeanzeigen

> Zeitungen und Zeitschriften enthalten unterschiedliche **journalistische Textsorten**, wie z. B. die Nachricht, den Bericht, den Kommentar, die Glosse oder die Reportage.
> Eine **Nachricht** ist eine kurze, sachliche Mitteilung über eine allgemein interessierende und nachprüfbare Tatsache. In der Regel steht das Wichtigste am Anfang. Kurz und knapp werden Informationen zu drei oder fünf *W*-Fragen mitgeteilt:
> 1. Was? (Ereignis)   und gegebenenfalls noch
> 2. Wer? (Beteiligte)   4. Wo? (Schauplatz)
> 3. Wann? (Zeitpunkt)   5. Wie? (Art des Geschehens)
> Eine ausführlichere Sachdarstellung ist ein **Bericht.** Er kann zusätzliche Hintergrundinformationen enthalten und Zusammenhänge herstellen.

verschiedene Textsorten kennen lernen

6 Schreibe aus der Nachricht die Antworten auf die *W*-Fragen heraus.

> **Berlin** (epd) Die Rundfunkgebühr, auch GEZ-Gebühr genannt, wird ab 2013 pro Haushalt erhoben – unabhängig davon, ob ein Fernseh- oder Radiogerät vorhanden ist. Darauf einigten sich gestern die Ministerpräsidenten. Der neue Rundfunkbeitrag soll die jetzige Gebühr von 17,98 € pro Monat zunächst nicht übersteigen. Die Unterzeichnung des 15. Rundfunkänderungsstaatsvertrags normiert außerdem für ARD und ZDF ein weitgehendes Verbot des Programmsponsorings nach 20 Uhr und an Sonntagen.

 7 Sucht aus aktuellen Zeitungen Nachrichten heraus. Orientiert euch an der Begriffsbestimmung im Merkkasten oben.

> Eine **Meldung** ist eine Kurznachricht. Sie teilt auf sparsamste Weise sachlich das Nötigste über ein Ereignis, oft nur das Ereignis selbst, mit. Nur die **Schlagzeile** ist noch kürzer.

8

a Lies die Begriffserklärung im Merkkasten und die folgenden Beispiele. Erkläre den Unterschied zwischen einer Meldung und einer Nachricht.

Meldung

> Die Bahn AG hat gestern die gesamte vierköpfige Geschäftsführung der Berliner S-Bahn ihrer Ämter enthoben.

Printmedien untersuchen **65**

Schlagzeile **Bahn entlässt kompletten Vorstand der Berliner S-Bahn**

b Erläutere, welche Funktion eine Schlagzeile erfüllt.

 9

a Sucht in unterschiedlichen Zeitungen und Zeitschriften jeweils mindestens eine Schlagzeile zu den folgenden Merkmalen.

1 sachlich-informativ   4 Neugier hervorrufend
2 fragend   5 problematisierend
3 provozierend   6 werbend

b Lest euch die Schlagzeilen gegenseitig vor. Erklärt die Wirkung, die die jeweilige Schlagzeile auf euch hat.

 10

a Lies die Nachricht in Aufgabe 6 (S. 64) noch einmal und fasse sie zu einer Meldung zusammen.

b Formuliere eine passende Schlagzeile.

 Die **Reportage** berichtet anschaulich, spannend, emotional und auch wertend. Merkmale sind z.B. die Verwendung wörtlicher Rede und der Tempusform Präsens.
Der **Kommentar** ist eine persönliche, namentlich gekennzeichnete Meinung eines Autors zu einem aktuellen Ereignis/Vorgang. Er bezieht sich meist auf eine in derselben Zeitung gemeldete Nachricht.

 11

a Lies den folgenden Text und beschreibe, in welchem Verhältnis er zu dem Text von Aufgabe 6 (S. 64) steht.

Bezahlen ohne Ende
Jetzt ist sie also beschlossen, die neue Rundfunkgebühr, der ab 2013 niemand mehr entkommen kann, auch nicht Blinde oder Taube. Die Länder-Regierungschefs haben dem öffentlich-rechtlichen Rundfunksystem ein Finanzierungssystem an die Hand gegeben, das dieses praktisch vor allen Unbilden der Konjunktur[1]

[1] wirtschaftliche Gesamtlage

[2] *hier:* Bevölkerungsentwicklung

oder Demografie² schützt. Dies ist ein außerordentliches Privileg für ein ohnehin schon weltweit einmaliges und sehr teures System. Ob unser staatliches Fernsehen und Radio dies verdient, ist fraglich, auch wenn deren Qualität und Leistungen nicht bestritten
10 werden sollen.
Gewiss ist es bald mit dem Drohnenleben der Schwarzseher vorbei. Die berüchtigten »GEZ-Schnüffler« werden aber weiterleben, denn sie sollen künftig etwa auskundschaften, welche unangemeldeten Nebenmieter noch in einer Wohnung leben.
15 Bei allem Reden über Gerechtigkeit sollten unsere Politiker ehrlich sein und sagen, dass es ihnen ums Geld geht. Die neue Abgabe ist wie eine Steuer, wo Bürger für etwas bezahlen müssen, auch wenn sie es wie ein Theater oder einen Parkplatz nicht nutzen.

Hans Krump

b Weise nach, dass es sich bei dem Text um einen Kommentar und nicht um eine Reportage handelt.

→ S.16 Sachtexten Informationen und Meinungen entnehmen

c Welche Meinung vertritt der Autor? Notiere sie in einem Satz.

Der Autor ist der Meinung, dass …; Der Autor denkt, dass …

d An welchen Wörtern oder Wendungen ist die Meinung des Autors erkennbar? Erkläre es an mindestens drei Beispielen.

Leserbriefe untersuchen

 12 Leser können ihre Meinung in einem Leserbrief äußern. Darin nehmen sie zu einem Thema Stellung, oft unter Bezugnahme auf einen Artikel in der Zeitung.

a Sammelt Leserbriefe aus regionalen Zeitungen und Zeitschriften.

b Lest die Beispiele und untersucht jeweils, wie der Schreiber seine Meinung zum Ausdruck bringt.

c Nennt Unterschiede zwischen Leserbrief und Kommentar.

→ S.248 Merkwissen

d Schreibt zu einem selbstgewählten Thema einen Leserbrief.

Was habe ich gelernt?

13 Fasse zusammen, was du über Printmedien gelernt hast. Fertige ein Merkblatt an.

Spezielle Zeitungstexte untersuchen und schreiben

1 Jana hat für ein Projekt im Geschichtsunterricht einen Text über die historische Entwicklung des Kinder- und Jugendarbeitsschutzes in Deutschland geschrieben. Dieser wird in der Schülerzeitung abgedruckt.

Einen Zeitungstext untersuchen

a Lies den Text und überlege, in welchem Ressort er abgedruckt sein könnte. Begründe deine Meinung.

Kohlebergwerk, 1904

Kinderarbeit ist noch heute für ca. 150 Millionen Kinder im Alter von 5 bis 13 Jahren Alltag. In Deutschland wurde die Kinderarbeit schrittweise eingeschränkt bzw. verboten.
Zu Beginn des 19. Jahrhunderts erfährt die Kinderarbeit eine
5 besondere Bedeutung. Für die Fabrikarbeit an den Maschinen ist keine besondere Ausbildung erforderlich und so können Kinder mit weniger Lohn als Erwachsene und mit einem Arbeitstag von 14 Stunden täglich beschäftigt werden.
1832 erlässt Preußen als erster Staat ein Gesetz (Preußisches
10 Regulativ), das Kinderarbeit Grenzen setzt. Es verbietet Bergbau- und Fabrikarbeit für Kinder unter 9 Jahren und für alle unter 16, die nicht wenigstens 3 Jahre eine Schule besucht haben. Die maximale Arbeitszeit darf 10 Stunden nicht überschreiten. Grund für dieses Gesetz ist, dass Preußen gesunde Wehrpflichtige
15 braucht, um das Heer einsatzfähig zu erhalten. Es fehlt jedoch anfangs an der Kontrolle der Durchsetzung des Gesetzes. Erst 1878 wird eine Prüfung der Arbeitsbedingungen verpflichtend, da keine Verbesserung des Gesundheitszustands der Wehrpflichtigen eingetreten ist. 1891 verbietet die Reichsgewerbeordnung grundsätzlich
20 Fabrikarbeit für Kinder unter 13 Jahren und Nachtarbeit für Jugendliche, da das bisherige Gesetz den Zustand nicht wirklich geändert hat.
Das erste Kinderschutzgesetz ist 1903 das erste Reichsgesetz zur Regelung der Kinderarbeit, welches Altersgrenzen genau festlegt
25 und auch die Kinder in Familienbetrieben schützt. Dies ist ein entscheidender Fortschritt für alle Kinder. 1938 tritt an die Stelle des Kinderschutzgesetzes das Jugendschutzgesetz, welches keine wesentlichen Neuerungen beinhaltet.
Nach dem 2. Weltkrieg entsteht in Niedersachsen 1948 ein eigenes
30 Arbeitsschutzgesetz für Jugendliche. Nach dessen Vorbild wird 1960 das Jugendarbeitsschutzgesetz für die gesamte Bundesrepublik eingeführt. Anstrengende körperliche Arbeit sowie Akkord- und

Fließbandarbeit sind nun verboten. 1976 wird die wöchentliche Höchstarbeitszeit für Jugendliche auf 40 Stunden beschränkt. 1997 erfolgt eine Anpassung des Jugendarbeitsschutzgesetzes an die Vorgaben der EU. Die Bestimmungen der EU dienen noch mehr dem Verbot des Missbrauchs von Kindern als billige Arbeitskräfte in Europa. Kinderarbeit wird bis zur Vollendung des 15. Lebensjahres verboten. Wer über 15 Jahre alt ist und noch der Vollzeitschulpflicht unterliegt, darf während der Schulferien nur für 4 Wochen im Jahr beschäftigt werden. Kinder und Jugendliche sind im 21. Jahrhundert in Deutschland und der EU vor Kinderarbeit geschützt und können ungehindert die Schule besuchen und eine Ausbildung absolvieren.

b Überlege, welche Absicht die Autorin mit ihrem Text verfolgt.

> Um über **historische Vorgänge zu informieren**, muss man die einzelnen Ereignisse, Handlungen und Ergebnisse **sachlich richtig** und **chronologisch** (in ihrer zeitlichen Abfolge) beschreiben. Zusätzliche Hintergrundinformationen, Begründungen und Beispiele helfen dem Leser, historische Zusammenhänge zu erkennen.
> In der Regel formuliert man **sachlich** und verwendet **Fachwortschatz**. Man kann im **Präsens** oder im **Präteritum** schreiben.

2 Untersuche Janas Beschreibung eines historischen Vorgangs genauer.

- Die Gliederung erfassen

a Gliedere den Text in Einleitung, Hauptteil und Schluss.

- Bestimmte Informationen entnehmen

b Notiere die einzelnen Teilschritte der Entwicklung des Kinder- und Jugendarbeitsschutzes in Stichpunkten. Achte auf die richtige zeitliche Reihenfolge.

– Beginn des 19. Jh.s: keine Ausbildung, wenig Lohn, …

c Tauscht euch darüber aus, wodurch es in dem Text gelingt, die historischen Zusammenhänge zu verdeutlichen.

- Die sprachliche Gestaltung des Textes untersuchen

3 Untersucht die sprachliche Gestaltung des Textes.

a Tauscht euch über Besonderheiten in der Wortwahl aus.

Spezielle Zeitungstexte untersuchen und schreiben **69**

b Überlegt, warum fast der gesamte Text im Präsens verfasst ist, obwohl überwiegend Vergangenes beschrieben wird.

c Erprobt, ob man die Beschreibung im Präteritum verfassen könnte.

 d Stellt fest, wie die Satzverknüpfung gelungen ist. Achtet besonders auf Einleitewörter, Adverbien und die Satzgliedstellung.

4 Verfasse selbst einen Text, der im Ressort »Geschichte« der Schülerzeitschrift veröffentlicht werden könnte. Beschreibe, wie sich die Arbeits- und Lebensverhältnisse infolge der Industrialisierung veränderten.

Einen Text schreiben
• Informationen sammeln und ordnen

a Lies zuerst folgende Fakten und ordne sie chronologisch in einer Tabelle. Die ersten drei Begriffe dienen dir dabei als Überschriften. Sortiere diese in zeitlicher Reihenfolge, bevor du die Spalten füllst.

Arbeit in Fabriken – Arbeit in Manufakturen – Heimarbeit

alle Tätigkeiten unter einem Dach – Menschen bedienen Maschinen – kein Anstieg der Lebenserwartung (Kinderarbeit, Unfälle) – Massenproduktion – langer Arbeitstag, oft bis zur Erschöpfung – geringe Lebenserwartung (harte Arbeit und berufstypische Erkrankungen, ca. 35 Jahre) – feste Arbeitszeiten (12 Stunden) – wenige Produkte durch aufwändige Herstellung – Arbeit an manuellen Geräten (Spinnrad, Webstuhl, …) – schlechte Bezahlung, dadurch große Armut – alle Tätigkeiten unter einem Dach – Arbeitsorganisation und Spezialisierung – feste Arbeitszeiten (12 Stunden) – Maschinen übernehmen Arbeit der Menschen – Lebenserwartung stieg (Rückgang berufstypischer Erkrankungen) – Erhöhung der Qualität und Quantität der Produktion durch Spezialisierung – Familienarbeit zu Hause – verbesserte manuelle Geräte

Einen Entwurf schreiben

b Formuliere das Thema als Überschrift und entwirf deine Einleitung.

c Schreibe den Entwurf des Hauptteils und gestalte den Schluss.

Den Entwurf überarbeiten

d Überarbeite deinen Entwurf und schreibe die Endfassung.

Was habe ich gelernt?

5 Überprüfe, was du über spezielle Zeitungstexte gelernt hast. Beantworte dazu die folgenden Fragen:

1 Welche Absicht verfolgt eine Beschreibung historischer Vorgänge?
2 Welche Anforderungen an den Inhalt und die sprachliche Gestaltung sind dabei zu beachten?

Interviews vorbereiten und führen

> **!** Beim **Interview** steht entweder die/der Befragte als Person im Mittelpunkt oder ihre Meinung soll dargestellt werden, um eine Sachfrage zu klären und andere zu informieren.
> Die Fragen für das Interview müssen sorgfältig vorbereitet werden. Am besten eignen sich Ergänzungsfragen, die der Interviewpartner ausführlich beantworten muss. Entscheidungsfragen, die nur mit Ja oder Nein beantwortet werden müssen, sind für Interviews weniger geeignet.

1 Interviews finden wir täglich in Zeitungen, Rundfunk und Fernsehen.

a Vergleiche die folgenden drei Textauszüge. Untersuche, welcher Text ein Interview ist.

A Riesiger Jubel in Chile: Alle 33 verschütteten Bergleute sind wieder in Sicherheit. Als letzten Kumpel brachte die Kapsel den 54-jährigen Schichtleiter Luis Urzúa Iribarren nach 69 Tagen zurück an die Oberfläche. Jetzt feiert das ganze Land.
⁵ Begleitet von lauten Jubelgesängen verließ der »Kapitän« um 21:55 Uhr Ortszeit (Donnerstag, 02:55 Uhr MESZ) die Rettungskapsel. Staatspräsident Sebastián Piñera umarmte Urzúa bei seiner Ankunft. »Ich bin stolz, Chilene zu sein«, sagte der Kumpel.
¹⁰ Vor ihm waren seine 32 Kollegen aus 622 Metern Tiefe geborgen worden, wo sie seit Anfang August eingeschlossen waren. Die Gold- und Kupfergrube in der nordchilenischen Atacama-Wüste war am 5. August eingestürzt.

B **Friedbert Meurer** *Friedemann Bauschert ist Pfarrer der lutherischen Versöhnungsgemeinde in Santiago de Chile, und ich habe ihn vor der Sendung gefragt, ob es eine Szene im Fernsehen gab während der Bergungsaktion, die ihn besonders beeindruckt oder berührt hat.*
Friedemann Bauschert Ich muss zugeben, ich habe nicht die ganze Zeit den Fernseher laufen, weil hier ist auch Alltag

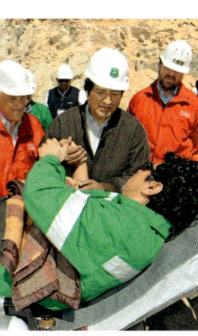

und ich arbeite, aber ich habe vorher mal reingeschaut und habe einen dieser Mineros gesehen, wie er da geführt wurde und seiner Frau in die Arme fiel. Das fand ich doch schon sehr bewegend.

Meurer *Wieso haben Sie nicht die ganze Zeit gebannt vor dem Fernseher gesessen?*

Bauschert Es ist natürlich ein Thema in den letzten 70 Tagen gewesen und es begleitet einen ja die ganze Zeit, und ich muss zugeben, mir war es teilweise auch zu viel. Ich freue mich darüber, dass es jetzt so weit ist und dass es funktioniert, es ist sehr schön für das ganze Land und für die Leute da, aber ich muss es nicht alles gesehen haben.

C Die Bergleute kommen vorerst zur Beobachtung ins Krankenhaus. Nach der langen feuchtheißen Dunkelheit trugen sie Sonnenbrillen gegen das grelle Licht und Pullover gegen die Kälte. Einige könnten die Klinik vermutlich schon am Donnerstag verlassen, sagte Gesundheitsminister Jaime Manalich. Einer musste wegen Lungenentzündung behandelt werden, zwei weitere brauchten einen Zahnarzt. Die meisten Männer traten sogar glattrasiert ans Licht der Weltöffentlichkeit: Neben Lebensmitteln und Medikamenten waren ihnen in den letzten Tagen auch Rasierutensilien nach unten geschickt worden.

b Nenne die Teilnehmer des Interviews. Warum wurde es geführt?

Interviews untersuchen

2

a Sucht in Zeitungen, Zeitschriften oder im Internet nach Interviews und untersucht sie mithilfe folgender Fragen.

1 Wer sind die Teilnehmer des Interviews?
2 Was steht im Mittelpunkt: die befragte Person oder ein Sachverhalt/Thema?
3 Was sind die Ziele des Interviews? Warum wurde es geführt?
4 Wurden die Ziele eurer Meinung nach erreicht? Wie ist das zu begründen?

b Stellt eure Ergebnisse in der Klasse vor.

c Tauscht euch darüber aus, wodurch ein gutes Interview gekennzeichnet ist.

 3 Überlegt, was man bei der Vorbereitung eines Interviews beachten muss. Vergleicht eure Ergebnisse mit der Schrittfolge.

> **So kannst du ein Interview vorbereiten, durchführen und auswerten**
> 1. Vorbereitung
>   - Wähle zuerst ein Thema und einen geeigneten Gesprächspartner aus. Vereinbare einen Interviewtermin.
>   - Überlege, welche Ziele das Gespräch hat, welche Ergebnisse du erwartest und wie das Interview ausgewertet werden soll.
>   - Erstelle einen Fragenkatalog.
>   - Bereite die technischen Geräte zum Aufnehmen des Interviews vor.
> 2. Durchführung
>   - Bitte den Gesprächspartner um Erlaubnis für die Aufnahme.
>   - Führe das Interview mithilfe der vorbereiteten Fragen durch.
> 3. Auswertung
>   - Höre dir nach dem Interview die Aufnahme mehrfach an und fertige eine schriftliche Fassung an.
>   - Gib die Fassung dem Gesprächspartner noch einmal zum Lesen.

Ein Interview durchführen und auswerten

 4 Die nächste Schülerzeitung befasst sich mit der Frage »Was soll an unserer Schule besser werden?«. Interviewt dazu z. B. euren Klassensprecher. Nutzt die Schrittfolge.

 **5** Wählt ein Problem aus, das euch bewegt, und führt für die Schülerzeitung oder die Homepage eurer Schule Interviews durch.

Was habe ich gelernt?

6 Überprüfe, was du über Interviews gelernt hast. Beantworte dazu folgende Fragen.

    1 Wozu führt man ein Interview?
    2 Wieso ist die Vorbereitung eines Interviews sehr wichtig?

Gewusst wie

Umfragen vorbereiten und durchführen

1 Seit 1998 werden für die JIM-Studie jedes Jahr 12- bis 19-Jährige zum Umgang mit Medien und Informationen befragt.

→ S.248 Merkwissen
Sachtexte erschließen

a Sieh dir das folgende Diagramm an und werte es aus.

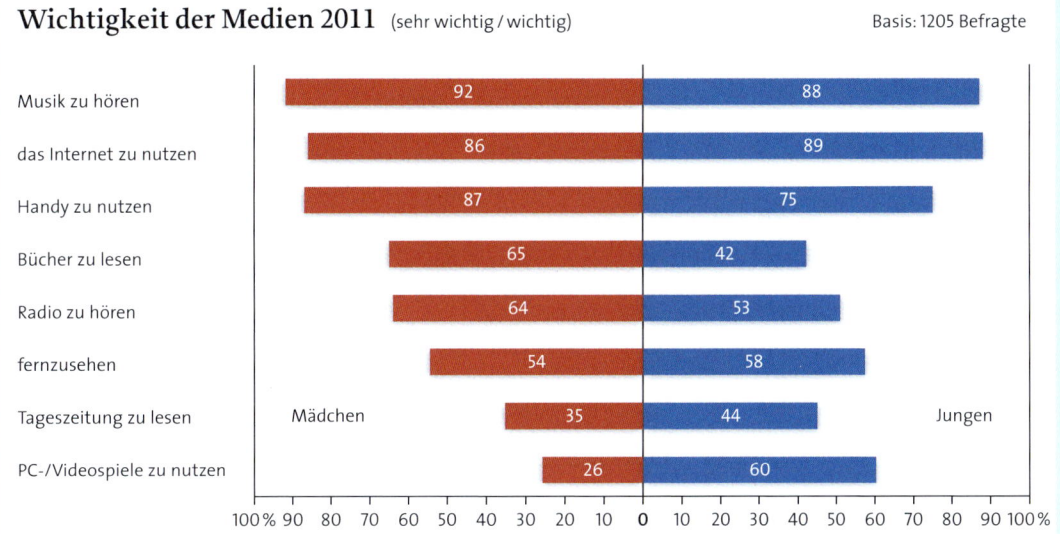

Wichtigkeit der Medien 2011 (sehr wichtig / wichtig) — Basis: 1205 Befragte

Medium	Mädchen	Jungen
Musik zu hören	92	88
das Internet zu nutzen	86	89
Handy zu nutzen	87	75
Bücher zu lesen	65	42
Radio zu hören	64	53
fernzusehen	54	58
Tageszeitung zu lesen	35	44
PC-/Videospiele zu nutzen	26	60

 b Tauscht euch anschließend darüber aus, ob ihr ähnliche Erfahrungen gesammelt habt.

 Umfragen und Interviews sind Methoden, um Informationen über Meinungen, Einstellungen, Wissen und Verhalten von Menschen zu erhalten.
Umfragen können mündlich, z. B. als Interview, oder schriftlich mithilfe eines Fragebogens durchgeführt werden. Man muss vorher genau überlegen, wer die Fragen beantworten soll und was man erfahren möchte. Die Fragen sollten möglichst einfach, konkret, eindeutig und kurz formuliert sein. Sie sollten so gestellt werden, dass die Antworten gut ausgewertet werden können. Zur Veranschaulichung der Umfrageergebnisse können Diagramme, Tabellen oder Schaubilder dienen.

Gewusst wie: Umfragen vorbereiten und durchführen

TIPP
Nutzt dafür den PC.

a Führt selbst eine anonyme Umfrage zur Medienbeschäftigung in der Freizeit durch. Kopiert z. B. den folgenden Fragebogen und verteilt ihn in der Klasse oder an eurer Schule. Ihr könnt auch einen eigenen Fragebogen erstellen.

Fragebogen zur Mediennutzung

Beantworte jede Frage durch Ankreuzen des entsprechenden Kästchens. Wenn etwas unklar ist, frage bitte nach. Deine Angaben werden streng vertraulich behandelt. Vielen Dank für deine Mitarbeit!

1. Geschlecht: ☐ männlich ☐ weiblich

2. Alter: ☐ Jahre

3. Welche Medien nutzt du mehrmals pro Woche in der Freizeit?
   ☐ Radio ☐ Tageszeitungen ☐ Handy
   ☐ Fernseher ☐ Zeitschriften ☐ MP3
   ☐ Internet ☐ Bücher ☐ Computerspiele

4. Welche Medien sind dir sehr wichtig?
   ☐ Radio ☐ Tageszeitungen ☐ Handy
   ☐ Fernseher ☐ Zeitschriften ☐ MP3
   ☐ Internet ☐ Bücher ☐ Computerspiele

TIPP
Jede Gruppe kann sich zur Auswertung eine Frage aussuchen.

b Sammelt die ausgefüllten Fragebogen wieder ein. Wertet sie nach folgenden Kriterien aus:
- Welche Medien werden am häufigsten genutzt?
- Ist die Mediennutzung altersspezifisch?
- Nutzen Mädchen und Jungen unterschiedliche Medien?

→ S. 24
Präsentieren

 3 Veranschaulicht die Ergebnisse eurer Umfrage.

a Überlegt euch zuerst, was ihr veranschaulichen möchtet. Wählt die passende Aussage aus.

1. verschiedene Fakten und Zahlen auf einen Blick
2. die prozentuale Verteilung eines Sachverhalts
3. eine zeitliche Entwicklung
4. die Beziehungen zwischen einzelnen Faktoren

b Seht euch die folgenden Veranschaulichungsmöglichkeiten an und ordnet sie den Aussagen aus Aufgabe a zu.

Gewusst wie: Umfragen vorbereiten und durchführen

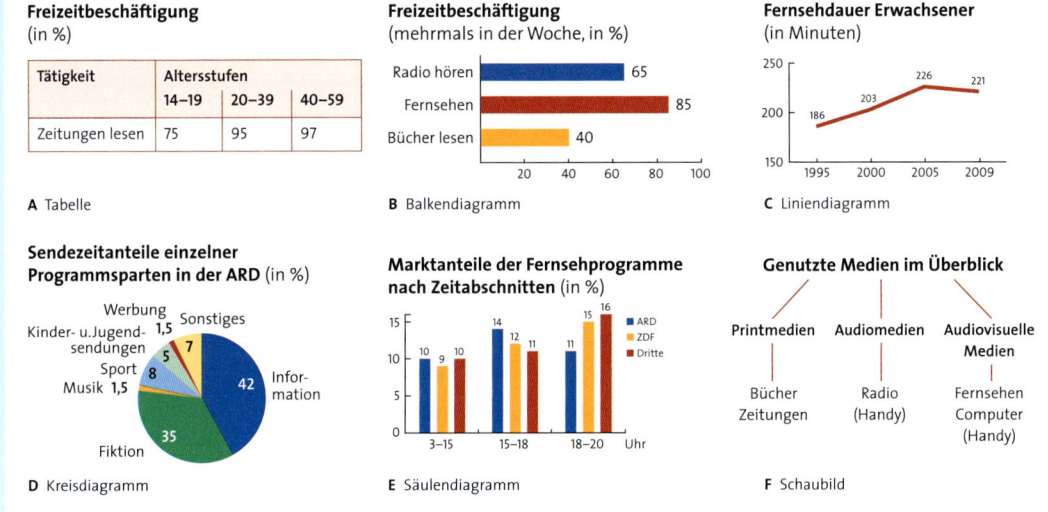

A Tabelle
B Balkendiagramm
C Liniendiagramm
D Kreisdiagramm
E Säulendiagramm
F Schaubild

c Wählt eine geeignete Möglichkeit zur Veranschaulichung eurer Umfrageergebnisse aus und präsentiert sie der Klasse.

d Stellt eure Umfrageergebnisse in der Schülerzeitung vor. Verfasst einen entsprechenden Beitrag.

4 Führt eine weitere Umfrage durch.

a Wählt eines der folgenden Themen aus.

   1 Das Ziel der nächsten Klassenfahrt
   2 Die sportlichen Aktivitäten der Schüler unserer Klasse
   3 Meinungen zum Mittagessen an unserer Schule

b Formuliert einen Fragebogen.

TIPP:
Nutzt für die Darstellung der Ergebnisse den Computer.

c Führt die Umfrage durch und wertet sie aus.

d Stellt die Ergebnisse anschaulich dar, z.B. auf einem Poster, in einer Präsentation oder in einem Beitrag für die Schülerzeitung.

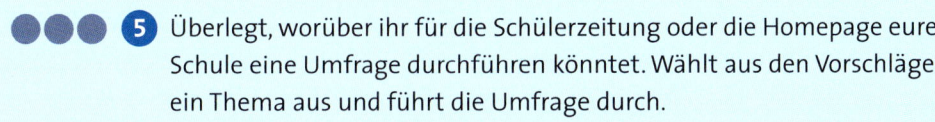 **5** Überlegt, worüber ihr für die Schülerzeitung oder die Homepage eurer Schule eine Umfrage durchführen könntet. Wählt aus den Vorschlägen ein Thema aus und führt die Umfrage durch.

Eine Auswahl journalistischer Texte

 Im Folgenden wird dasselbe Ereignis in drei unterschiedlichen Texten zum Thema gemacht.
Lest die Texte und tauscht euch darüber aus, zu welchen journalistischen Textsorten die einzelnen Beiträge gehören. Begründet eure Meinungen.

→ S. 61 Printmedien untersuchen

Ein Radiosender berichtete Folgendes:

»Tausende Erdbebentote im Iran.
Teheran: Bei einem Erdbeben im Südosten des Iran sind mehrere tausend Menschen ums Leben gekommen. Nach jüngsten Angaben der Behörden stieg die Zahl der Toten auf bis zu 6000 Opfer. Mehr als 30 000 Menschen seien verletzt worden. Die Zahl der Toten könnte noch weiter steigen, weil unter den Trümmern eingestürzter Häuser noch zahlreiche Verschüttete vermutet werden. Besonders betroffen von dem Erdbeben ist die Stadt Bam rund 1000 Kilometer südöstlich der Hauptstadt Teheran. Ein Großteil der Stadt wurde komplett zerstört, darunter das historische Zentrum mit seinen Lehmhäusern und seiner Zitadelle. Nach Angaben von iranischen Experten erreichten die Erdstöße eine Stärke von 6,3 auf der Richterskala.«

In einer Zeitung war zu lesen:

DER ERDE AUSGELIEFERT

Die Menschen in der iranischen Stadt Bam hatten wenig Chancen. Das Beben überraschte sie im Schlaf. Und die Zahl der Toten steigt weiter. Auch die Helfer kamen viel zu spät, denn obwohl die Region immer gefährdet war, wurde die Bevölkerung nicht gewarnt.　　　　　　　　　　Von Andrea Nüsse, Amman

Die berühmten Dattelpalmen von Bam stehen noch. Ihre Früchte sind in ganz Iran bekannt und einer der Exportschlager der ostiranischen Provinz Kerman. Majestätisch ragen die Bäume bis zu 20 Meter in den Wüstenhimmel. Ihre fächerhaft ausgebreiteten Blätter spenden wohltuenden Schatten. Die Palmenwurzeln finden im sandigen Boden Wasser.

Und Halt. Die von Menschenhand gebauten Lehmhäuser der Stadt in Ostiran dagegen finden am Freitagmorgen keinen Halt, als die Erde bebt. Die ein- bis zweistöckigen Häuser verwandeln sich in staubige Trümmerhaufen.
Die Zahl der Toten, die unter ihnen begraben wurden, muss im Laufe des Tages immer wieder nach oben korrigiert werden. 60 Prozent der Stadt und an-

grenzender Dörfer sind zerstört. Bis zum Freitagmorgen war Bam eine von etwa 100 000 Menschen belebte, freundliche Oasenstadt nahe der pakistanischen Grenze. Weltberühmt war die Stadt neben ihren Datteln für ihre etwa 2000 Jahre alte Zitadelle aus Lehm, in der unbewohnten Altstadt nordöstlich des Stadtzentrums auf einem Hügel gelegen. Der beeindruckende Bau soll völlig zerstört worden sein. Doch aus der Luft sieht am Freitag ganz Bam aus wie eine historische Ruinenstadt in der Wüste, aufgegeben vor Jahrhunderten.

Im Schlaf überrascht wurden die meisten Bewohner der Stadt um 5:30 Uhr lokaler Zeit von dem Erdbeben, das 6,3 auf der Richterskala anzeigte. Viele hatten keine Chance, sich ins Freie zu retten, sie wurden in ihren Betten erschlagen. Ein Mann läuft schreiend auf der Straße herum: 17 Mitglieder seiner Familie liegen unter einem eingestürzten Wohnhaus begraben, er brauche Hilfe.

Doch am frühen Morgen gibt es noch kaum Hilfe und dem Mann bleibt nichts übrig, als allein mit einem Spaten den Trümmerberg abzutragen. Eine 17-Jährige sagt der Nachrichtenagentur Reuters, dass ihre gesamte Familie getötet wurde.

Auf den Straßen der Kleinstadt liegen Tote in Decken gehüllt. Menschen weinen und stoßen Trauerschreie aus. 500 Tote sollen nach Angaben des Gouverneurs der Provinz Kerman bereits am frühen Vormittag beerdigt worden sein. Die Informationen kommen nur spärlich, da die Telefonleitungen zerstört sind. Auch die Wasser- und Stromversorgung ist unterbrochen. Die zwei größten Krankenhäuser der Stadt sind ebenfalls zerstört. Tausende Verwundete können nicht behandelt werden. Zwar werden aus allen Landesteilen sofort Rettungsmannschaften in das Erdbebengebiet geschickt, in der 180 Kilometer nördlich gelegenen Stadt Kerman wird ein Krisenzentrum eingerichtet. Doch die Straßen in Richtung Bam sind verstopft: Tausende Iraner sind in ihren Autos unterwegs, sie wollen nach Angehörigen suchen, telefonisch ist niemand erreichbar. Im Fernsehen wird dazu aufgerufen, nicht nach Bam zu fahren, um die Rettungsarbeiten nicht zu behindern. Später am Tag schließt die Polizei alle Zugangswege für Privatwagen. Am frühen Nachmittag schließlich fordert die iranische Regierung Hilfe aus dem Ausland an. Man brauche Spürhunde, Medikamente, Decken und Fertighäuser, da die Wüstennächte eiskalt sind.

Russland schickt sofort mehrere Flugzeuge mit Material los, Deutschland setzt Spezialisten des THW in Marsch. (…)

In den folgenden Tagen berichteten die Tageszeitungen täglich über Bam. In einer Zeitung wurde folgender Text abgedruckt:

HILFE ENDET NICHT MIT DER KATASTROPHE

In Katastrophenzeiten zeigt die Welt dann doch ihre guten Seiten, vielleicht ihre besten. In der Not stehen die Menschen zusammen – alle bieten Iran nach dem verheerenden Erdbeben Hilfe an. Die Menschlichkeit steht im Vordergrund, wer helfen kann, der hilft. Das können die reichen Länder bei allen Pannen, die es auch gibt, natürlich besonders effizient. Sogar die Amerikaner sind dabei, obwohl sie seit zwei Jahrzehnten keine diplomatischen Beziehungen mehr zu dem Land unterhalten, das Präsident Bush zu den Schurken zählt. Und ihre Militärmaschinen dürfen landen. In der Not sind die Spannungen vergessen, so scheint es. Auch aus Teheran sind moderate Töne zu hören. Vom Militär heißt es, Hilfe sei von überall willkommen. Präsident Chatami sagt, Iran könne mit der Katastrophe nicht allein fertig werden. Doch sind damit natürlich nicht alle Gegensätze hinweggefegt. Selbst in dieser Krise erklärt das Teheraner Innenministerium Israels Hilfe für unerwünscht. Vielleicht aber lässt sich – auch vor dem Hintergrund von Annäherungen in den vergangenen Monaten – der Schwung der Hilfe für weitere Entspannung nutzen. Wenn die Hilfe weitergeht, um in den erdbebengefährdeten Gebieten für die Zukunft Vorsorge zu treffen, zum Beispiel mit dem gemeinsamen Wiederaufbau von Bam, kann dies zur Öffnung des Landes beitragen. Das hilft allen. Weit über die aktuelle Katastrophe hinaus. mue

2 Untersucht die Zeitungstexte jetzt genauer.

a Untersucht, wie es der Autorin Andrea Nüsse in ihrem Beitrag (S. 77) gelingt, das Unglück ohne Bildmaterial anschaulich zu vermitteln.

b Formuliert die Grundaussage des Zeitungstextes (S. 78) als These und notiert die angeführten Argumente in Stichpunkten.

These: ...

Argumente: ....

Sylvia Englert

Der bunte Blätterwald

Während Zeitungen ihren Lesern vor allem Neuigkeiten aus Politik, Wirtschaft, Kultur, Sport und dem Geschehen in ihrer Stadt liefern, konzentrieren sich die meisten Zeitschriften auf Leute mit bestimmten Interessen: Modellbootbauer, Segelflieger,
5 Computerspielfans, Aquarianer und viele andere. Von den meisten dieser hunderten von Zeitschriften hast du wahrscheinlich nie etwas gehört, aber sie haben eine sehr treue Leserschaft (»Zielgruppe«), bei der sie sehr einflussreich sind.
10 Dadurch, dass Zeitschriftenredakteure nicht unter so starkem Zeitdruck arbeiten müssen wie Zeitungs- und Agenturjournalisten und außerdem mehr Platz für ihre Geschichten haben, können sie bei ihren Artikeln mehr in die Tiefe gehen und länger recherchieren. Aktuell zu
15 sein ist für eine Zeitschrift ohnehin nicht einfach, meist haben die Hefte einen langen »Vorlauf«, d.h., sie werden viele Monate im Voraus geplant.

Die Könige unter den Zeitschriften sind die Nachrichtenmagazine, in Deutschland sind es »Der Spiegel«, »Stern« und »Focus«. Ihre
20 Druckauflage liegt jeweils zwischen 500 000 und einer Million Stück, aber da ein Heft meist von mehreren Leute gelesen wird, erreichen sie noch wesentlich mehr Menschen. Dadurch prägen sie die öffentlichen Diskussionen im ganzen Land. Das ist ganz besonders beim »Spiegel« der Fall, der schon oft für die Enthül-
25 lung von Missständen gesorgt hat. Er wurde nach dem Zweiten Weltkrieg von Rudolf Augstein gegründet. Heute arbeiten rund 200 Redakteure für den »Spiegel«, die meisten von ihnen sitzen in der Zentrale, einem klotzigen Bürohochhaus in Hamburg.

❶ Bringe deine Lieblingszeitschrift mit in den Unterricht. Stelle sie den anderen vor und nenne die Gründe, warum du sie gerne liest.

❷ Besorgt euch von einer bestimmten Woche verschiedene Nachrichtenmagazine, am besten die drei großen: »Spiegel«, »Stern« und »Focus«. Vergleicht die Inhalte verschiedener Themenbereiche und stellt sie den anderen vor.

Sylvia Englert

Medienmacher
Wer alles am Entstehen des Inhalts einer Zeitung beteiligt ist

Ein **Redakteur** betreut eine oder mehrere Seiten in einer Zeitung. Er denkt sich Themen aus und prüft die Themenvorschläge seiner freien Mitarbeiter, beauftragt Autoren und vergibt Termine, bearbeitet die Beiträge, die er von den Autoren oder Agenturen bekommt, damit sie druckfähig sind, textet Überschriften und stellt daraus die fertige Seite zusammen. Gelegentlich schreibt er auch selbst Texte. Ein Redakteur kann auch als Reporter eingesetzt werden.

Ein **Reporter** schreibt Artikel zu bestimmten Themen und ist dafür viel unterwegs, um Interviews zu führen, und telefoniert viel. Er wird ausgeschickt, wenn sich jemand die Situation vor Ort anschauen soll, um darüber zu berichten.

Freie Mitarbeiter heißen die vielen Journalisten, die der Zeitung regelmäßig oder ab und zu Artikel (»Beiträge«) anbieten und liefern, aber bei ihr nicht fest angestellt sind. Manchmal sind sie hauptberuflich Journalisten und arbeiten für viele verschiedene Medien, manchmal machen sie es nur nebenbei und sind eigentlich Studenten, Lehrer oder Fußballtrainer. Insgesamt sind ca. 25% aller Journalisten freie Mitarbeiter für unterschiedliche Medien.

[...]

Korrespondenten berichten für ein Medium von ihrem Standort irgendwo im In- und Ausland. Die meisten großen Medien leisten sich Auslandsbüros, um schnell einen Mitarbeiter vor Ort haben zu können, wenn dort etwas passiert.

Ein **Chef vom Dienst** hält in einer Redaktion die Fäden in der Hand, entscheidet, welche Themen wichtig sind und welche weniger, beauftragt Korrespondenten und schmeißt ganz allgemein den Laden. Er heißt »Chef vom Dienst«, weil er nur so lange Chef ist, bis ein paar Stunden später der nächste Chef vom Dienst seinen Dienst antritt – gearbeitet wird meist in Schichten.

Ein **Chefredakteur** leitet die Redaktion, hat aber meist mit dem alltäglichen Betrieb nicht mehr so viel zu tun und trifft nur noch die ganz wichtigen Entscheidungen, wie zum Beispiel die Schlagzeile ganz oben auf Seite eins heißen soll. Vor allem kümmert er sich darum, in welche Richtung sich die Zeitung entwickeln soll und wie man die Auflage steigern könnte. Aber er kümmert sich auch um organisatorische Fragen und um die Mitarbeiter.

Der **Verleger** ist der Chef, ihm gehört das Medium, er kümmert sich um finanzielle und organisatorische Fragen. Wenn die
40 Auflage sinkt, kann er den Chefredakteur oder auch andere Mitarbeiter feuern und jemand anders anstellen – das wurde bei manchen Magazinen, die in der Krise steckten, fast schon jährlich gemacht.

❶ Zwischen all diesen Personen findet eine rege Kommunikation statt. Denkt euch mögliche Dialoge zwischen verschiedenen Zeitungsmitarbeitern aus und lest sie anschließend vor.

Die Hauptkonferenz

Morgens, in der Hauptkonferenz, tauschen sich die Ressortchefs
45 aus, welche Themen sie geplant haben, sodass nicht versehentlich zwei sehr ähnliche Artikel erscheinen. Ressorts sind die einzelnen Themenbereiche einer Zeitung, sozusagen die »Abteilungen«. Sie arbeiten eigenverantwortlich und haben jeweils ein eigenes Team. Die wichtigsten sind meist Politik, Wirtschaft, Lokales – also das,
50 was in der Stadt passiert, in der die Zeitung erscheint –, Sport, »Aus aller Welt« oder Kultur (das so genannte »Feuilleton«). In der Konferenz nimmt die Zeitung des nächsten Tages Gestalt an: Was sind die wichtigsten Themen? Was eignet sich zum Aufmacher, dem Artikel, der fett oben auf der ersten Seite steht?
55 Von nun an läuft der Countdown – denn am späten Nachmittag ist Redaktionsschluss, bis dahin muss alles fertig sein.

❷ Besorgt euch von einem bestimmten Tag möglichst viele verschiedene Zeitungen. Vergleicht die Inhalte verschiedener Themenbereiche. Diskutiert Unterschiede und Gemeinsamkeiten.

3 Macht euch mit den Recherchemöglichkeiten für Journalisten im Internet vertraut, z.B. unter http://www.recherchetipps.de.

Alles fertig recherchiert? Dann nichts wie ran an den Computer, denn in den Medien ist Zeit wertvoll und immer drängt der Abgabetermin. Bei Berichten und Reportagen gibt es bewährte Tricks,
60 wie man den Leser in seinen Text »hineinzieht«, und der wichtigste ist ein guter Einstieg. Der erste Absatz muss so anschaulich und lebendig wie möglich sein.

Bei Nachrichten ist das weniger wichtig, hier zählt, den Leser schnell und exakt zu informieren. Also nicht erst im fünften Satz
65 das Wichtigste erwähnen, sondern im ersten. Dann folgen, nach Bedeutung abgestuft, die anderen Fakten. Das am wenigsten Wichtige kommt am Schluss, denn auf einer Zeitungsseite ist für einen bestimmten Artikel immer nur soundso viel Platz. Man kann also nicht einfach so viel schreiben, wie man will, sondern der Redak-
70 teur schreit: »He, Tom, schreib mir mal zwanzig Zeilen über den Unfall auf der A9!« Wenn weniger Platz ist, kann der Redakteur einen so aufgebauten Artikel dann ganz einfach von hinten nach vorne kürzen, ohne dass eine entscheidende Information verloren geht.

4 Nenne einige Punkte, die ein Journalist beim Schreiben eines Artikels beachten muss.

Was passiert mit einem Artikel?

75 Es ist Nachmittag geworden, in der Redaktion geht es hektisch zu, der Adrenalinspiegel ist hoch. Was an Texten bis zum Redaktionsschluss nicht eingetroffen ist, kann nicht mehr in die nächste Ausgabe. Also drängen die Redakteure ihre Schreiber: »Wo bleibt der Artikel?«, und was fertig ist, das wird ins System eingelesen
80 und dann erst mal stilistisch bearbeitet (»redigiert«). Auf den Computerbildschirmen der Redakteure entstehen nun wie in einem Puzzlespiel aus den einzelnen Artikeln die Seiten, eingepasst in das Layout, das übliche Erscheinungsbild der Seite. Schlussredakteure, hauptberufliche Korrekturleser, checken,
85 dass keine Bildunterschrift fehlt, und jagen noch verbliebene Rechtschreibfehler – doch alle Fehler zu erwischen ist unmöglich und sie wissen es.

Sind die Seiten fertig gebaut, werden sie zur Druckerei übermittelt. Manchmal muss im letzten Moment noch alles umgeworfen
90 werden, weil irgendwo eine Bombe explodiert oder ein Politiker

überraschend zurückgetreten ist. Nicht selten sind Nachrichtenredakteure, also die Leute, die die ersten Seiten einer Zeitung gestalten, bis um Mitternacht in der Redaktion. [...]
Erwartet man noch ein wichtiges Ereignis oder eine Entscheidung, wartet man, solange es geht – doch irgendwann ist Schluss, dann muss gedruckt werden, damit die Zeitung am nächsten Morgen auf dem Frühstückstisch liegen kann. Bei manchen Medien ist der Redaktionsschluss am Nachmittag, bei manchen am späten Abend oder in der Nacht. Bei Wochenmagazinen ist es ein bestimmter Tag, bei Zeitschriften ein bestimmtes Datum. Da das Nachrichtenmagazin »Der Spiegel« immer montags erscheint, können seine Mitarbeiter selten einen ruhigen Freitagabend genießen, denn dann müssen alle Artikel fertig produziert werden.
Im Vergleich mit Internet, Radio und Fernsehen sind Zeitungen keine besonders aktuellen Medien, deshalb müssen sie sich im Kampf um Aktualität allerlei Tricks einfallen lassen. Manche machen täglich mehrere Ausgaben, um die neuesten Ereignisse mit aufnehmen zu können. Bei wichtigen Wahlen, die sich bis in die Abendstunden hinzogen, brachten manche großen Zeitungen noch während des Druckens in der Nacht immer wieder den neuesten Stand ins Blatt.
Eine Zeitungsdruckerei bei der Arbeit ist ein eindrucksvoller Anblick: Eineinhalb Tonnen wiegende Papierrollen werden in die großen Rotationsdruckmaschinen eingespannt, dann schießt das Papier mit zehn Metern pro Sekunde durch die Maschine. Man muss laut reden, wenn man sich trotzdem noch verstehen will. Zwischendurch beäugen die Drucker immer wieder kritisch die Qualität der Seiten, weil sich die Farben durch die steigenden Temperaturen verändern, stellen hier etwas nach, korrigieren dort etwas. Dann werden die Zeitungen automatisch geschnitten, gefaltet und zu handlichen Bündeln verpackt. Noch in der Nacht werden sie zu den Verkaufsstellen gebracht, damit sie am nächsten Morgen am Kiosk und im Briefkasten liegen können.

5 Großer Zeitdruck und das Bedürfnis nach Aktualität prägen die Arbeit in den Zeitungsredaktionen. Mit Hilfe welcher Tricks bewältigen die Mitarbeiter/innen diese Herausforderung?

6 Erstellt einen Zeitstrahl von einem Tag in einer Zeitungsredaktion. Tragt die wichtigsten Stationen beim Entstehen einer Tageszeitung darauf ein.

Die Welt der Bücher: Kriminalistisches Nr. 1

Kriminalgeschichten lesen und verstehen

1 Nenne die Namen der abgebildeten Detektive und ordne sie ihren Autoren zu.

Astrid Lindgren

Arthur Conan Doyle

Kalle Blomquist

Agatha Christie

Miss Marple

Sherlock Holmes

2 Welche Detektive aus Büchern und Filmen kennt ihr noch? Stellt sie kurz vor.

> **!** In einer **Kriminalgeschichte** wird ein Verbrechen, meist ein Mord, zum handlungstragenden Element. Erzählt werden die Vorgeschichte eines Verbrechens, die Tat, die Aufdeckung und die Überführung des Täters und schließlich dessen Bestrafung.
> Sonderform der Kriminalliteratur ist der **Detektivroman**, wo weniger die Tat als vielmehr deren Aufdeckung (engl. to detect = aufdecken) durch einen hartnäckig ermittelnden Fahnder im Zentrum steht. Dieser kann natürlich auch weiblich sein. Der Leser begleitet den analytisch denkenden und kombinierenden Detektiv – z.B. Sherlock Holmes von Conan Doyle – bei dessen Nachforschungen bis zur Lösung des Falls. Am Ende steht der Sieg der Gerechtigkeit.

Einen Auszug aus einem Detektivroman lesen

1

a   Lies den folgenden Auszug aus einer Kriminalgeschichte, in dem Sherlock Holmes seine geniale Beobachtungsgabe demonstriert.

Arthur Conan Doyle

Ein Skandal in Böhmen

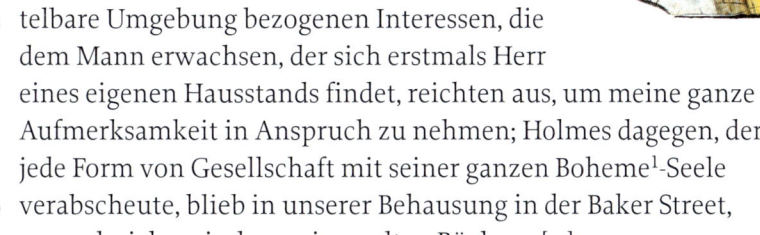

In letzter Zeit hatte ich Holmes kaum zu Gesicht bekommen. Meine Heirat hatte uns auseinandertreiben lassen. Mein vollkommenes Glück und die auf die unmittelbare Umgebung bezogenen Interessen, die dem Mann erwachsen, der sich erstmals Herr eines eigenen Hausstands findet, reichten aus, um meine ganze Aufmerksamkeit in Anspruch zu nehmen; Holmes dagegen, der jede Form von Gesellschaft mit seiner ganzen Boheme[1]-Seele verabscheute, blieb in unserer Behausung in der Baker Street, vergrub sich zwischen seinen alten Büchern […].
Wie zuvor zog ihn das Studium des Verbrechens zutiefst an, und er verwandte seine gewaltigen Geistesgaben und seine außerordentlichen Beobachtungskünste darauf, jenen Hinweisen nachzugehen und jene Rätsel zu lösen, die von der Polizei als hoffnungslos aufgegeben worden waren. Von Zeit zu Zeit hörte ich vage Berichte über seine Taten: Über seine Einladung nach Odessa im Mordfall Trepoff, seine Aufklärung der einzigartigen Tragödie der Brüder Atkinson in Trincomalee, schließlich über den Auftrag, den er für das holländische Herrscherhaus mit so viel Feingefühl und Erfolg erfüllte. Über diese Anzeichen seiner Aktivität hinaus, an denen ich den gleichen Anteil hatte wie alle Leser der Tagespresse, wusste ich jedoch kaum etwas über meinen früheren Freund und Gefährten. Eines Abends – es war der 20. März 1888 – kehrte ich eben von der Fahrt zu einem Patienten zurück (denn ich hatte wieder im zivilen Bereich zu praktizieren begonnen), als mein Weg mich durch die Baker Street führte. Beim Passieren der wohlbekannten Tür […] befiel mich der lebhafte Wunsch, Holmes wiederzusehen und zu erfahren, worauf er zurzeit seine außergewöhnlichen Fähigkeiten verwandte. Seine Räume waren strahlend hell erleuchtet, und noch als ich emporschaute, sah ich seine große hagere Gestalt zweimal als dunkle Silhouette an der Gardine vorbeigehen. Er schritt schnell und versunken im Raum auf und ab, das Kinn auf der Brust, die Hände hinter dem Rücken verschränkt. Mir, der ich

[1] Mensch, der frei von gesellschaftlichen Zwängen lebt, oft Künstler

35 alle seine Stimmungen und Angewohnheiten kannte, erzählten seine Haltung und sein Verhalten ihre Geschichte. Er war wieder bei der Arbeit [...] und war einem neuen Problem eng auf der Fährte. Ich zog an der Türglocke und wurde zu dem Zimmer emporgeführt, das früher teilweise mein eigenes gewesen war.

40 Er war nicht gerade überschwänglich. Das war er selten; ich glaube aber, dass er sich freute, mich zu sehen. Fast ohne ein Wort zu sagen, aber mit freundlichen Blicken bot er mir einen Lehnstuhl an [...]. Dann stand er vor dem Kamin und musterte mich in seiner merkwürdig eindringlichen Weise.

45 »Der Ehestand bekommt Ihnen gut«, bemerkte er. »Ich glaube, Sie haben siebeneinhalb Pfund zugenommen, seit ich Sie zuletzt gesehen habe, Watson.«

»Sieben«, gab ich zurück.

»So? Ich hätte gedacht, es wäre ein wenig mehr.

50 Natürlich nur ein kleines bisschen mehr, schätze ich, Watson. Und Sie praktizieren wieder, wie ich sehe. Sie haben mir doch gar nichts davon erzählt, dass Sie wieder in die Sielen² steigen wollten.«

»Woher wissen Sie es dann?«

55 »Ich sehe es, ich deduziere³ es. Woher weiß ich denn wohl, dass Sie vor Kurzem sehr nass geworden sind und dass Sie ein sehr ungeschicktes und unaufmerksames Dienstmädchen haben?«

»Mein lieber Holmes«, sagte ich, »das ist mir zu hoch. Wenn Sie
60 vor ein paar Jahrhunderten gelebt hätten, wären Sie bestimmt verbrannt worden. Ich habe zwar am Donnerstag einen Spaziergang über Land gemacht und schlimm ausgesehen, als ich nach Hause kam; da ich aber meine Kleidung gewechselt habe, weiß ich wirklich nicht, wie Sie das deduziert haben. Was Mary Jane angeht,
65 die ist unverbesserlich, und meine Frau hat ihr gekündigt; aber auch hier begreife ich nicht, wie Sie dahintergekommen sind.«

Er lachte in sich hinein und rieb seine langen, nervigen Hände. »Nichts einfacher als das«, sagte er; »meine Augen sagen mir, dass auf der Innenseite Ihres linken Schuhs, gerade dort, wo das Licht
70 des Feuers hinfällt, das Leder von sechs fast parallelen Streifen markiert ist. Offensichtlich stammen sie daher, dass jemand um die Kanten der Sohle herum gekratzt hat, um verkrusteten Lehm zu entfernen. Daher also meine doppelte Deduktion, dass Sie bei üblem Wetter unterwegs gewesen sind und dass Sie es mit einem
75 besonders schlimmen schuhschänderischen Exemplar der

---

² Zugriemen am Geschirr für Zugtiere, um sie vor einen Pflug zu spannen, *hier* übertragene Bedeutung

³ *hier* schlussfolgern

Gattung Londoner Kratzbürste zu tun haben. Was Ihr Praktizieren angeht – wenn ein Gentleman meine Räumlichkeiten betritt, nach Jodoform riecht, am rechten Zeigefinger einen schwarzen Silbernitratfleck hat und eine Ausbuchtung an der Seite seines Zylinders mir zeigt, wo er sein Stethoskop versteckt, dann müsste ich wirklich stumpfsinnig sein, wenn ich ihn nicht zu einem aktiven Mitglied der ärztlichen Zunft erklärte.«

Die Mühelosigkeit, mit der er seinen Deduktionsprozess erläuterte, brachte mich zum Lachen. »Wenn ich höre, wie Sie Ihre Gründe anführen«, bemerkte ich, »scheint mir die Sache immer so lächerlich einfach, dass ich es leicht selbst machen könnte, und trotzdem bin ich bei jedem neuen Beweis Ihrer Denkprozesse wieder verblüfft, bis Sie mir die Einzelschritte erklären. Und bei alledem glaube ich immer noch, dass meine Augen genauso gut sind wie Ihre.«

»Sicher sind sie es«, antwortete er; zündete sich eine Zigarette an und warf sich in einen Lehnsessel. »Sie sehen, aber Sie beobachten nicht. Der Unterschied ist klar. Zum Beispiel haben Sie doch die Stufen, die von der Diele zu diesem Raum heraufführen, häufig gesehen.«

»Oft.«

»Wie oft?«

»Also, einige hundert Mal.«

»Und wie viele sind es?«

»Wie viele! Das weiß ich nicht.«

»Sehen Sie! Sie haben nicht beobachtet. Und trotzdem haben Sie gesehen. Darauf wollte ich hinaus. Nun, ich dagegen weiß, dass es siebzehn Stufen sind, weil ich sie sowohl gesehen als auch beobachtet habe. […]«

b Begründe, weshalb Beobachtungsgabe die wichtigste Eigenschaft eines erfolgreichen Detektivs ist.

2 Wie gut seid ihr selbst im Beobachten? Versucht, mit verbundenen Augen eine willkürlich ausgewählte Mitschülerin / einen Mitschüler genau zu beschreiben (Größe, Haar- und Augenfarbe, Kleidung, Schmuck usw.).

Einen Auszug aus einem Detektivroman lesen

3 Untersucht den folgenden Auszug aus einem Detektivroman.

a Lest den Titel und äußert Vermutungen über seinen Inhalt. Bringt eure bisherige Krimierfahrung mit ein. Welche Rolle kann ein »Prügelknabe« in einem Krimi spielen? Die des Opfers? Die des Täters?

b Lest den Text so weit, bis ihr glaubt zu wissen, wer der »Prügelknabe« ist. Begründet eure Meinung.

Agatha Christie

Der Prügelknabe

Lily Margrave spielte nervös mit ihren Handschuhen und warf dem Mann, der ihr gegenüber in einem tiefen Sessel saß, schnell einen Blick zu.

Sie hatte zwar von Monsieur Hercule Poirot[1], dem berühmten
5 Detektiv, schon gehört, ihn aber noch nie von Angesicht zu Angesicht gesehen.

Sie fand ihn reichlich komisch, nahezu lächerlich. Er entsprach so ganz und gar nicht der Vorstellung, die sie sich von ihm gemacht hatte. Konnte dieser ulkige kleine Mann mit dem eiförmigen Kopf
10 und dem enormen Schnurrbart wirklich alle die Glanzleistungen vollbringen, die man ihm zuschrieb? Seine gegenwärtige Beschäftigung erschien ihr besonders kindisch. Er war eifrig dabei, kleine bunte Holzblöcke aufeinanderzutürmen, und dieses Spiel schien ihn mehr zu fesseln als die Geschichte, die sie ihm erzählte.
15 Doch als sie plötzlich schwieg, blickte er scharf zu ihr hinüber.
»Mademoiselle, fahren Sie bitte fort. Sie denken wohl, ich passe nicht auf, wie? Sie können unbesorgt sein, mir entgeht kein Wort.«
Und von Neuem begann er das Spiel mit den Holzklötzen, während das junge Mädchen den Faden der Erzählung wieder aufnahm.
20 Es war eine grausige, eine tragische Geschichte! Aber ihrer knappen Darstellung, die sie mit kühler, ruhiger Stimme vortrug, schien eine gewisse menschliche Note zu fehlen. Endlich kam sie zum Schluss.

»Ich hoffe«, sagte sie ängstlich, »dass ich mich klar genug ausge-
25 drückt habe.«

Poirot nickte mehrere Male heftig mit dem Kopf. Dann fegte er mit einer schwungvollen Handbewegung die Holzpyramide beiseite, sodass die Blöcke über den ganzen Tisch flogen, und lehnte sich in den Sessel zurück. Er presste die Fingerspitzen zusammen, ließ

[1] Er ist Belgier.

seinen Blick zur Decke schweifen und begann zu rekapitulieren: »Sir Reuben Astwell wurde vor zehn Tagen ermordet. Vorgestern wurde sein Neffe, Mr. Charles Leverson, von der Polizei verhaftet. Soweit Ihnen bekannt ist – bitte, verbessern Sie mich, falls ich Sie nicht richtig verstanden habe –, sprechen folgende Tatsachen gegen ihn:

In der Mordnacht saß Sir Reuben bis tief in die Nacht hinein im Turmzimmer, seinem ganz besonderen Heiligtum, und schrieb. Mr. Leverson kam spät nach Hause, und der Butler, dessen Raum direkt unter dem Turmzimmer liegt, hörte einen heftigen Wortwechsel zwischen ihm und seinem Onkel. Der Streit endete mit einem dumpfen Geräusch, als sei ein Sessel umgefallen, und einem halb erstickten Schrei.

Der Butler war voller Unruhe und stand auf, um nachzusehen, was da eigentlich los sei. Da er jedoch nach ein paar Sekunden hörte, wie Mr. Leverson sorglos pfeifend das Turmzimmer verließ, machte er sich weiter keine Gedanken mehr darüber. Aber am folgenden Morgen entdeckte ein Hausmädchen, dass Sir Reuben tot neben seinem Schreibtisch lag. Er war mit einem schweren Gegenstand niedergeschlagen worden. Wenn ich nicht irre, hat der Butler der Polizei nicht sofort mitgeteilt, was er in der Nacht gehört hatte. Ganz natürlich, nicht wahr, Mademoiselle?«

Die plötzliche Frage ließ Lily Margrave zusammenschrecken.

»Wie bitte?«, fragte sie.

»Man sucht in solchen Angelegenheiten doch nach menschlichen Zügen«, sagte der kleine Mann. »Sie haben mir die Geschichte ja wunderbar sachlich beschrieben, aber aus den Personen des Dramas haben Sie leblose Marionetten gemacht. Ich aber gehe der menschlichen Natur nach. Ich sage mir, dieser Butler, dieser – wie war doch sein Name?«

»Parsons.«

»Also dieser Parsons hat sicher, wie alle Leute seines Standes, eine tiefe Abneigung gegen die Polizei und wird ihr daher so wenig wie möglich sagen. Vor allen Dingen wird er nichts erwähnen, was ein Familienmitglied belasten könnte. Ein Einbrecher, ein Dieb – ja, an *die* Idee wird er sich mit seiner ganzen Hartnäckigkeit klammern. Ja ja, die Treue und Anhänglichkeit der Dienstboten ist ein interessantes Kapitel.«

Er lehnte sich lächelnd zurück.

»Inzwischen«, fuhr er fort, »hat jeder im Hause seine Version von der Angelegenheit erzählt, auch Mr. Leverson. Nach seiner

Schilderung ist er spät heimgekommen und sofort zu Bett gegangen, ohne seinen Onkel gesehen zu haben.«

»Ja, das hat er behauptet.«

»Und niemand sah sich veranlasst, daran zu zweifeln«, sagte Poirot nachdenklich, »mit Ausnahme von Parsons natürlich. Dann kommt ein Inspektor von Scotland Yard. Mr. Miller, sagten Sie doch, nicht wahr? Ich kenne ihn, habe früher ein paarmal mit ihm zu tun gehabt. Er ist flink wie ein Wiesel, schlau wie ein Frettchen und hat eine ausgezeichnete Spürnase. Ja, ich kenne ihn! Und der wachsame Inspektor Miller sieht, was dem Ortsinspektor nicht aufgefallen ist, nämlich, dass es Parsons nicht ganz behaglich zu Mute ist, dass er etwas weiß und dieses bislang verschwiegen hat. *Eh bien!* Er knöpft sich Parsons vor, und eins, zwei, drei, ist die Katze aus dem Sack! Denn mittlerweile hat sich einwandfrei herausgestellt, dass in jener Nacht kein Einbrecher für die Tat verantwortlich gewesen sein kann und dass der Mörder im Hause zu suchen ist. Parsons ist unglücklich und ängstlich, aber gleichzeitig erleichtert, dass man das Geheimnis aus ihm herausgelockt hat.

Er hat sein Möglichstes getan, um einen Skandal zu vermeiden. Aber alles hat schließlich seine Grenzen. Inspektor Miller hört sich also Parsons' Schilderung an, richtet ein paar Fragen an ihn und stellt dann selbst Nachforschungen an. Das Beweismaterial gegen Mr. Leverson, das er schließlich sammelt, ist sehr belastend – ungeheuer belastend.

Es stellt sich heraus, dass blutige Fingerabdrücke, die man am Rande einer Truhe im Turmzimmer entdeckt, von Charles Leverson stammen. Von einem Hausmädchen erfährt der Inspektor, dass sie am Morgen nach dem Verbrechen ein mit blutigem Wasser angefülltes Waschbecken in Mr. Leversons Zimmer angetroffen hat. Mr. Leverson erklärt, er habe sich in den Finger geschnitten, und er hat auch tatsächlich eine kleine Schnittwunde, o ja, aber sie ist so winzig! Seine Manschette ist ausgewaschen, aber man findet Blutflecke an seinem Rockärmel. Er steckt in Geldschwierigkeiten und durch Sir Reubens Tod erbt er eine ansehnliche Summe. O ja, es sieht sehr schlecht für ihn aus, Mademoiselle.«

Nach einer kleinen Pause fuhr er fort:

»Und doch kommen Sie heute zu mir.«

Lily Margrave zuckte ihre zarten Schultern.

»Aber ich sagte Ihnen doch schon, Monsieur Poirot, Lady Astwell hat mich geschickt.«
»Von selbst wären Sie also nicht gekommen, wie?«
Der kleine Mann blickte sie prüfend an. Das junge Mädchen schwieg.
»Sie haben meine Frage nicht beantwortet.«
Lily Margrave begann wieder mit ihren Handschuhen zu spielen.
»Es ist ziemlich schwierig für mich, Monsieur Poirot. Ich habe Lady Astwell gegenüber Verpflichtungen. Streng genommen bin ich nur ihre bezahlte Gesellschafterin und Sekretärin, aber sie hat mich mehr wie eine Tochter oder Nichte behandelt. Sie war außerordentlich freundlich zu mir. Und was für Fehler sie auch haben mag, ich möchte nicht den Anschein erwecken, als wolle ich ihre Handlungen kritisieren oder Sie etwa gegen die Übernahme des Falles beeinflussen.«

[2] frz. Das tut man nicht.

»Hercule Poirot lässt sich nicht beeinflussen, *cela ne se fait pas*[2]«, erklärte der kleine Mann mit heiterer Miene. »Wie ich sehe, glauben Sie, dass Lady Astwell Raupen im Kopf hat. Geben Sie es nur zu.«
»Wenn ich mich unbedingt dazu äußern soll –«
»Heraus mit der Sprache, Mademoiselle.«
»Ich finde es einfach töricht von ihr.«
»So, den Eindruck haben Sie also?«
»Ich möchte nichts gegen Lady Astwell sagen –«
»Ich verstehe, Mademoiselle, verstehe das vollkommen«, murmelte Poirot sanft, aber seine Augen forderten sie auf weiterzusprechen.
»Sie ist wirklich sehr anständig und äußerst gutmütig, aber sie ist nicht – wie soll ich mich nur ausdrücken? Sie ist eben keine gebildete Frau. Sie war ja Schauspielerin, ehe Sir Reuben sie heiratete, und hat alle möglichen Vorurteile und abergläubischen Ideen. Wenn sie sagt, etwas ist so und so, dann muss es so sein und sie nimmt einfach keine Vernunft an. Der Inspektor war ihr gegenüber nicht sehr taktvoll und das hat sie auf die Palme gebracht. Sie behauptet, es sei ein Blödsinn, Mr. Leverson zu verdächtigen. Solch einen dämlichen, halsstarrigen Fehler könne nur die Polizei machen. Natürlich sei der gute Charles unschuldig.«
»Aber sie hat keine Gründe für ihre Behauptung, wie?«
»Überhaupt keine.«
»Na, so etwas!«
»Ich habe ihr gleich gesagt«, erklärte Lily, »dass es keinen Zweck habe, Ihnen mit leeren Behauptungen zu kommen.«

»Wirklich? Das ist ja interessant.«

Er betrachtete sich Lily Margrave etwas genauer und seinen scharfen Augen entging nichts. Er sah ihre Eleganz: das geschmackvolle schwarze Schneiderkostüm, die kostbare Crêpe-de-Chine-Bluse mit den feinen Fältchen, den schicken schwarzen Filzhut. Er sah das hübsche Gesicht mit dem etwas spitzen Kinn und die dunkelblauen Augen mit den langen Wimpern. Unmerklich änderte sich seine Einstellung. Er war jetzt interessiert, nicht so sehr an dem Fall wie an dem Mädchen, das ihm gegenübersaß.

»Lady Astwell ist wohl etwas unausgeglichen und neigt vielleicht ein wenig zu Hysterie, nicht wahr, Mademoiselle?«

Lily Margrave nickte eifrig.

»Ja, das ist wahr. Sie ist ja, wie gesagt, eine herzensgute Frau, aber es ist unmöglich, sie von etwas zu überzeugen oder ihr Logik beizubringen.«

»Vielleicht hat sie selbst jemanden in Verdacht«, meinte Poirot, »irgendjemanden, der wahrscheinlich nicht in Frage kommt.«

»Das ist es ja gerade«, rief Lily. »Sie hat plötzlich eine tiefe Abneigung gegen Sir Reubens Sekretär. Der arme Mann! Sie behauptet einfach, sie *wisse*, dass er es getan hat. Dabei hat es sich ziemlich einwandfrei erwiesen, dass er es überhaupt nicht gewesen sein *konnte*.«

»Und sie hat wirklich keine Unterlagen für diese Behauptung?«

»Selbstverständlich nicht. Bei ihr ist alles ›Intuition³‹.«

Lily Margraves Stimme klang sehr höhnisch.

»Sie, Mademoiselle«, sagte Poirot lächelnd, »glauben anscheinend nicht an Intuition?«

»Purer Unsinn!«, erklärte Lily kategorisch.

Poirot lehnte sich in seinen Sessel zurück.

»Die Frauen«, murmelte er, »bilden sich ein, dass es eine besondere Waffe ist, die ihnen der liebe Gott gegeben hat. Mal mögen sie mit ihrer Eingebung Recht haben, aber in neun von zehn Fällen irren sie sich.«

»Ich weiß«, sagte Lily, »aber ich habe Ihnen Lady Astwell doch beschrieben. Sie lässt sich einfach nicht davon abbringen.«

³ Eingebung, vorwiegend gefühlsmäßiges Erfassen und Urteilen

Einen Verdacht bewerten

❹ Was ist nach eurer Krimierfahrung von Lady Astwells intuitiver Beschuldigung des Sekretärs zu halten? Tauscht eure Meinungen dazu aus und begründet sie.

5 Lest den Text zu Ende und überprüft, ob eure Vermutung richtig war.

»Und so kamen Sie, Mademoiselle, weise und diskret zu mir, wie man es Ihnen aufgetragen hatte, und brachten es fertig, mich in die Situation einzuweihen.«

190 Etwas im Ton seiner Stimme veranlasste das Mädchen, wachsam aufzublicken.

»Ich weiß natürlich«, sagte Lily in verständnisvollem Ton, »wie wertvoll Ihre Zeit ist.«

»Sie schmeicheln mir zu sehr, Mademoiselle«, sagte Poirot, »aber
195 es stimmt allerdings. Im Augenblick habe ich viele wichtige Fälle vorliegen.«

»Das hatte ich mir bereits gedacht«, sagte Lily und erhob sich.

»Ich werde Lady Astwell sagen –«

Aber Poirot stand nicht auf. Er lehnte sich in den Sessel zurück
200 und sah das Mädchen fest an.

»Sie scheinen es sehr eilig zu haben, Mademoiselle. Nehmen Sie, bitte, doch noch einen Moment Platz.«

Er sah sie erröten und dann erblassen. Langsam und unwillig setzte sie sich wieder hin.

205 »Sie sind rasch und entschieden, Mademoiselle«, sagte Poirot. »Sie müssen Rücksicht nehmen auf einen alten Mann, der langsam zu einem Entschluss kommt. Sie haben mich falsch verstanden, Mademoiselle, ich habe nicht gesagt, dass ich mich weigere, Lady Astwell aufzusuchen.«

210 »Dann wollen Sie also kommen?«

Ihre Stimme klang nicht gerade begeistert. Sie vermied es, Poirot anzusehen, und blickte zu Boden. Auf diese Weise merkte sie nicht, wie scharf und forschend er sie betrachtete.

»Bestellen Sie Lady Astwell, Mademoiselle, dass ich ihr ganz zur
215 Verfügung stehe. Ich werde heute Nachmittag in ihrem Hause ›Mon Repos‹ sein.«

Er erhob sich und das Mädchen stand ebenfalls auf.

»Ich – ich werde es ihr sagen. Es ist ja sehr freundlich von Ihnen, dass Sie kommen wollen, Monsieur Poirot, aber ich fürchte nur,
220 Sie werden finden, dass Sie sich vergeblich bemüht haben.«

»Sehr wahrscheinlich – aber wer weiß?«

Mit ausgesuchter Höflichkeit begleitete er sie zur Tür und kehrte dann mit gefurchter Stirn und tief in Gedanken versunken in sein Wohnzimmer zurück. Er nickte ein paarmal vor sich hin. Dann
225 öffnete er die Tür und rief seinen Diener.

»Mein guter George, packen Sie mir doch, bitte, den kleinen Koffer. Ich fahre heute Nachmittag aufs Land.«

»Sehr wohl, Sir«, sagte George, ein ausgesprochen englischer Typ: groß, bleich und besonnen.

»Ein junges Mädchen ist ein sehr interessantes Phänomen, George«, sagte Poirot, während er sich noch einmal in den Sessel fallen ließ und eine winzige Zigarette anzündete. »Besonders, wenn sie Verstand hat. Jemanden um etwas zu bitten und ihn gleichzeitig von der Erfüllung der Bitte abzuhalten ist eine delikate Operation, die feines Fingerspitzengefühl voraussetzt. Sie war geschickt, die Kleine, o ja, sehr geschickt, aber Hercule Poirot, mein guter George, ist eben von ganz ungewöhnlicher Klugheit.«

»Das haben Sie, glaube ich, schon einmal erwähnt«, sagte George ziemlich trocken.

»Es ist nicht der Sekretär, den sie im Auge hat«, murmelte Poirot nachdenklich. »Lady Astwells Anschuldigung gegen ihn erweckt nur ihre Verachtung. Trotz alledem ist sie sehr darauf bedacht, schlafende Hunde ruhen zu lassen. Ich aber, mein guter George, werde sie im Schlafe stören. Ich werde sie aufeinanderhetzen. Ein Drama spielt sich ab in ›Mon Repos‹. Ein menschliches Drama, das mich erregt. Oh, sie war geschickt, die Kleine, aber nicht geschickt genug. Was werde ich dort vorfinden? Das möchte ich wirklich wissen.«

Diesen Worten folgte eine dramatische Pause, die George mit der diskreten Frage unterbrach:

»Soll ich Ihren Abendanzug einpacken, Sir?«

Poirot sah ihn traurig an.

»Immer diese Konzentration! Von Ihrer Arbeit lassen Sie sich wohl durch nichts ablenken. Aber ich glaube, Sie sind wie für mich geschaffen, George.« [...]

Nachdem Hercule Poirot entscheidende Erkenntnisse gewonnen hat, bestellt er alle Verdächtigen zu einer Zusammenkunft. Dort führt er folgenden Beweis:

Meine Damen und Herren, ich befasse mich mit Psychologie. In dem ganzen Fall habe ich keine Ausschau gehalten nach einer Person mit hitzigem Temperament; denn ein hitziges Temperament ist sein eigenes Sicherheitsventil. Wer bellen kann, beißt nicht. Nein, ich habe den Mann mit dem milden Temperament gesucht, den geduldigen und beherrschten Mann, den Mann, der neun Jahre lang die Rolle des Prügelknaben gespielt hat. Es ist keine Spannung so groß wie die, die jahrelang anhält, kein Groll so tief wie der, der sich langsam ansammelt.

Neun Jahre lang hat Sir Reuben seinen Sekretär gepiesackt und gequält und neun Jahre lang hat es der Mann schweigend ertragen. Aber es kommt ein Tag, an dem die Spannung zuletzt ihren Höhepunkt erreicht. Dann *knallt's*! Das geschah in jener Nacht. Sir Reuben setzte sich wieder an seinen Schreibtisch. Der Sekretär aber, anstatt wie sonst demütig und bescheiden zur Tür zu gehen, greift nach der schweren Holzkeule und lässt sie auf den Kopf des Mannes niedersausen, der ihn einmal zu oft herausgefordert hatte.«

Er wandte sich an Trefusis[4], der ihn wie versteinert anstarrte.

»Es war so einfach, Ihr Alibi. Mr. Astwell wähnte Sie in Ihrem Zimmer, *aber niemand sah Sie dort hingehen*. Sie wollten sich gerade hinausschleichen, nachdem Sie Sir Reuben niedergeschlagen hatten. Da hörten Sie ein Geräusch und Sie versteckten sich eilig wieder hinter dem Vorhang. Dort standen Sie, als Charles Leverson ins Zimmer trat. Dort standen Sie, als Lily Margrave kam. Viel später erst krochen Sie durch ein schweigendes Haus in Ihr Zimmer. Wollen Sie das ableugnen?«

Trefusis begann zu stottern.

»Ich – ich bin niemals –«

»Ach! Lassen Sie uns endlich zum Schluss kommen. Zwei Wochen habe ich nun schon Komödie gespielt. Ich habe Ihnen gezeigt, wie sich das Netz langsam um Sie zusammenzog. Die Fingerabdrücke, die Fußabdrücke, die Durchsuchung Ihres Zimmers mit den schlecht weggeräumten Sachen – mit all diesen Dingen habe ich Ihnen Schrecken eingejagt. Sie haben nachts vor Angst und Grübeln wach gelegen. Sie haben sich gefragt, ob Sie wohl einen Fingerabdruck im Zimmer oder einen Fußabdruck sonst wo hinterlassen haben.

Immer wieder haben Sie die Ereignisse jener Nacht vor Ihren Augen abrollen lassen und sich hundertmal gefragt, was Sie getan und was Sie unterlassen haben. So habe ich Sie allmählich dazu gebracht, einen Fehler zu begehen. Ich habe gesehen, wie die Furcht Ihnen heute in die Augen sprang, als ich etwas von der Treppe aufhob, wo Sie in jener Nacht verborgen gestanden hatten. Dann machte ich ein großes Getue mit der kleinen Schachtel, der Aushändigung an George, und ging aus.«

Poirot wandte sich zur Tür. »George.«

»Hier bin ich, Sir.«

Der Diener trat vor.

[4] Astwells Sekretär

»Wollen Sie bitte diesen Damen und Herren sagen, welche Instruktionen Sie von mir hatten?«

»Ich sollte mich im Kleiderschrank Ihres Zimmers versteckt halten, Sir, nachdem ich die Pappschachtel an die bewusste Stelle gelegt hatte. Heute Nachmittag um halb vier betrat Mr. Trefusis das Zimmer, ging an die Schublade und nahm die betreffende Schachtel heraus.«

»Und in der Schachtel«, fuhr Poirot fort, »war eine gewöhnliche englische Stecknadel. Ich spreche immer die Wahrheit. Ich habe heute Morgen tatsächlich etwas von der Treppe aufgehoben. Es gibt doch ein Sprichwort, nicht wahr? ›Nach einer Nadel schnell dich bück, dann hast den ganzen Tag du Glück!‹ Und ich? Ich habe wirklich Glück gehabt; ich habe den Mörder gefunden!«

Er wandte sich an den Sekretär.

»Sehen Sie«, sagte er sanft. »*Sie haben sich selbst verraten.*«

Trefusis brach plötzlich zusammen. Er sank schluchzend in einen Sessel und vergrub das Gesicht in den Händen.

»Ich war von Sinnen«, stöhnte er. »Ich war verrückt. Aber mein Gott, er hat mich bis zur Weißglut getrieben! Neun Jahre lang habe ich ihn gehasst und verabscheut.«

»Ich hab's ja gewusst!«, rief Lady Astwell.

Sie sprang auf und ihre Augen funkelten in wildem Triumph.

»Ich wusste, dass der Mann es getan hatte!«

»Und Sie hatten Recht«, sagte Poirot. »Man mag es nennen, wie man will. Die Tatsache bleibt: Ihre ›Intuition‹ hat Sie nicht betrogen. Ich gratuliere.«

Eine Charakterisierung verfassen

→ S. 99 Personen und Figuren charakterisieren

6 Verfasse eine Charakterisierung des Detektivs Hercule Poirot.

a Tragt zunächst Informationen über ihn in einer Mindmap zusammen. Gebt die entsprechenden Textstellen an.

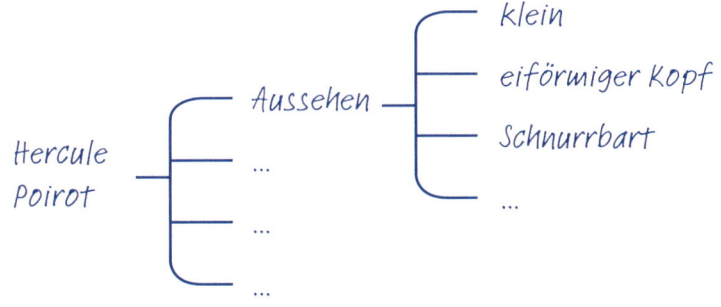

b Bereite eine Charakterisierung von Hercule Poirot vor. Überlege, welche Informationen du im Text bekommen/nicht bekommen hast. Vergleiche mit folgender Liste:

- sein Aussehen, typische Verhaltensweisen
- seine Lebensumstände (Herkunft, Stand, Vorgeschichte)
- sein Verhältnis zu Mitmenschen
- seine Vorlieben, Gedanken, Gefühle, Eigenschaften
- seine Einstellungen, Absichten, Motive

c Schreibe eine Charakterisierung. Verwende deine Stichpunkte aus den Aufgaben a und b.

7 Lies noch einmal den Merkkasten auf S. 84 über den Unterschied zwischen einer klassischen Kriminalgeschichte und einer Detektivgeschichte. Begründe, warum der Text »Der Prügelknabe« eine Detektivgeschichte ist.

8 Schreibe eine Buchempfehlung zu »Der Prügelknabe«.

Eine Buchempfehlung schreiben

a Versetze dich in die Rolle einer Journalistin / eines Journalisten. Sammle Stichpunkte in einer Tabelle: Was hat dir gefallen? Was hat dir nicht gefallen?

b Ergänze dein Wissen über Agatha Christies Text durch Nachschlagen in einem Literaturlexikon oder eine Internetrecherche.

c Formuliere eine Buchempfehlung.

d Überarbeite deinen Text.

9 Schreibe eine Leseempfehlung / Buchempfehlung zu einer Kriminalgeschichte deiner Wahl.

Was habe ich gelernt?

10 Überprüfe, was du über Kriminalgeschichten gelernt hast. Schreibe selbst eine Kriminalgeschichte. Kläre zunächst folgende Fragen:

- Willst du eine Detektivfigur einsetzen?
- Wie willst du deine Geschichte aufbauen?

Gewusst wie

Lesen als Spurensuche –
Ein Lesetagebuch führen

1 Überlege, warum das Führen eines Lesetagebuchs beim Lesen von Kriminalgeschichten/Kriminalromanen besonders sinnvoll sein kann.

> **!** Der besondere Reiz von **Kriminalgeschichten/Kriminalromanen** liegt zum einen darin, dass der Leser über die Hintergründe eines Verbrechens aufgeklärt wird und die Motive sowie die psychologische Entwicklung des Verbrechers verfolgen kann.
> Zum anderen geschieht dies meist mithilfe einer raffinierten Erzählweise, welche die Spannung und die Neugier beim Leser aufrechterhalten soll. Beispiele aus der Literaturgeschichte sind die Novellen »Der Verbrecher aus verlorener Ehre« (1785) von Friedrich Schiller, »Das Fräulein von Scudéri« von E.T.A. Hoffmann (1818) oder Theodor Fontanes Erzählung »Unterm Birnbaum« (1885).
> In einem **Lesetagebuch** dokumentierst du deine Leseeindrücke. Mit seiner Hilfe kannst du auch »Spuren«, die durch die Autorin/den Autor gelegt werden, besser verfolgen und behalten. Jedes Detail kann wichtig sein und oft ist es nicht möglich, sich alle Einzelheiten zu merken.

→ S.248 Merkwissen

2 Lies die Geschichte »Lammkeule« auf Seite 109 und führe ein Lesetagebuch. Folgender Fragenkatalog kann dir dabei helfen:

Was ist geschehen? Diebstahl, Mord ...

Wann und wo fand das Verbrechen statt?
Tatzeit und Tatort bestimmen

Warum wurde das Verbrechen begangen?
Tatmotiv (Beweggrund) herausfinden

Welche Spuren hat der Täter als Indiz (Hinweis) hinterlassen?
Fingerabdrücke, Fußspuren, Haare, Blutflecken, Tatwaffe

Wer sind die Verdächtigen?
Alibi überprüfen, d.h. herausfinden, ob es stimmt, dass jemand zur Tatzeit des Verbrechens woanders war als am Tatort

Welche Zeugen gibt es?
Aussagen auf Gemeinsamkeiten und Widersprüche überprüfen (Täterbeschreibung, ungewöhnliche Umstände usw.)

Gewusst wie

Personen und Figuren charakterisieren

1
a) Tauscht euch darüber aus, wann und in welchen Formen euch Personenbeschreibungen begegnet sind.

b) Wiederholt, was man bei einer Personenbeschreibung beachten muss.

> **!** Personen oder literarische Figuren werden beschrieben, damit andere sich eine Vorstellung von ihnen machen können.
> Um das Aussehen einer Person oder Figur zu beschreiben, benennt man ihre **äußeren Merkmale** (Gesamterscheinung, Einzelheiten, Besonderheiten) möglichst genau und anschaulich.
> Um eine **Person** oder **Figur** zu **charakterisieren**, stellt man deren Lebensumstände, Gedanken, Gefühle, Verhaltensweisen, ihr Verhältnis zu anderen u. Ä. dar. Solche **inneren Merkmale** machen den Charakter der Person oder Figur deutlich.

2 Wähle eine literarische Figur aus den Lesestoffseiten deines Sprach- und Lesebuchs aus und charakterisiere sie. Nutze die Schrittfolge.

 So kannst du eine Person oder Figur charakterisieren
1. Beschreibe die äußeren Merkmale einer Person oder Figur (Gesamterscheinung, Einzelheiten, besondere Merkmale).
2. Beschreibe danach die inneren Merkmale einer Person oder Figur (Lebensumstände, Gedanken, Gefühle, Verhaltensweisen, ihr Verhältnis zu anderen).
3. Fasse die Merkmale zusammen.

 **3** Charakterisiere eine Figur aus deinem Lieblingsbuch.

Aus unterschiedlichen Perspektiven erzählen

1 Daisy soll den Sommer in England verbringen. Ihr Cousin Edmond holt sie vom Flughafen ab. Es beginnt eine Zeit, die alles verändert.

a Lies den Auszug aus dem Roman »So lebe ich jetzt« von Meg Rosoff, in dem Daisy ihren Verwandten erstmals begegnet.

Im Jeep schlief ich ein, weil es ein weiter Weg bis zu ihrem Haus war, und wenn ich nur die Straße vorbeirauschen sehe, schließe ich am liebsten immer die Augen. Als ich sie dann wieder öffnete, stand da ein Begrüßungskomitee und starrte mich durchs Fenster
5 an, es waren vier Kinder und eine Ziege und zwei Hunde, die Jet und Gin hießen, wie ich später erfuhr, und im Hintergrund sah ich ein paar Katzen hinter einer Entenschar herjagen, die aus irgendeinem Grund auf dem Rasen rumhing.
Einen Augenblick lang war ich richtig froh, dass ich fünfzehn war
10 und aus New York kam, denn ich hab vielleicht noch nicht alles erlebt, aber doch schon ziemlich viel, und in meiner Clique habe ich das beste So-was-kommt-bei-mir-nun-wirklich-andauernd-vor-Gesicht. Genau so ein Gesicht machte ich jetzt, obwohl mich alles ehrlich gesagt reichlich überraschte, aber sie sollten nicht denken,
15 dass Kids aus New York nicht mindestens genauso cool sind wie englische Kids, die nur zufällig mit Ziegen und Hunden und was weiß ich allem in riesigen alten Häusern wohnen.
Von Tante Penn noch immer keine Spur, aber Edmond stellt mich dem Rest meiner Verwandten vor […]. Isaac ist Edmonds Zwillings-
20 bruder und sie sehen genau gleich aus, nur sind Isaacs Augen grün und die von Edmond haben dieselbe Farbe wie der Himmel, der im Augenblick grau ist. Anfangs mochte ich Piper am liebsten, weil sie mir einfach offen ins Gesicht sah und sagte, Wir freuen uns sehr, dass du gekommen bist, Elizabeth.
25 Daisy, verbesserte ich, und sie nickte irgendwie ernsthaft, sodass ich wusste, sie würde es nicht vergessen.
Isaac wollte meine Tasche zum Haus schleppen, aber dann kam Osbert, der Älteste, und schnappte sie ihm überheblich weg und verschwand damit ins Haus.
30 Bevor ich erzähle, was dann passiert ist, muss ich noch das Haus beschreiben […].
Erst mal sollte klar sein, dass das Haus eine alte Bruchbude ist, aber aus einem unerfindlichen Grund berührt das seine Schönheit

irgendwie überhaupt nicht. Es ist aus großen gelblichen Steinen,
35 hat ein steiles Dach und ist in L-Form um einen großen, mit dicken Kieseln gepflasterten Hof gebaut. […]
Als ich mich später ein bisschen im Haus umsehen kann, stelle ich fest, dass es innen viel verwinkelter ist als außen, mit komischen Gängen, die anscheinend nirgendwo hinführen, und
40 winzigen Schlafzimmern mit schrägen Decken, die oben an der Treppe versteckt liegen. Alle Treppenstufen knarren und an keinem der Fenster sind Vorhänge und die Zimmer unten sind riesig, jedenfalls für meine Verhältnisse, und voll mit klobigen alten gemütlichen Möbeln und Bildern und Büchern und riesigen
45 Kaminen […].
Schließlich gingen Edmond, Piper, Isaac und Osbert zusammen mit den Hunden Jet und Gin und ein paar Katzen vor mir in die Küche und setzten sich an oder unter einen Holztisch und irgendwer machte Tee und sie starrten mich alle an wie ein interessantes
50 Wesen, das sie aus dem Zoo bestellt hatten, und stellten mir jede Menge Fragen auf eine viel freundlichere Art, als es in New York möglich wäre […].
Nach einer Weile war ich ganz benebelt und dachte, Mann, wär jetzt ein Glas eiskaltes Wasser gut, damit mein Kopf wieder klar
55 wird, und als ich aufblickte, stand da Edmond und hielt mir ein Glas Wasser mit Eiswürfeln hin, und die ganze Zeit schaute er mich mit seinem beinahe lächelnden Ausdruck an, und obwohl ich mir in dem Moment keine großen Gedanken darüber machte, fiel mir auf, dass Isaac ihn komisch ansah. […]
60 Piper fragte, ob ich die Tiere sehen oder mich erst eine Weile hinlegen möchte, und ich sagte hinlegen, weil ich schon vor meiner Abreise aus New York nicht unbedingt viel geschlafen hatte. […]
Sie führte mich nach oben zu einem Zimmer am Ende eines Flurs,
65 es war eine Art Kammer wie für einen Mönch – ziemlich klein und schlicht, mit dicken weißen Wänden, die nicht glatt und gerade waren wie neue Wände, und einem riesigen Fenster, das in viele gelbe und grüne Glasscheiben unterteilt war. Unterm Bett lag eine große gestreifte Katze und in einer alten Flasche standen
70 Narzissen, und plötzlich kam es mir vor, als hätte ich mich noch nie irgendwo so geborgen gefühlt wie in diesem Zimmer, was nur beweist, wie sehr man sich irren kann, aber jetzt bin ich schon wieder voreilig. […]

b Beschreibe die Grundstimmung der Erzählung. Welchen Eindruck hinterlässt der Text bei dir?

c Lies den Text noch einmal und überprüfe deinen ersten Eindruck. Führe entsprechende Textstellen an.

→ S. 248 Merkwissen

d Bestimme die Erzählperspektive im Text und belege sie mit Beispielen.

e Erkläre, welche Bedeutung die Erzählperspektive für die Grundstimmung und Wirkung des Textes hat.

f Untersuche mithilfe des Merkkastens, welche sprachlichen Mittel eingesetzt wurden und wie sie zur Stimmung und Wirkung beitragen.

> **!** Durch den gezielten Einsatz **sprachlicher Mittel** wird das Geschehen einer Erzählung für den Hörer oder Leser besonders gut nacherlebbar:
> - **treffende Verben**, z. B.: *flüstern, murmeln, brabbeln, stottern,*
> - **anschauliche Adjektive**, z. B.: *beeindruckend, riesig, klobig,*
> - **anschauliche Nomen/Substantive**, z. B.: *Bruchbude, Holztisch,*
> - **Vergleiche**, z. B.: *hüpfen wie ein Frosch, singen wie eine Nachtigall.*

Aus der Perspektive anderer Figuren erzählen

TIPP
Verwende die sprachlichen Mittel aus dem Merkkasten.

2 Erzähle die Geschichte aus der Sicht von Edmond.

a Lies den Text noch einmal und untersuche, was man über Edmond erfährt und wie er zu den anderen Figuren steht. Notiere dir Stichpunkte dazu.

b Bereite eine mündliche Erzählung des Geschehens aus Edmonds Sicht vor. Fertige einen Stichpunktzettel an und übe deine Erzählung.

 c Tragt eure Erzählungen vor und bewertet die inhaltliche und sprachliche Gestaltung.

3 Piper und Isaac reagieren auf verschiedene Weise auf Daisys Ankunft.

a Untersuche die Geschichte nach Textbelegen dafür. Notiere, was die beiden denken und fühlen können.

b Wähle eine der beiden Figuren aus und schreibe aus deren Sicht einen Tagebucheintrag zu Daisys Ankunft.

 c Vergleicht eure Tagebucheinträge. Besprecht Unterschiede.

> Ein wichtiges erzählerisches Mittel des interessanten und spannenden Erzählens ist die **Zeitgestaltung**. Dabei unterscheidet man:
> - die **Zeitdehnung** durch das Einfügen von Gedanken, Gefühlen, Stimmungen, ausführlichen Orts-, Situations- oder Personenbeschreibungen; die Erzählzeit ist länger als die erzählte Zeit,
> - die **Zeitraffung** durch das verkürzte Wiedergeben des Geschehens oder Zeitsprünge; die Erzählzeit ist kürzer als die erzählte Zeit,
> - die **Vorausdeutung:** das Andeuten kommender Ereignisse,
> - die **Rückblende:** das Aufgreifen von vergangenen Ereignissen.

4 Untersuche den Textauszug aus Aufgabe 1a (S. 100) hinsichtlich der im Merkkasten genannten Mittel zur Zeitgestaltung.

TIPP
Lies noch einmal im Merkkasten nach.

5 Stelle dir vor, Piper oder Isaac wollen jemandem von Daisys Ankunft erzählen. Lies deinen Tagebucheintrag aus Aufgabe 3b noch einmal und überlege, an welchen Stellen man durch Zeitgestaltung spannender und interessanter erzählen könnte. Nenne die Stellen.

6 Formuliere eine Stelle deines Tagebucheintrags um, indem du ein Mittel der Zeitgestaltung einarbeitest.

TIPP:
Du kannst auch eine Geschichte erfinden.

7 Gestalte aus dem Tagebucheintrag aus Aufgabe 3b eine spannende Erzählung. Verwende verschiedene Mittel der Zeitgestaltung.

8 Erzähle selbst von einer besonderen Begegnung. Nutze verschiedene erzählerische Mittel, um deinen Text interessant zu gestalten.

Was habe ich gelernt?

9 Überprüfe, was du über das Erzählen aus verschiedenen Perspektiven gelernt hast. Beantworte dazu folgende Fragen.
1. Durch welche sprachlichen Mittel wird eine Erzählung für die Leser/Zuhörer besonders gut nacherlebbar?
2. Welche Möglichkeiten der Zeitgestaltung hat man beim Erzählen?

Eindrücke wiedergeben – Schildern

1 Mit 16 Jahren kehrt das Waisenmädchen Winter in ihr Elternhaus zurück. Endlich will sie ein neues, selbstbestimmtes Leben beginnen. Doch ein dunkles Geheimnis liegt über der verlassenen Farm …

a Lies den folgenden Romanauszug und gib deine Gedanken dazu wieder.

Zum Glück war es ein schöner Morgen, als ich die Augen aufschlug, denn sonst wäre ich angesichts der kahlen Wände und verstaubten Fußböden wahrscheinlich ziemlich mutlos geworden. So aber strich ich mir die Haare aus dem Gesicht und ging ins Bad,
5 um zu sehen, ob es heißes Wasser gab. Die Mühe hätte ich mir sparen können. Es war eiskalt.
Die Uhr zeigte kurz vor sieben. Ich schlüpfte in eine alte Militärhose und zog ein Sweatshirt an, das wir letztes Jahr für die Schulschlussfeier im Internat bedruckt hatten. Dann verließ ich das
10 Haus durch die Vordertür, stieg den Hang hinab und überquerte die Einfahrt, auf der ich gestern Abend mit Ralph gekommen war. Der alte Brunnen war zwar noch da, aber ich erinnerte mich auch an die Statue einer Frau mit einem Regenschirm. Sie war verschwunden, hatte vielleicht ihren Regenschirm abgespannt
15 und sich heimlich eine neue Bleibe gesucht, wo es ein Kind gab, das zu ihren Füßen im Wasser planschte und zwischen ihren Beinen nach Kaulquappen suchte.
An den Ufern des Bachs wuchsen grüne, gefiederte Farnblätter, die aber fast vollständig unter den überall wuchernden Brombeeren
20 verschwanden. Die Brombeeren waren so dicht und allgegenwärtig, dass ich nicht einmal in die Nähe des vor sich hin plätschernden, murmelnden, gurgelnden und schäumenden Wassers kam. Dann entdeckte ich auf der anderen Seite einen Pfad. Er war zwar auch verwildert, aber ich suchte mir einen Weg an den zu
25 Boden gegangenen Baumstämmen und den hohen Grasbüscheln vorbei.
Die ganze Zeit spielte mir der leise trällernde Bach seine Musik vor. Das, so spürte ich immer stärker, war mein eigentlicher Willkommensgruß. Der Bach flüsterte mir zu: »Schön, dass du
30 wieder da bist, Winter. Wir haben dich vermisst. Du gehörst hierher.«
Nach vielleicht einem Kilometer schien sich der Fußpfad allmählich zu verlieren. Ein Abschnitt war fortgeschwemmt und dann

verschwand er ganz im dichten Gestrüpp der Brombeerstauden.
35 Nur wenige Meter zu meiner Linken befand sich jedoch ein Güterweg, eine schmale Piste, die dem Bach folgte. Also ging ich dort weiter und verscheuchte den Gedanken, dass ich mich langsam auf den Rückweg machen sollte.

Eine Schilderung untersuchen

b Benenne die Grundstimmung und untersuche, wodurch diese im Text verdeutlicht wird.

> ❗ Beim **Schildern (Wiedergeben von Eindrücken)** stellt man die Wahrnehmungen, Gedanken, Gefühle und Einstellungen von Personen oder Figuren ausführlich und anschaulich dar. Dazu beschreibt man z. B. die **Sinneswahrnehmungen** (Hören, Sehen, Riechen, Schmecken, Fühlen) genau und verwendet wörtliche Rede.
> Erzählungen werden so besonders interessant und lebendig.

c Sucht die Schilderungen aus dem Text heraus. Nutzt dazu den Merkkasten oben.

2 Lest den folgenden Merkkasten und sucht im Text der Aufgabe 1a (S. 104) nach entsprechenden Beispielen.

> ❗ Hörer bzw. Leser können Eindrücke besser nacherleben, wenn diese sprachlich so anschaulich wie möglich wiedergegeben werden.
> Geeignete **sprachliche Mittel** sind z. B.:
> - **bildhafte Vergleiche**, z. B.: *kalt wie Eis, klettern wie ein Affe, lauter als ein Jagdflieger,*
> - **bildhafte Bezeichnungen**, z. B.: *Bruchbude – Hütte – Palast,*
> - **abwechslungsreiche und genaue Bezeichnungen** (Synonyme), z. B.: *Auto – Wagen – Gefährt,*
> - **treffende Verben und Adjektive**, z. B.: *schreien, flüstern, nuscheln; mit glockenhellem Klang, in goldenem Glanz, glitschiger Untergrund,*
> - **Personifizierungen**, z. B.: *Kälte kroch in meine Zehen. Freude ergriff von mir Besitz.*

3 Lest euch den Text aus Aufgabe 1a (S. 104) gegenseitig laut vor. Hört genau zu und beurteilt, ob es gelungen ist, die Grundstimmung zu vermitteln.

Wahrnehmungen und Gefühle ausdrücken

 4 Beschreibt anschaulich folgende Sinneswahrnehmungen. Probiert verschiedene sprachliche Mittel aus dem Merkkasten auf S. 105 aus.

1. Geruch von Pilzen, welkem Laub, Jauche
2. Geschmack von Rollmops, Cola, Erdnüssen
3. Geräusch von Beifall, Meeresbrandung, Niesen

Pilze riechen würzig. …
Rollmops schmeckt sauer. …

5 Notiere Wortgruppen und Wendungen, die die folgenden Empfindungen möglichst genau ausdrücken.

Ärger – Scham – (Vor-)Freude – Stolz – Enttäuschung – Angst

 **6** Verbessere die folgenden Beispiele, die fehlerhafte oder ungeschickte Formulierungen enthalten.

1. Der unangenehme Duft von Mist wallte bis zu meinen Nasenflügeln vor.
2. Der Fisch schmeckte mir nicht besonders, sondern eher tranig, so wie ein traniger Fisch eben schmeckt.
3. Plötzlich war es so still, dass ich dachte, das Unkraut wächst.

Eine Schilderung untersuchen

a Lies, wie Winter die Gräber ihrer Eltern findet.

Meine Eltern lagen unter einem riesigen Schwarzholz-Eukalyptus, dessen dunkler Stamm wie eine Trauersäule aussah. Die Gräber selbst waren von Unkraut überwuchert und mit Rinde und Reisig bedeckt. Es hätte mir nichts ausgemacht, wenn sie von einheimischen Pflanzen und kleinen Wildblumen bewachsen gewesen wären, aber dieses Zeug war reinstes Unkraut, voller Dornen und potthässlich. Jedes der beiden Gräber hatte einen eigenen Grabstein. Ich strich die hohen Halme vor dem linken zur Seite und las die verwitterte Inschrift:

> In liebendem Gedenken an
> Philip Edward De Salis
> geboren am 15. Mai 1945
> gestorben durch Ertrinken am 27. Dezember 1988
> Der Herr gibt und der Herr nimmt

Zum ersten Mal erfuhr ich ihren Todestag. Das war einer der Gründe gewesen, warum ich nach Warriewood zurückgekehrt war. Ich legte den zweiten Grabstein frei und las:

> In ewiger Erinnerung an
> Phyllis Antonia Rosemary De Salis
> geboren am 12. November 1945
> gestorben am 9. Juli 1989

[...] Ich hockte mich auf meine Fersen. Ich spürte einen Schock in der Wirbelsäule, der meinen Rücken hinaufwanderte und meine Haare im Nacken zu Berge stehen ließ. Sie waren nicht am selben Tag gestorben.
Nicht am selben Tag. Unter meiner Haut kribbelte es, als stünde ich innerlich unter Strom. Das stimmte doch gar nicht. Ich hatte das ganz anders verstanden. Irgendwann musste ich alles schrecklich durcheinandergebracht haben.
Ich stand auf, setzte mich mit dem Rücken an den Baum und starrte auf die Inschrift. Nicht am selben Tag. Meine Mutter hatte nach dem Tod meines Vaters noch über ein halbes Jahr gelebt. Dann war sie auch gestorben. Aber wie? Bei einem Unfall? Davon war keine Rede. Nur eines war sicher: Ertrunken war sie nicht. Sonst hätten sie das auch auf ihren Grabstein geschrieben, passend zum anderen.
Wenn sie nicht ertrunken war, dann stimmte die Geschichte in meinem Kopf nicht, dann war alles, womit ich all die Jahre gelebt hatte, falsch. Dann war die Geschichte meines Lebens falsch. Dann hatte ich mein Leben auf einer Geschichte aufgebaut, die eine Lüge war. [...]
Ich zitterte am ganzen Körper.

b Gib wieder, was Winter so schockiert.

c Schreibe die Wörter und Textstellen heraus, in denen Winter ihre Gedanken und Gefühle anschaulich schildert.

Eine Schilderung verfassen

8 Schildere deine Eindrücke von einem Ort, wo es dir besonders gefällt. Das kann z.B. dein Lieblingsplatz zu Hause oder ein Urlaubsort sein.

TIPP
Oder wähle einen Ort, der dich ängstigt, verunsichert oder traurig stimmt.

a Versetze dich in Gedanken an diesen Ort und notiere möglichst genau, was du siehst, hörst, riechst, schmeckst, denkst und fühlst.

b Ordne deine Notizen und schreibe einen Entwurf deiner Schilderung. Nutze möglichst viele sprachliche Mittel aus dem Merkkasten (S. 105).

c Beurteilt eure Entwürfe gegenseitig und überarbeitet sie dann.

9 Schildere eine Situation, die dich besonders beeindruckt hat. Nutze dazu die Schrittfolge.

> **So kannst du Eindrücke schildern**
> 1. Schließe die Augen und versetze dich in die Situation, die du schildern möchtest.
> 2. Notiere deine Eindrücke und Gefühle.
>   - Was siehst du?
>   - Was hörst du?
>   - Was schmeckst du?
>   - Was riechst du?
>   - Was fühlst du?
>   - Woran erinnerst du dich?
> 3. Ordne deine Notizen.
> 4. Schreibe einen Entwurf deiner Schilderung und überarbeite ihn anschließend.
> 5. Schreibe die Endfassung.

10 Schildere deine Eindrücke von einem Film, Buch oder Bild. Du kannst dich auch auf einzelne Szenen oder Textstellen beziehen.

11 Erzähle ein Erlebnis, das dich besonders beeindruckt hat. Schildere die einzelnen Orte und Situationen möglichst anschaulich.

Was habe ich gelernt?

12 Überprüfe, was du über das Schildern gelernt hast. Beantworte dazu die folgenden Fragen.

1 Was muss man beim Schildern beachten?
2 Welche sprachlichen Mittel kann man bei Schilderungen verwenden?

Lies den Titel der folgenden Geschichte und sieh dir die Abbildungen an. Äußere Vermutungen über den möglichen Inhalt der Geschichte.

Roald Dahl

Lammkeule

Das Zimmer war aufgeräumt und warm, die Vorhänge waren zugezogen, die beiden Tischlampen brannten – ihre und die vor dem leeren Sessel gegenüber. Zwei hohe Gläser, Whisky und Sodawasser auf dem Büfett hinter ihr. Frische Eiswürfel im Thermos-
5 kübel.
Mary Maloney wartete auf ihren Mann, der bald von der Arbeit nach Hause kommen musste.
Hin und wieder warf sie einen Blick auf die Uhr, aber ohne Ungeduld, nur um sich an dem Gedanken zu erfreuen, dass mit jeder
10 Minute der Zeitpunkt seiner Heimkehr näherrückte. Eine heitere Gelassenheit ging von ihr aus und teilte sich allem mit, was sie tat. Die Art, wie sie den Kopf über ihre Näharbeit beugte, hatte etwas Beruhigendes. Sie war im sechsten Monat ihrer Schwangerschaft, und ihre Haut wies eine wunderbare Transparenz auf, der Mund
15 war weich, die Augen mit ihrem neuen, zufriedenen Blick wirkten größer und dunkler als zuvor.
Um zehn Minuten vor fünf begann sie zu lauschen, und wenig später, pünktlich wie immer, knirschten draußen die Reifen auf dem Kies. Die Wagentür wurde zugeschlagen, vor dem Fenster
20 erklangen Schritte, und dann drehte sich der Schlüssel im Schloss.

Sie legte die Handarbeit beiseite, stand auf und ging zur Tür, um ihn mit einem Kuss zu begrüßen.
»Hallo, Liebling«, sagte sie.
25 »Hallo«, antwortete er.
Sie nahm seinen Mantel und hängte ihn in den Schrank. Dann machte sie am Büfett die Drinks zurecht – einen ziemlich starken für ihn und einen schwachen für sich –, und bald saßen sie
30 in ihren Sesseln einander gegenüber, sie mit der Näharbeit, während er die Hände um das hohe Glas gelegt hatte und es behutsam hin und her bewegte, sodass die Eiswürfel leise klirrten. […]

»Müde, Liebling?«

»Ja«, sagte er, »ich bin müde.« Und bei diesen Worten tat er etwas Ungewöhnliches. Er hob sein Glas und leerte es auf einen Zug, obgleich es noch halb voll, mindestens noch halb voll war. […]
»Wenn du zu müde zum Ausgehen bist«, fuhr sie fort, »dann bleiben wir eben zu Hause. In der Kühltruhe ist eine Menge Fleisch und Gemüse, und wenn wir hier essen, brauchst du gar nicht aus deinem Sessel aufzustehen.«
Ihre Augen warteten auf eine Antwort, ein Lächeln, ein kleines Nicken, doch er reagierte nicht.
»Jedenfalls«, sagte sie, »hole ich dir erst einmal etwas Käse und ein paar Kekse.«
»Ich will nichts.«
Sie rückte unruhig hin und her, die großen Augen forschend auf ihn gerichtet. »Aber du musst doch zu Abend essen. Ich kann uns schnell etwas braten. Wirklich, ich tu's gern. Wie wär's mit Koteletts? Vom Lamm oder vom Schwein, ganz nach Wunsch. Es ist alles da.«
»Ich habe keinen Hunger.« […]

2 Gib mit eigenen Worten die Ausgangssituation der Geschichte wieder. Was ist wie immer und was scheint von der täglichen Routine abzuweichen?

3 Lies die Geschichte weiter. Mache dir beim Lesen Notizen zu folgenden Fragen:

1. Welchen Grund hat das besondere Verhalten des Mannes?
2. Wie ist die äußere und innere Reaktion der Frau darauf?

»Hör zu«, murmelte er. »Ich muss dir etwas sagen.«
»Was hast du denn, Liebling? Was ist los?«
Er saß jetzt mit gesenktem Kopf da und rührte sich nicht. Das Licht der Lampe neben ihm fiel nur auf den oberen Teil seines Gesichts; Kinn und Mund blieben im Schatten. Sie sah einen kleinen Muskel an seinem linken Augenwinkel zucken.
»Dies wird ein ziemlicher Schlag für dich sein, fürchte ich«, begann er. »Aber ich habe lange darüber nachgedacht, und meiner Ansicht nach ist es das einzig Richtige, dir alles offen zu sagen. Ich hoffe nur, dass du es nicht zu schwernimmst.«

Und so sagte er ihr alles. Es dauerte nicht lange, höchstens vier oder fünf Minuten. Sie hörte ihm zu, stumm, wie betäubt, von
65 ungläubigem Entsetzen erfüllt, während er sich mit jedem Wort weiter von ihr entfernte.

»Das ist es also«, schloss er. »Ich weiß, dass es nicht gerade die rechte Zeit ist, darüber zu sprechen, aber mir bleibt keine andere Wahl. Natürlich werde ich dir Geld geben und dafür sorgen, dass
70 du einfach hast, was du brauchst. Aber ich möchte jedes Aufsehen vermeiden. Ist ja auch nicht nötig. Ich muss schließlich an meine Stellung denken, nicht wahr?«

Ihre erste Regung war, nichts davon zu glauben, es weit von sich zu weisen. Dann kam ihr der Gedanke, dass er möglicherweise
75 gar nichts gesagt, dass sie sich das alles nur eingebildet hatte. Wenn sie jetzt an ihre Arbeit ging und so tat, als hätte sie nichts gehört, dann würde sie vielleicht später, beim Aufwachen sozusagen, entdecken, dass nie etwas Derartiges geschehen war.

»Ich werde das Essen machen«, flüsterte sie schließlich, und
80 diesmal hielt er sie nicht zurück.

Als sie das Zimmer verließ, fühlte sie nicht, dass ihre Füße den Boden berührten. Sie fühlte überhaupt nichts – bis auf ein leichtes Schwindelgefühl und einen Brechreiz. Alles lief jetzt automatisch ab. Die Kellertreppe, der Lichtschalter, die Tiefkühltruhe, die
85 Hand, die in der Truhe den ersten besten Gegenstand ergriff. Sie nahm ihn heraus und betrachtete ihn. Er war in Papier gewickelt, also riss sie das Papier ab und betrachtete ihn von Neuem.

Eine Lammkeule.

Nun gut, dann würde es Lamm zum Abendessen geben. Sie
90 umfasste das dünne Knochenende mit beiden Händen und trug die

Keule nach oben. Als sie durch das Wohnzimmer ging, sah sie ihn mit dem Rücken zu ihr am Fenster stehen. Sie machte halt.

»Um Gottes willen«, sagte er, ohne sich umzu-
95 drehen, »koch bloß kein Essen für mich. Ich gehe aus.«

In diesem Augenblick trat Mary Maloney einfach hinter ihn, schwang, ohne sich zu besinnen, die große gefrorene Lammkeule
100 hoch in die Luft und ließ sie mit aller Kraft auf seinen Hinterkopf niedersausen.

Ebenso gut hätte sie mit einer eisernen Keule zuschlagen können.

Sie wich einen Schritt zurück und wartete. Seltsamerweise blieb er noch mindestens vier, fünf Sekunden leicht schwankend stehen. Dann stürzte er auf den Teppich.

Der krachende Aufprall, der Lärm, mit dem der kleine Tisch umfiel – diese Geräusche halfen ihr, den Schock zu überwinden. Sie kehrte langsam in die Wirklichkeit zurück, empfand aber nichts als Kälte und Überraschung, während sie mit zusammengekniffenen Augen den leblosen Körper anstarrte. Ihre Hände umklammerten noch immer die idiotische Fleischkeule.

Na schön, sagte sie sich. Ich habe ihn also getötet.

Erstaunlich, wie klar ihr Gehirn auf einmal arbeitete. Die Gedanken überstürzten sich fast. Als Frau eines Polizeibeamten wusste sie genau, welche Strafe sie erwartete. Gut, in Ordnung. Ihr machte das gar nichts aus. [...] Aber das Kind? Wie verfuhr das Gesetz mit Mörderinnen, die ungeborene Kinder trugen? Tötete man beide – Mutter und Kind? Oder wartete man bis nach der Geburt? Was geschah mit den Kindern?

Mary Maloney wusste es nicht. Und sie war keineswegs gewillt, ein Risiko einzugehen.

Sie brachte das Fleisch in die Küche, legte es in eine Bratpfanne und schob es in den eingeschalteten Ofen. Dann wusch sie sich die Hände und lief nach oben ins Schlafzimmer. Sie setzte sich vor den Spiegel, ordnete ihr Haar und frischte das Make-up auf. Sie versuchte ein Lächeln. Es fiel recht sonderbar aus. Auch der zweite Versuch missglückte.

»Hallo, Sam«, sagte sie laut und munter.

Die Stimme klang viel zu gezwungen.

»Ich hätte gern Kartoffeln, Sam. Ja, und vielleicht eine Dose Erbsen.«

Das war besser. Sowohl die Stimme als auch das Lächeln wirkten jetzt natürlicher. Sie probierte es wieder und wieder, bis sie zufrieden war. Dann eilte sie nach unten, schlüpfte in ihren Mantel, öffnete die Hintertür und ging durch den Garten auf die Straße.

Es war erst kurz vor sechs, und beim Kaufmann brannte noch Licht. »Hallo, Sam«, sagte sie munter und lächelte dem Mann hinter dem Ladentisch zu.

»Ach, guten Abend, Mrs. Maloney. Wie geht's denn?«

»Ich hätte gern Kartoffeln, Sam. Ja, und vielleicht eine Dose Erbsen.«

Der Kaufmann drehte sich um und nahm eine Büchse vom Regal. »Patrick ist heute so müde, dass er keine Lust hat, sich ins Restaurant zu setzen«, erklärte sie. »Wir essen sonst donnerstags immer auswärts, wissen Sie, und jetzt habe ich kein Gemüse im Haus.«

145 »Und was ist mit Fleisch, Mrs. Maloney?«
»Fleisch habe ich, danke. Eine schöne Lammkeule aus der Kühltruhe.« […]
»Sonst noch etwas?« Er neigte den Kopf zur Seite und sah sie wohlgefällig an. »Na, und der Nachtisch? Was wollen Sie ihm zum
150 Nachtisch geben?«
»Hm … Wozu würden Sie mir denn raten, Sam?«
Der Mann schaute sich im Laden um.
»Wie wär's mit einem schönen großen Stück Käsekuchen? Den isst er doch
155 gern, nicht wahr?«
»Ja, das ist ein guter Gedanke. Auf Käsekuchen ist er ganz versessen.«
Als alles eingewickelt war und sie bezahlt hatte, verabschiedete sie sich
160 mit ihrem freundlichsten Lächeln.
»Vielen Dank, Sam. Auf Wiedersehen.«
»Auf Wiedersehen, Mrs. Maloney. Ich habe zu danken.« […]

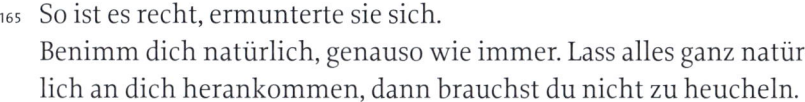

165 So ist es recht, ermunterte sie sich.
Benimm dich natürlich, genauso wie immer. Lass alles ganz natürlich an dich herankommen, dann brauchst du nicht zu heucheln.

4 Fasse zusammen, welche ersten Maßnahmen Mary Maloney ergreift, um zu vertuschen, was geschehen ist.

So summte sie denn ein Liedchen vor sich hin und lächelte, als sie durch die Hintertür in die Küche trat.
170 »Patrick!«, rief sie. »Ich bin wieder da, Liebling.«
Sie legte das Paket auf den Tisch und ging ins Wohnzimmer. Und als sie ihn dort liegen sah, auf dem Boden zusammengekrümmt, einen Arm unter dem Körper, da war es wirklich ein Schock.
Die Liebe und das Verlangen nach ihm wurden von Neuem wach,
175 und sie lief zu ihm hin, kniete neben ihm nieder und weinte bittere Tränen. Es war nicht schwer. Sie brauchte nicht zu heucheln.
Ein paar Minuten später stand sie auf und ging zum Telefon. Die Nummer der Polizeistation wusste sie auswendig. Als sich der
180 Wachtmeister vom Dienst meldete, rief sie: »Schnell! Kommen Sie schnell! Patrick ist tot!«

»Wer spricht denn da?«
»Mrs. Maloney. Mrs. Patrick Maloney.«
»Sie sagen, Patrick Maloney ist tot?«
185 »Ich glaube, ja«, schluchzte sie. »Er liegt auf dem Boden, und ich glaube, er ist tot.«
»Wir kommen sofort«, sagte der Mann.
Der Wagen fuhr gleich darauf vor. Sie öffnete die Haustür, und zwei Polizisten traten ein. Beide waren ihr bekannt – wie fast alle
190 Beamten des Reviers –, und sie fiel hysterisch weinend in Jack Noonans Arme. Er setzte sie sanft in einen Sessel und ging dann zu seinem Kollegen O'Malley hinüber, der neben dem Leichnam kniete.
»Ist er tot?«, flüsterte sie.
195 »Ich fürchte, ja. Was ist geschehen?«
Sie erzählte kurz ihre Geschichte – wie sie zum Kaufmann gegangen war und Patrick bei der Rückkehr leblos auf dem Boden gefunden hatte. Während sie sprach, weinte und sprach, entdeckte Noonan etwas geronnenes Blut am Hinterkopf des Toten. Er zeigte
200 es O'Malley, und der stürzte sofort zum Telefon.
Bald erschienen noch mehr Männer. Zuerst ein Arzt, dann zwei Detektive – den einen kannte sie dem Namen nach. Später kam ein Polizeifotograf und machte Aufnahmen; auch ein Experte für Fingerabdrücke traf ein. Es wurde viel geflüstert und gemurmelt
205 neben dem Toten, und die Detektive stellten ihr Fragen über Fragen. Aber sie behandelten sie sehr freundlich. Sie erzählte wieder ihre Geschichte, diesmal von Anfang an: Patrick war nach Hause gekommen, und sie hatte genäht, und er war müde, so müde, dass er nicht zum Abendessen ausgehen wollte. Sie berich-
210 tete, wie sie das Fleisch in den Ofen geschoben hatte – »es ist immer noch drin« –, wie sie wegen der Kartoffeln und der Erbsen zum Kaufmann gelaufen war und wie sie Patrick bei der Rückkehr leblos auf dem Boden gefunden hatte.
»Welcher Kaufmann?«, fragte einer der Detektive.
215 Sie sagte es ihm. Er drehte sich schnell um und flüsterte dem anderen Detektiv etwas zu. Der Mann verließ sofort das Haus. Nach einer Viertelstunde kam er mit einer Seite Notizen zurück. Wieder wurde leise verhandelt, und durch ihr Schluchzen hindurch drangen ein paar Satzfetzen an ihr Ohr: »... hat sich
220 völlig normal benommen ... sehr vergnügt ... wollte ihm ein gutes Abendessen machen ... Erbsen ... Käsekuchen ... unmöglich, dass sie ...« [...]

Sie blieb [...] sitzen, während die Männer das Haus durchsuchten. Gelegentlich stellte einer der Detektive ihr eine Frage. Manchmal sprach Jack Noonan ihr sanft zu, wenn er vorbeikam. Von ihm erfuhr sie auch, dass ihr Mann durch einen Schlag auf den Hinterkopf getötet worden war, durch einen Schlag mit einem stumpfen Gegenstand, höchstwahrscheinlich einem großen Stück Metall. Sie suchten die Waffe. Der Mörder, sagte Jack, habe sie vermutlich mitgenommen; er könne sie aber ebenso gut im Garten oder im Haus versteckt haben.

»Es ist die alte Geschichte«, schloss er. »Wenn man die Waffe hat, hat man auch den Täter.« [...]

Die Suche ging weiter. Sie wusste, dass draußen im Garten noch mehr Polizisten waren, denn sie hörte ihre Schritte auf dem Kies, und manchmal sah sie durch einen Spalt zwischen den Vorhängen das Aufblitzen einer Taschenlampe. Es war schon ziemlich spät, fast neun, wie ihr ein Blick auf die Uhr zeigte. Die vier Männer, die die Zimmer durchsuchten, machten einen müden, leicht gereizten Eindruck. [...]

Wachtmeister Noonan ging aus irgendeinem Grund in die Küche, kam sofort zurück und sagte: »Hören Sie, Mrs. Maloney, Ihr Ofen ist noch an, und das Fleisch ist noch drin.«

»Ach herrje«, rief sie. »Das hatte ich ganz vergessen.«

»Am besten drehe ich ihn wohl aus, was?«

»Ja, Jack, das wäre sehr nett von Ihnen. Herzlichen Dank.«

Als der Sergeant zum zweiten Mal zurückkam, sah sie ihn mit ihren großen dunklen, tränenfeuchten Augen an. »Jack Noonan ...«, begann sie zaghaft.

»Ja?«

»Würden Sie mir einen kleinen Gefallen tun – Sie und die anderen?«

»Wir wollen's versuchen, Mrs. Maloney.«

»Nun«, fuhr sie fort, »Sie alle sind doch gute Freunde meines lieben Patrick gewesen, und jetzt bemühen Sie sich, den Mann zu fangen, der ihn umgebracht hat. Inzwischen werden Sie wohl schon schrecklichen Hunger haben, denn Ihre Essenszeit ist ja längst vorbei. Ich weiß, dass Patrick – Gott sei seiner Seele gnädig – mir nie verzeihen würde, wenn ich Sie in seinem Haus nicht anständig bewirtete. Wollen Sie nicht den Lammbraten essen, der im Ofen ist? Ich denke, er wird gar sein.«

»Kommt überhaupt nicht in Frage«, wehrte Jack Noonan bescheiden ab.

»Bitte«, sagte sie flehentlich. »Bitte, essen Sie das Fleisch. Ich könnte keinen Bissen davon anrühren, weil es für Patrick bestimmt war, verstehen Sie? Aber für Sie ist das etwas anderes. Sie würden mir einen Gefallen tun, wenn Sie alles aufäßen. Hinterher können Sie ja weiterarbeiten.«
Die vier Polizisten widersprachen zwar, doch sie waren tatsächlich sehr hungrig, und nach einigem Hin und Her willigten sie ein, in die Küche zu gehen und sich zu bedienen. Die Frau blieb in ihrem Sessel sitzen. Durch die offene Tür konnte sie hören, wie sich die Männer unterhielten. Ihre Stimmen klangen dumpf, wie verschleiert, da sie den Mund voller Fleisch hatten.
»Noch ein Stück, Charlie?«
»Nein. Wir wollen lieber nicht alles aufessen.«
»Aber sie will, dass wir's aufessen. Wir tun ihr einen Gefallen damit, hat sie gesagt.«
»Na gut. Dann gib mir noch was.«
»Muss eine verdammt dicke Keule gewesen sein, mit der dieser Kerl den armen Patrick erschlagen hat«, bemerkte einer der Polizisten. »Der Doktor sagt, sein Schädel ist völlig zertrümmert. Wie von einem Schmiedehammer.«
»Na, dann dürfte es nicht schwer sein, die Mordwaffe zu finden.«
»Ganz meine Meinung.«
»Wer's auch getan hat – er wird so ein Ding nicht länger als nötig mit sich herumschleppen.«
Einer von ihnen rülpste.
»Also ich glaube ja, dass es noch hier im Haus oder im Garten ist.«
»Wahrscheinlich genau vor unserer Nase, was, Jack?«
Und im Wohnzimmer begann Mary Maloney zu kichern.

5 Erzähle den Ausgang der Geschichte nach. Weshalb hat Mary Maloney allen Grund zu kichern?

6 Notiere die einzelnen Schritte der Ermittlungsarbeiten und schreibe einen Bericht über den Mordfall für die örtliche Zeitung.

7 Lest noch einmal den letzten Abschnitt. Sucht nach zweideutigen Textstellen, die den besonderen Nervenkitzel dieser Situation wiedergeben.

Fantasie und Wirklichkeit: Form im Aufbruch

Den Expressionismus als Literaturepoche kennen lernen

> **!** Eine **literarische Epoche** benennt einen Zeitraum, in dem einer **bestimmten Thematik** oder **Stimmung** in der Literatur Ausdruck verliehen wird.
> Eine literarische Epoche kann sich aber auch durch **besondere Schreibweisen** auszeichnen.

1

a Betrachte die Abbildung und lies das Gedicht. Überlege, wodurch sich die Epoche, der sie angehören, auszeichnen könnte.

»Wir sind nach Dingen krank, die wir nicht kennen.
Wir sind sehr jung. Und fiebern noch nach Welt.
Wir leuchten leise. – Doch wir können brennen.
Wir suchen immer Wind, der uns zu Flammen schwellt.«

Ernst Wilhelm Lotz

Ludwig Meidner: Apokalyptische Landschaft, 1913

b Schreibe deine Gedanken zu dem Gemälde als kurzen Text auf, z. B. als Gedicht oder als Schilderung (Ich sehe, fühle, höre …).

c Gestalte zu dem Gedicht ein Bild/eine Collage. Wähle einen oder mehrere Verse aus, zu denen du etwas zeichnest oder klebst.

2 Lies den folgenden Text. Erläutere anschließend, warum man Literatur und Kunst in Epochen einteilt und worauf das Wort »Strömungen« hinweist.

Was man unter einer literarischen Epoche versteht

Das Wort *Epoche* wurde vom griechischen *epoché* abgeleitet und bedeutet so viel wie »Haltepunkt« oder »Zeitabschnitt«. Ganz allgemein geht es um einen längeren Zeitabschnitt, der über grundlegende Gemeinsamkeiten verfügt. Die Geschichte der Menschheit, die Musik- oder Literaturgeschichte sind Beispiele dafür. Mithilfe der Einteilung der Literaturgeschichte in Epochen können wir uns leichter über Literatur verständigen und uns mit ihr auseinandersetzen. Bei den Epochen der deutschen Literatur geht es darum, gewisse Grundströmungen im literarischen Schaffen einer Zeit zu erkennen und diese zu beschreiben bzw. zu benennen. Das Wort *Strömung* sagt bereits aus, dass es sich um eine fließende Entwicklung handelt, das heißt, die angegebenen Jahreszahlen für Beginn und Ende einer literarischen Epoche sind ein zeitliches Hilfsgerüst, aber nicht als starre Punkte zu betrachten. Die verschiedenen Epochen überschneiden sich in der Regel sowohl inhaltlich als auch zeitlich. Außerdem gibt es von den vorherrschenden Grundströmungen innerhalb einer Epoche auch immer wieder individuelle Abweichungen. Diese werden durch das jeweilige Weltbild und die politische Situation geprägt bzw. beeinflusst. Auch lässt sich nicht jede Autorin / jeder Autor einer bestimmten Epoche zuordnen.

3

a Auf der folgenden Seite sind die wichtigsten Epochen der deutschen Literatur aufgeführt. Übertrage den Zeitstrahl in dein Heft.

 b Ergänze zu jeder literarischen Epoche ein historisches Ereignis und notiere dazu einige Stichpunkte.

TIPP
Recherchiere in der Bibliothek oder im Internet.

Mittelalter: Der Gang nach Canossa 1076
– König Heinrich IV. zieht nach Rom
– er will Papst Gregor VII. ...

 **4** Sammelt Informationen zur Literaturepoche »Expressionismus«. Ordnet eure Ergebnisse folgenden Stichpunkten zu:
Begriff, Besonderheiten, Autorinnen/Autoren, Werke.

Über eine Epoche recherchieren

Den Expressionismus als Literaturepoche kennen lernen

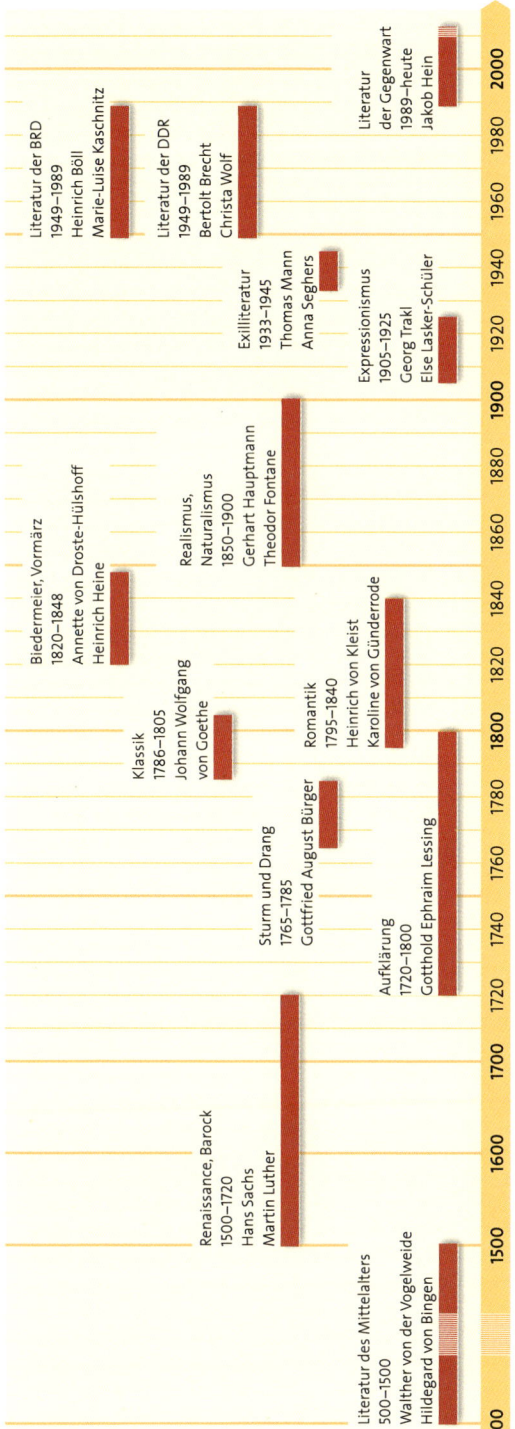

Bertolt Brecht

Annette von Droste-Hülshoff

Gottfried August Bürger

Hildegard von Bingen

Literatur des Mittelalters
500–1500
Walther von der Vogelweide
Hildegard von Bingen

Renaissance, Barock
1500–1720
Hans Sachs
Martin Luther

Aufklärung
1720–1800
Gotthold Ephraim Lessing

Sturm und Drang
1765–1785
Gottfried August Bürger

Klassik
1786–1805
Johann Wolfgang von Goethe

Romantik
1795–1840
Heinrich von Kleist
Karoline von Günderrode

Biedermeier, Vormärz
1820–1848
Annette von Droste-Hülshoff
Heinrich Heine

Realismus, Naturalismus
1850–1900
Gerhart Hauptmann
Theodor Fontane

Expressionismus
1905–1925
Georg Trakl
Else Lasker-Schüler

Exilliteratur
1933–1945
Thomas Mann
Anna Seghers

Literatur der BRD
1949–1989
Heinrich Böll
Marie-Luise Kaschnitz

Literatur der DDR
1949–1989
Bertolt Brecht
Christa Wolf

Literatur der Gegenwart
1989–heute
Jakob Hein

120 Den Expressionismus als Literaturepoche kennen lernen

! Ein geschichtliches Ereignis beeinflusste das **Schaffen der Expressionisten** ganz wesentlich: der **Erste Weltkrieg** von 1914 bis 1918. 17 Millionen Menschen fielen ihm zum Opfer. Die mörderische Realität der Schlachtfelder führte bald zu großer Ernüchterung, auch bei denen, die den Krieg zunächst begrüßt und sogar verherrlicht hatten. Erstmals wurden Waffen eingesetzt, mit denen in kurzer Zeit viele Menschen getötet werden konnten: Maschinengewehre, Flugzeuge, U-Boote, Panzer und Giftgas.

Historische Dokumente untersuchen

[1] René Jacob fiel im Februar 1916 vor Verdun.

5 Untersucht den Inhalt folgender Briefe.

a Lest die beiden Briefe.

Der 20-jährige französische Soldat René Jacob[1] schrieb 1915 in einem Brief an seine Eltern:

> »Auf einmal erschien vor uns das Schlachtfeld mit all seinem Grauen. Leichname ... am Rand der Landstraße. Schwärzliche, grünliche zerfallene Leichname in den Senken.... Ein schrecklicher Geruch, ein Beinhausgeruch, steigt aus der Verwesung hervor. Der in Böen wehende Wind vermochte nicht, den Geruch des Todes zu vertreiben.«

[2] Am 22. Juni 1915 wurde Stefan Schimmer bei einer Offensive eingesetzt. Er starb im Gewehrfeuer.

Der 38-jährige Landwirt Stefan Schimmer[2] schrieb seiner Frau von der Front:

> »03.11.1914: Wenn wir nur nicht ins Gefecht müssten.
> 15.11.1914: Wenn wir bloß Stellung hier halten müssten, wäre es nicht so schlimm. Aber wenn wir angreifen müssen, gehen ganze Kompanien drauf.
> 06.12.1914: Bin gar nicht viel hungrig. Kann nichts essen vor lauter Gram und Sorgen. Ich halte es keine vier Monate mehr aus. Du weißt ja gar nicht, wie es mir ist. Ich bin ganz kaputt.
> 09.12.1914: Kann dir nicht viel Neues schreiben, bloß, dass es bei uns immer schlechter wird. Fast Tag und Nacht geht die Schießerei fort.«

b Sammelt eure Gedanken zu den Briefen in einem Cluster.

c Tauscht euch darüber aus, welche Informationen aus dem Merkkasten durch diese beiden Briefe eindringlich belegt werden.

Gedichte untersuchen

6

a Wie werden die Auswirkungen des Krieges in den folgenden beiden Gedichten beschrieben? Suche entsprechende sprachliche Bilder heraus und erkläre ihre Bedeutung.

Edlef Köppen

Mein armer Bruder – warum tat man das?

Aber die Angst deiner großen gezerrten Augen
schrie in Nacht. Und Nacht ist kalt.
Alle hatten ihre Ohren verstopft mit Gemeinheit und Morden,
5 und keinen nahm dein Flehen an die Hände,
dich weich zu betten.
Keinem winkte dein dampfender Arm.
Keiner legte Kühlen auf deine zerbrochene Brust.
Und als du *Mutter* sagtest, dass die Bäume bebten,
10 zerdrückte etwas deinen dürstenden Hals.

Oh, ... mein armer Bruder!
ich muss immer deine Augen sehen.
Und immer wächst aus ihnen eine Frage ...

Otto Dix: Maschinengewehrzug geht vor.
Somme, November 1924

August Stramm

Patrouille

Die Steine feinden
Fenster grinst Verrat
Äste würgen
Berge Sträucher blättern raschlig
Gellen
Tod.

TIPP
Nutzt eure Ergebnisse von Aufg. 4, S. 118.

b Anhand welcher Themen wird der Krieg in den beiden Gedichten behandelt? Notiert in Stichpunkten.

c Tauscht euch darüber aus, was Krieg für das Leben von Menschen bedeutet.

Den Expressionismus als Literaturepoche kennen lernen

> **!** **Expressionismus (1905–1925)** bedeutet so viel wie »Ausdruckskunst« (von lateinisch »expressio«= Ausdruck).
> Expressionistische Literatur spricht das Publikum ohne jede Beschönigung an und erschüttert es innerlich.
> Um die Zeit der Jahrhundertwende herrschte besonders in der Jugend eine große Aufbruchstimmung. Man empfand die immer weiter fortschreitende Industrialisierung und das Leben in anonymen Großstädten als Entmenschlichung. Die Bedrohung durch den Ersten Weltkrieg ging einher mit düsteren Visionen vom Ende der Welt.

Ein Gedicht untersuchen

7 Untersuche das folgende expressionistische Gedicht.

a Lies das Gedicht von August Stramm.

August Stramm

Im Feuer

Tode schlurren
Sterben rattert
Einsam
Mauert
Welttiefhohe
Einsamkeiten.

b Fasse kurz deinen ersten Leseeindruck zusammen.

 c Erstellt ein Cluster zum Gedicht. Notiert, worum es eurer Meinung nach inhaltlich geht.

 d Beschreibt die Form und Sprache des Gedichts.

 e Formuliert einen Text, indem ihr die »Satzfetzen« des Gedichts nach euren Vorstellungen ergänzt. Stellt euren Text vor.

> Die **Sprache des Expressionismus** zeichnet sich aus durch extreme Verbildlichung (Metaphorik), Wortneuschöpfungen (Neologismen) sowie rauschhaft übersteigerte Gefühlsäußerungen. Typisch ist der Bruch grammatischer Regeln. Die Sprache ist oft stark verknappt.

Ein Gedicht untersuchen

8

a Lies Georg Trakls Gedicht über das Lebensgefühl in der Vorstadt.

Georg Trakl

Vorstadt im Föhn

Am Abend liegt die Stätte öd und braun,
Die Luft von gräulichem Gestank durchzogen.
Das Donnern eines Zugs vom Brückenbogen –
Und Spatzen flattern über Busch und Zaun.

5   Geduckte Hütten, Pfade wirr verstreut,
    In Gärten Durcheinander und Bewegung,
    Bisweilen schwillt Geheul aus dumpfer Regung,
    In einer Kinderschar fliegt rot ein Kleid.

Am Kehricht pfeift verliebt ein Rattenchor.
10 In Körben tragen Frauen Eingeweide,
Ein ekelhafter Zug voll Schmutz und Räude,
Kommen sie aus der Dämmerung hervor.

    Und ein Kanal speit plötzlich feistes Blut
    Vom Schlachthaus in den stillen Fluss hinunter.
15 Die Föhne färben karge Stauden bunter
    Und langsam kriecht die Röte durch die Flut.

Ein Flüstern, das in trübem Schlaf ertrinkt.
Gebilde gaukeln auf aus Wassergräben,
Vielleicht Erinnerung an ein früheres Leben,
20 Die mit den warmen Winden steigt und sinkt.

    Aus Wolken tauchen schimmernde Alleen,
    Erfüllt von schönen Wägen, kühnen Reitern.
    Dann sieht man auch ein Schiff auf Klippen scheitern
    Und manchmal rosenfarbene Moscheen.

 b Wähle eine Strophe aus, deren Inhalt du deiner Lernpartnerin/deinem Lernpartner erläuterst.

c Trakl verwendet in seinem Gedicht verschiedene sprachliche Mittel. Sammelt Beispiele und schlagt die mögliche Bedeutung dazu vor.

Strophe	Sprachliches Mittel	Bedeutung
1	Donnern eines Zugs = Metapher, Bild	lautes, erschreckendes Geräusch
2	geduckte Hütten = Personifikation …	unbequeme, ärmliche Wohnverhältnisse …

 d Welche der in den beiden Merkkästen auf S. 122 genannten Merkmale des Expressionismus treffen auf Trakls Gedicht zu? Notiert in Stichpunkten.

Gedichte vergleichen

9 Else Lasker-Schülers Gedicht ist 1905 entstanden.

a Lies zuerst den Titel des Gedichts und beschreibe deine Erwartungen.

Else Lasker-Schüler

Weltende

Es ist ein Weinen in der Welt,
Als ob der liebe Gott gestorben wär,
Und der bleierne Schatten, der niederfällt,
Lastet grabesschwer.

5 Komm, wir wollen uns näher verbergen …
Das Leben liegt in aller Herzen
Wie in Särgen.

Du! wir wollen uns tief küssen –
Es pocht eine Sehnsucht an die Welt,
10 An der wir sterben müssen.

Die Grundstimmung erfassen

b Lies das ganze Gedicht und erfasse seine Grundstimmung in einigen Sätzen. Belege diese anhand von Textbeispielen.

Die Gedichte vergleichen

 c Auch Jakob van Hoddis schrieb 1911 ein Gedicht mit dem Titel *Weltende*. Vergleicht Form und Inhalt der beiden Gedichte mithilfe einer Tabelle.

Jakob van Hoddis

Weltende

Dem Bürger fliegt vom spitzen Kopf der Hut,
In allen Lüften hallt es wie Geschrei.
Dachdecker stürzen ab und gehn entzwei
Und an den Küsten – liest man – steigt die Flut.

5 Der Sturm ist da, die wilden Meere hupfen
An Land, um dicke Dämme zu zerdrücken.
Die meisten Menschen haben einen Schnupfen.
Die Eisenbahnen fallen von den Brücken.

d Wählt eines der beiden Gedichte aus. Sammelt auffällige Sprachbilder und notiert sie mit Zeilenangaben.

e Fasst die Ergebnisse von Aufgabe 9 zusammen: Welche Merkmale der expressionistischen Literaturepoche treffen auf euer ausgewähltes Gedicht zu? Stellt sie der Klasse vor.

TIPP
Die Merkkästen auf Seite 122 helfen euch.

10 Stelle Vermutungen darüber an, weshalb van Hoddis' Gedicht mit großer Begeisterung aufgenommen wurde.

a Lies dazu die Zeilen, in denen der Schriftsteller Johannes R. Becher seine Erinnerung daran zum Ausdruck bringt.

»Diese zwei Strophen, o diese acht Zeilen schienen uns in andere Menschen verwandelt zu haben, uns emporgehoben zu haben aus einer Welt stumpfer Bürgerlichkeit, die wir verachteten und von der wir nicht wussten, wie wir sie verlassen sollten. Diese acht
5 Zeilen entführten uns ... wir sangen sie, wir summten sie ... wir gingen mit diesen acht Zeilen auf den Lippen in die Kirchen, und wir saßen, sie vor uns hinflüsternd, mit ihnen beim Radrennen. Wir riefen sie uns gegenseitig über die Straße hinweg zu wie Losungen ...«

b Gib die Begeisterung über das Gedicht in eigenen Worten wieder.

Edvard Munch

Der Schrei

a Betrachte das Bild »Der Schrei« von Edvard Munch und lies den dazugehörigen Text.

Edvard Munch. Der Schrei. 1893

Edvard Munch schrieb folgende Zeilen an den Rand seiner Lithografie »Der Schrei«:
»Ich ging fürbass mit zwei Freunden. Da sank die Sonne. Auf einmal ward der Himmel rot wie Blut und ich fühlte einen Hauch von Wehmut. Ich stand still und lehnte mich an das Geländer. Über dem blauschwarzen Fjord und über der Stadt lag der Himmel wie Blut und Feuerzungen. Meine Freunde gingen weiter und ich stand allein, bebend vor Angst. Mir war, als ginge ein mächtiger, unendlicher Schrei durch die Natur.«

b Untersuche, wie Edvard Munch seine Angst im Text verdeutlicht und wie er sie im Bild umsetzt.

2 Lies den Text unten und begründe, warum es sich bei Munchs Bild um expressionistische Malerei handelt.

3 Wähle eine der folgenden Aufgaben aus:
– Verfasse eine Bildbeschreibung zu Edvard Munchs Bild »Der Schrei«.
– Schreibe ein expressionistisches Gedicht zu Edvard Munchs Bild »Der Schrei«.

Im Farbrausch – expressionistische Malerei

Auch in der Malerei war der Expressionismus eine radikale Bewegung. Die Werke der Expressionisten stellten die Gedanken- und Gefühlswelt in einer stark verzerrten Sehweise dar sowie in einer wahrhaften Explosion von glühenden Farben. Die Sonne ist grün,
5 Menschen sind blau – die ganze Welt ist ein einziger Farbrausch! Der Künstler schafft seine eigene Realität.

Berühmte Vertreter des Expressionismus waren z. B. die Mitglieder der Künstler-
10 gemeinschaft »Die Brücke«, die 1905 von den Architekturstudenten Ernst Ludwig Kirchner, Erich Heckel, Karl Schmidt-Rotluff und Fritz
15 Bleyl in Dresden gegründet wurde. Ihr schlossen sich so bekannte Künstler wie Emil Nolde, Max Pechstein und Otto Mueller an.
Eine weitere Künstlervereinigung des Expressionismus war der
20 »Blaue Reiter«, eine Gruppe, die sich um den russischen Künstler Wassily Kandinsky 1911 in München gründete. Ihr gehörten unter anderem Künstler wie Paul Klee, August Macke oder Franz Marc an. Von den weiblichen Künstlerinnen ist Paula Modersohn-Becker, die u. a. im norddeutschen Künstlerdorf Worpswede lebte,
25 die bekannteste.
Noch heute erfreuen sich die Werke des Expressionismus großer Beliebtheit. Sie gehören zu den beeindruckendsten Zeugnissen der Moderne.

Franz Marc: Rotes und blaues Pferd, 1912

4 Wählt einen Künstler des Expressionismus aus (z. B. der Dresdener Künstlergruppe »Die Brücke«) und haltet einen Kurzvortrag zu seinem Leben und Schaffen. Nutzt zur Vorbereitung Nachschlagewerke oder das Internet. Stellt eins seiner Bilder ausführlicher vor.

5 Gestaltet in eurem Klassenraum eine Ausstellung. Besorgt euch Kopien expressionistischer Werke und notiert daneben wichtige Formelemente.

Was habe ich gelernt?

6 Überprüfe, was du über den Expressionismus gelernt hast. Nimm zu den folgenden Aussagen kritisch Stellung.
– Der Expressionismus ist ausschließlich eine literarische Epoche.
– Die Künstler des Expressionismus vermeiden den Ausdruck ihrer Gefühle.

Gedichte lesen – Texte schreiben

 Der Umgang mit **Gedichten** kann dazu anregen, selbst zu schreiben. Gedanken, Gefühle, Wünsche, Träume und Hoffnungen, die beim Lesen von Gedichten zum Vorschein kommen, können in verschiedenen Textformen zum Ausdruck gebracht werden, z.B. in Form eines Tagebucheintrags, eines Gedichts oder einer Erzählung.

1 Ein Gedicht kann dazu anregen, dass man seine Gedanken und Gefühle darlegen möchte.

a Lies das folgende Gedicht von Klaus Kordon.

Biologie

Dieser Baum ist knorrig,
weil er alt ist.
Er ist verzweigt,
weil er viel erlebt hat.
Er ist nicht schön,
aber in seinen Zweigen
ist ein Nest.

b Vergleiche folgendes Gedicht einer Schülerin (Jana, 13 Jahre) mit dem Gedicht aus Aufgabe 1a. Was stellst du fest?

Dieses Haus sieht grau aus,
weil es alt ist.
Es ist verwinkelt,
weil es oft umgebaut wurde.
Es ist nicht bequem,
aber in seinen Zimmern
wohnen Menschen.

2

a Lies die folgenden Gedichte und wähle eins aus, das dich besonders anspricht.

Bertolt Brecht **Der Rauch**

Das kleine Haus unter Bäumen am See.
Vom Dach steigt Rauch.
Fehlte er
Wie trostlos dann wären
Haus, Bäume und See.

Gerhard Rühm

uuuuuuuuuuuuuuuuuuuu
uuuuuuuuuuuuuuuuuuuu
uuuuuuuuuuuuuuuuuuuu
uuuuuuuuuduuuuuuuuu
uuuuuuuuuuuuuuuuuuuu
uuuuuuuuuuuuuuuuuuuu
uuuuuuuuuuuuuuuuuuuu

Martin Auer **Zufall**

Wenn statt mir jemand anderer
auf die Welt gekommen wär,
vielleicht meine Schwester
oder mein Bruder
5 oder irgendein fremdes, blödes Luder –
wie wär die Welt dann
ohne mich?
Und wo wäre denn dann ich?
Und würd mich irgendwer vermissen?
10 Es tät ja keiner von mir wissen.
Statt mir wäre hier ein ganz anderes Kind,
würde bei meinen Eltern leben
und hätte mein ganzes Spielzeug im Spind.
Ja, sie hätten ihm sogar
15 meinen Namen gegeben!

TIPP
Du kannst auch dein Lieblingsgedicht nehmen.

b Lies das ausgewählte Gedicht noch einmal. Notiere alle Gedanken, die du beim Lesen hast, ungeordnet auf einem Blatt.

c Wähle aus deinen Notizen diejenigen Gedanken aus, die du in deinem Text nutzen möchtest. Ordne sie in einem Cluster.

Gedichte lesen – Texte schreiben

TIPP
Falls du ein Gedicht schreiben möchtest, orientiere dich an der Methodenseite (S. 131).

d Überlege, was für einen Text du schreiben möchtest: Du kannst z. B. ein Gegen- oder Parallelgedicht, eine Erzählung, einen Tagebucheintrag oder einen Brief verfassen.

e Schreibe einen Entwurf deines Textes. Lass einen breiten Rand zum Überarbeiten.

f Überarbeite deinen Text und schreibe die Endfassung. Du kannst deinen Text auch besonders gestalten.

3 Suche aus den Lesestoffseiten in deinem Sprach- und Lesebuch einen Text aus, der dich anspricht.

a Führe die Punkte 1–3 des Methodenkastens aus. Stelle deine Ergebnisse vor.

b Führe die Punkte 1–6 des Methodenkastens aus.

So kannst du zu einem Text schreiben
1. Suche dir einen Text aus, der dich anspricht, und notiere beim Lesen deine Gedanken und Gefühle.
2. Wähle diejenigen Notizen aus, die du verwenden möchtest, und ordne sie in einem Cluster.
3. Entscheide dich, was für einen Text du schreiben möchtest (Paralleltext, Tagebucheintrag, Brief, Erzählung o. Ä.).
4. Wenn du einen Paralleltext schreiben möchtest, untersuche genau die Form und die sprachlichen Besonderheiten des Originals.
5. Schreibe einen Entwurf deines Textes und überarbeite ihn anschließend.
6. Schreibe die Endfassung.

4 Wähle einen dich beeindruckenden Text, ein Bild oder Musik aus und schreibe einen eigenen Text dazu.

Was habe ich gelernt?

5 Denke über das Lesen von Gedichten als Schreibanlass nach, indem du folgende Fragen beantwortest.

Welche Art von Gedichten regt dich besonders zum Schreiben an?
Welche Schreibformen bevorzugst du?
Welche Schwierigkeiten hast du beim Schreiben?

Gewusst wie

Lyrikwerkstatt

Auf den vorherigen Seiten hast du die besondere Schreibweise expressionistischer Lyriker kennen gelernt. Wenn du ein eigenes Gedicht verfassen möchtest, ist es wichtig, deinen persönlichen Stil zu finden.

1

a Stelle dir zur Vorbereitung auf das Schreiben folgende Fragen:
   – Wie bist du gestimmt?
   – Was möchtest du mit dem Gedicht über dich oder die Welt aussagen?
   – Möchtest du das Gedicht für jemand anderen schreiben oder ist es nur für dich?

TIPP
Der Merkkasten hilft dir dabei.

b Entwirf ein Gedicht und überarbeite es mehrfach. Achte besonders auf für Gedichte typische Gestaltungsmittel und ausdrucksstarke Formulierungen.

> Für Gedichte typische Gestaltungsmittel sind z. B.:
> **Strophe:** Abschnitt, der sich aus mehreren Versen zusammensetzt
> **Vers:** (kurze) einzelne Gedichtzeile
> **Zeilensprung:** Übergang eines Satzes oder Teilsatzes am Ende eines Verses in die nächste Zeile. Bewirkt ein Innehalten.
> **Reim:** Gleichklang von Wörtern (Hut – gut) am Ende zweier Verse, z.B.: der Paarreim (aabb), der Kreuzreim (abab) und der umarmende Reim (abba).
> **Refrain:** (*frz.* Echo) regelmäßig wiederkehrende Wortgruppe in Liedern oder Gedichten, die meist zwischen den einzelnen Strophen steht.
> **Metapher:** bildhafte Ausdrucksweise: Übertragung einer ursprünglichen Bedeutung auf einen anderen Sachverhalt. Grundlage der Bedeutungsübertragung ist ein gemeinsames Merkmal, z. B. *Stuhlbein* oder *Lebensabend*.
> **Personifizierung:** bildhafte Ausdrucksweise: Übertragung menschlicher Eigenschaften oder Verhaltensweisen auf unbelebte Gegenstände oder Erscheinungen, z.B. *beißender Frost, das Haus ächzte im Sturm*.
> Wie man ein Gedicht gestaltet, hängt immer von der Aussageabsicht ab. Es gibt keine festen Regeln.

c Lest euch die Gedichte gegenseitig vor und sprecht darüber, was ihr verbessern könnt.

Kurt Tucholsky

Luftveränderung

Fahre mit der Eisenbahn,
fahre, Junge, fahre!
Auf dem Deck vom Wasserkahn
wehen deine Haare.

5 Tauch in fremde Städte ein,
lauf in fremden Gassen;
höre fremde Menschen schrein,
trink aus fremden Tassen.

Flieh Betrieb und Telefon,
10 grab in alten Schmökern,
sieh am Seinekai[1], mein Sohn,
Weisheit still verhökern.

Lauf in Afrika umher,
reite durch Oasen;
lausche auf ein blaues Meer,   15
hör den Mistral[2] blasen!

Wie du auch die Welt durchflitzt
ohne Rast und Ruh –:
Hinten auf dem Puffer[3] sitzt
du.   20

1 Seine: Fluss in Paris; Kai: befestigte Ufermauer, an der Schiffe anlegen
2 kalter, starker Wind, der aus Nordwesten in den Mittelmeerraum weht
3 Stoßdämpfer an Eisenbahnwaggons

① Fasse die Ratschläge, wie man reisen soll, zusammen.

② Bestimme die Reimform und beschreibe den Rhythmus des Gedichts.

③ Schreibe eine zusätzliche Strophe, in der du weitere Tipps zum Reisen gibst.

1 Lies das Gedicht von Arno Holz. Gib deinen ersten Eindruck wieder.

Arno Holz

Märkisches Städtchen

Drei
kleine Straßen
mit Häuserchen wie aus einer Spielzeugschachtel
münden auf den stillen Marktplatz.

5   Der alte Brunnen vor dem Kirchlein rauscht,
die
Linden ... duften.

Das
ist das ... ganze ... Städtchen.

10   Aber draußen,
wo aus einem tiefen, blauen, hohen Himmel Lerchen singen,
blinkt
der ... See,
dunkeln Wälder und wogen Kornfelder.

15   Mir
ist alles ... wie ein Traum!
Soll ich ... bleiben? ... Soll ich
weiterziehen?

Der ... Brunnen ... rauscht ... die ... Linden
20   ... duften ...

2 Was fällt euch an der Form des Gedichts auf? Sammelt schriftlich Merkmale in Stichpunkten.

3 Schreibt ein Gedicht über euren Heimat- oder Wohnort oder die Region, wo ihr lebt.

TIPP
Orientiert euch an der Methodenseite »Lyrikwerkstatt« (S. 131).

1 Lies das Gedicht von Kurt Heynicke.

Kurt Heynicke

Freundschaft

Freund,
wenn du lächelst,
lächelt mein Herz
und die Freude hebt ihre Fackel,
5 unsere Straße ist ein lächelnder Tag!
O, dass wir DU sind einander,
dass wir dieses Du
tragen dürfen in jedes Herz –
das ist, was uns eint.

10 Wohl baut sich manchmal der Tempel Stille auf
und die Berge der Einsamkeit hüllen uns ein,
o,
tief in sich ist jeder allein.
Doch das Lächeln schlägt Bogen von mir zu dir
15 und die Türen sind weit zum Tempel der Seele.
Heilig
ist der Mensch!
Knien sollen wir einander vor dem Leid,
erheben soll uns die Freude,
20 wir schenken einander das Ich und das Du –
ewig eint uns das Wort:
MENSCH.

Immer
können wir glücklich sein.

2 Gib in eigenen Worten wieder, wie Freundschaft in Kurt Heynickes Gedicht dargestellt wird.

3 Was bedeutet Freundschaft für euch selbst? Tauscht euch darüber aus, was ihr von einem guten Freund bzw. einer guten Freundin erwartet.

Gewusst wie: Praktikum und Beruf

Bewerbungen schreiben

> Zu den Bewerbungsunterlagen gehören ein **Bewerbungsschreiben** und ein **tabellarischer Lebenslauf**. Ob man weitere Unterlagen, wie z. B. Zeugniskopien, einreichen soll, muss erfragt werden.
> Das **Bewerbungsschreiben** sollte Folgendes enthalten:
> - Bewerbungssatz
> - Gründe für die Bewerbung
> - Vorstellung der eigenen Person
> - Bitte um persönliches Gespräch

1 Überprüfe, ob Lisas Bewerbungsschreiben den Anforderungen entspricht.

Lisa Bauer Zwenz, 12. Oktober 2012
Hansestr. 17
63209 Zwenz
Tel. (0 80) 5 72 92

Hotel »Stadtwappen«
Frau Liebig
Jakobstr. 12
04277 Leipzig

Bewerbung um Praktikumsplatz

Sehr geehrte Frau Liebig,

mit Bezug auf unser Telefonat vom 10. 10. 2012 bewerbe ich mich bei Ihnen um einen Praktikumsplatz. Das Praktikum soll in der Zeit vom 6. März bis 24. März 2013 stattfinden.
Zurzeit bin ich Schülerin der 8. Klasse der Otto-Lilienthal-Schule in Zwenz. Ich bin kontaktfreudig und aufgeschlossen.
Ich möchte die Arbeitsabläufe in einem Hotel kennen lernen und erfahren, was zu den Aufgaben einer Restaurantfachfrau oder einer Köchin gehört.
Zu einem persönlichen Gespräch würde ich gern vorbeikommen.

Mit freundlichen Grüßen
Lisa Bauer

Anlage: Lebenslauf

2

a Überlege, welche Angaben im Brieftext zu welchem Textbaustein aus dem Merkkasten auf S. 135 gehören.

 b Natürlich kann man den Brief auch anders formulieren. Sucht für jeden Textbaustein andere Formulierungen.

c Entwirf dein eigenes Bewerbungsschreiben am PC. Überarbeite es anschließend und schreibe eine Endfassung.

TIPP
Das Schreiben muss fehlerfrei sein. Lass unbedingt jemanden Korrektur lesen.

> **!** Der **tabellarische Lebenslauf** enthält in kurzer und übersichtlicher Form alle wichtigen persönlichen Angaben und Informationen, die für das Praktikum von Bedeutung sind, wie z. B. Name, Adresse, Geburtsort und -datum, Sprachkenntnisse, Hobbys.
> Angaben zu den Berufen der Eltern und zu Geschwistern sowie ein Passfoto sind freiwillig.

3 Lies Lisas tabellarischen Lebenslauf.

a Nenne die Angaben, die der Lebenslauf enthalten muss.

Lebenslauf

Name:	Lisa Bauer
Adresse:	Hansestr. 17
	63209 Zwenz
Geburtsdatum:	12. März 1998
Geburtsort:	Leipzig
Familie:	Vater: Thomas Bauer, Polizeibeamter
	Mutter: Ute Bauer, Gärtnerin
Schulbesuch:	2004–2008 Grundschule Zwenz
	seit 2008 Otto-Lilienthal-Schule Zwenz
Sprachkenntnisse:	Englisch, Schulkenntnisse
Hobbys:	Volleyball bei Eintracht Zwenz

Zwenz, 12. Oktober 2012
Lisa Bauer

b Beschreibe, welche Besonderheiten dir bei der Gestaltung auffallen.

TIPP
Nutze die Tabulatortaste oder eine Tabelle.

c Verfasse nun deinen eigenen tabellarischen Lebenslauf nach dem Muster aus Aufgabe 3a (S. 136). Arbeite am PC, damit du die Datei jederzeit ergänzen und bearbeiten kannst.

Einige Firmen bitten um eine **Bewerbung per E-Mail.** Dabei gelten die gleichen Richtlinien wie bei einem Brief. Folgendes sollte man beachten:
- die E-Mail-Adresse des Empfängers prüfen,
- die eigene E-Mail-Adresse gegebenenfalls in eine seriöse ändern, z. B.: *Name.Vorname@maildomain.de,*
- in die Betreffzeile schreiben: *Bewerbung um einen Praktikumsplatz,*
- das Bewerbungsschreiben nicht als Anhang schicken,
- den Namen in getippter Form unter das Schreiben setzen,
- auf Smileys o. Ä. verzichten,
- den Lebenslauf und weitere Unterlagen als Anhänge in gängigen Dateiformaten (Word, PDF, RTF) versenden (Größe der Anhänge nicht mehr als 1 MB).

Um die Vollständigkeit und korrekte Formatierung der Bewerbung zu prüfen, sollte man die Mail zunächst an eine Freundin / einen Freund schicken.

TIPP
Speichere den Text in einer Word-Datei, damit du ihn später bearbeiten und wiederverwenden kannst.

4 Stelle dir vor, du würdest dich gern per E-Mail um einen Praktikumsplatz bei einer der aufgelisteten Firmen bewerben. Entwirf den Text der E-Mail und schreibe ihn am PC.

Maschinenbau Kreisler
Dessau, Hr. Richter
richter@maschkreisler.de

Gartengestaltung & Baumarbeiten
Herbert.Hase@baum.de
Düderitz, Ulmenallee 12

Tischlerei J. Muthal
Holzarbeiten von Meisterhand
Leipzig, Woltergasse 23
Jan.M@online.de

Hairstyle, Beauty & Body
Inh. Svenja Kehl
Kehl@hair.de
Görlitz, Müllerstr. 17

Was habe ich gelernt?

5 Überprüft, was ihr über das Schreiben einer Bewerbung gelernt habt. Gestaltet für die Achtklässler des nächsten Jahres ein Poster mit wichtigen Informationen und Tipps zum Bewerbungsschreiben.

Praktikumsberichte schreiben

→ S.248 Merkwissen

1 Tauscht euch darüber aus, welche Berichte ihr bereits geschrieben habt und was dabei beachtet werden musste.

→ S.142 Lesestoff

2 In der 8. Klasse wird ein Betriebspraktikum durchgeführt.

a Überlege, welche Berufe du dabei kennen lernen möchtest.

b Erarbeitet, was eurer Meinung nach zu einem Praktikumsbericht gehört, und stellt eure Ergebnisse der Klasse vor. Begründet eure Vorschläge.

c Vergleicht eure Aufzeichnungen nun mit den Anforderungen an einen Praktikumsbericht im folgenden Merkkasten.

> ! In einem **Praktikumsbericht** dokumentiert man Ziele, Aufgaben, Verlauf und Ergebnisse eines Praktikums. Folgende **Bestandteile** sollten in einem Praktikumsbericht mindestens enthalten sein:
> - Deckblatt: Name, Schule, Klasse, Praktikumszeit, Betrieb
> - Einleitung: Genaueres zum Praktikumsbetrieb und zur Praktikumszeit, Begründung des Praktikums
> - Hauptteil: Ziele, Aufgaben, Verlauf und Besonderheiten des Praktikums
> - Schluss: Ergebnisse und Gesamteinschätzung des Praktikums

TIPP
Nutze nach Möglichkeit den PC.

3 Erstelle nach dem folgenden Muster dein eigenes Deckblatt für den Praktikumsbericht.

Mein Betriebspraktikum

vom ...   bis ...
Schule: ...
Name: ...   Klasse: ...
betreuender Fachlehrer: ...
Praktikumsbetrieb: ... *(Name, Adresse)*

Praktikumsberichte schreiben **139**

Einen Tagesbericht schreiben

4 Maximilian hat zwei unterschiedliche Berichte über den dritten Praktikumstag geschrieben.

a Vergleiche die beiden Berichte miteinander.

3. Praktikumstag

Ziemlich gehetzt kam ich am 3. Tag doch noch pünktlich in der Hafengaststätte an. Der Bus hatte Verspätung und war wie immer ziemlich voll. Doch ich hatte sogar noch Zeit, mich umzuziehen und mich in die unbequeme Arbeitskleidung zu zwängen. Dann
5 erfolgte die Verteilung der Arbeitsaufgaben pünktlich um 8 Uhr durch den Leiter des Restaurants, Herrn Schulz. Jeder wusste nun, was er zu tun hatte, auch wenn er lieber etwas anderes gemacht hätte.
Zuerst half ich beim Hereintragen der Lebensmittel und Getränke.
10 Danach war 15 Minuten Frühstückspause, denn das Transportieren der Kisten strengte mich sehr an.
Anschließend begann die Küchenarbeit. Ich musste Kartoffeln schälen, Möhren putzen, Fleisch schneiden und Zwiebeln schälen. Letztere brachten mich trotz aller gut gemeinten Tipps zum Weinen.
15 Nach dem Abschluss der Vorbereitungen für den Mittagstisch konnte ich 45 Minuten Pause machen und gleich im Restaurant essen.
Danach musste die Küche aufgeräumt werden. Das benutzte Geschirr kam in die Spülmaschine und die Töpfe wurden mit der
20 Hand abgewaschen, da das Material sehr empfindlich ist und sie sehr viel Platz in der Maschine in Anspruch nehmen. Zum Abschluss säuberte ich noch gründlich die Arbeitsfläche und dann war endlich um 16 Uhr Feierabend.

3. Praktikumstag

Zeit	Tätigkeit
8:00 – 8:30	Verteilung der Arbeitsaufgaben
8:30 –10:00	Hereintragen der gelieferten Lebensmittel und Getränke
10:00–10:15	Frühstückspause
10:15–12:15	Vorbereitung des Mittagessens (Kartoffeln schälen, Möhren putzen, Fleisch schneiden, Zwiebeln schälen)
12:15–13:00	Mittagspause (Mittagessen im Restaurant)
13:00–16:00	Aufräumen der Küche (Spülmaschine einräumen, Töpfe mit der Hand abwaschen, Arbeitsfläche gründlich reinigen)
16:00	Feierabend

b Tauscht euch über Vor- und Nachteile der beiden Berichtsformen aus.

c Überarbeite Maximilians ausführlichen Tagesbericht, indem du Überflüssiges weglässt und sprachliche Verbesserungen vornimmst.

 In einem **Tagesbericht**, der als Tabelle oder als zusammenhängender Text gestaltet sein kann, werden der **Ablauf** und die **Ergebnisse** eines Arbeitstages dokumentiert. Man berichtet möglichst genau, sachlich und chronologisch (in der richtigen zeitlichen Abfolge) sowie unter Verwendung von **Fachwortschatz**. Sprachliche Wiederholungen sollten durch Verwendung unterschiedlicher Formulierungen, z. B. *zuerst, anschließend, danach, daraufhin,* vermieden werden.

TIPP
Du kannst auch zuerst einen Bericht in tabellarischer Form schreiben.

5 Simon absolviert ein Praktikum bei einem Förster. Am Telefon berichtet er seiner Freundin über seine Erlebnisse. Nutze diese Informationen und schreibe für Simon einen Tagesbericht in ausführlicher Form.

Cool, heute durfte ich endlich mit raus in den Wald. Um 8 Uhr ging es los. Erst fuhren wir mit einem klapprigen Trecker bis in ein Waldstück. Danach beluden mich die Alten wie einen Packesel und ich schleppte die Äxte an liegen gebliebene Bäume. Ganz
5 schön matschig die Angelegenheit bei dem aufgeweichten Boden! Gott sei Dank war dann 15 Minuten Frühstückspause. Dann wurde die Arbeit sehr schweißtreibend, denn ich musste mit dem Beil Baumstämme entästen. Nach der ersten halben Stunde wurden die Arme ganz schön lang, aber ich hielt eisern bis zur
10 Mittagspause durch. Nach 45 Minuten, die wir im Bauwagen verbrachten, ging es weiter. Jetzt musste ich die abgeschlagenen Äste aus dem Unterholz ziehen, damit die Stämme leichter zu transportieren sind. Gut, dass die Handschuhe hielten, denn die Äste
15 waren ziemlich widerspenstig. Ich hatte das Gefühl, dass meine Arme und Beine schwer wie Blei wurden. Endlich – um halb vier – war Feierabend.
Irgendwie fühle ich mich trotzdem gut, aufs Fitnessstudio habe ich aber heute keine Lust mehr.

6 Verfasse einen tabellarischen Tagesbericht über einen eigenen Praktikumstag.

Praktikumsberichte schreiben

> ! In einem **Abschlussbericht** werden die wichtigsten Erkenntnisse und Erfahrungen aus dem gesamten Praktikum zusammengefasst. Dabei sollte man folgende Fragen beantworten:
> - Warum wurde das Praktikum absolviert?
> - Welche Tätigkeiten mussten ausgeführt werden?
> - Welche Kenntnisse konnten vermittelt werden?
> - War die Betreuung angemessen? (Begründung)
> - Wie gestaltete sich der Umgang mit Vorgesetzten und Kollegen?
> - Wie wirkte sich das Praktikum auf den Berufswunsch aus?
> - Kann der Praktikumsbetrieb weiterempfohlen werden? (Begründung)
> - Entsprach das Praktikum insgesamt den Erwartungen? (Begründung)

Einen Abschlussbericht schreiben

7 Gesine hat ein Praktikum in einem Restaurant absolviert.

a Lies ihren Abschlussbericht.

Abschlussbericht

Um ein Betriebspraktikum in der »Hafenklause« habe ich mich beworben, weil ich wissen wollte, was der Beruf der Restaurantfachfrau alles beinhaltet.
Ich durfte zuerst an der Rezeption arbeiten. Frau Schulz war sehr
5 freundlich und erklärte mir vieles. Leider war es mir nicht möglich, selbstständig zu arbeiten, sodass die Tage ziemlich langweilig waren. Interessanter gestaltete sich der Einsatz im Restaurantbereich. Dort kümmerten sich sehr viele Mitarbeiter um mich und erklärten mir meine Aufgaben. Die Tätigkeit im Restaurant hat
10 mir gefallen, weil ich auch Gäste bedienen konnte. Das hat mich in meinem Berufswunsch bestärkt.
Das Team der »Hafenklause« kann ich nur weiterempfehlen.

b Beurteile den Abschlussbericht mithilfe des Merkkastens und begründe deine Meinung.

TIPP
Erfinde Angaben, die fehlen.

c Überarbeite den Abschlussbericht mithilfe der Fragen im Merkkasten. Achte auch auf eine genaue und sachliche Darstellung.

Was habe ich gelernt?

8 Überprüfe, was du über das Schreiben von Praktikumsberichten gelernt hast. Wenn du bereits ein Praktikum beendet hast, schreibe einen eigenen Abschlussbericht. Wenn nicht, nenne deiner Lernpartnerin/deinem Lernpartner die wichtigsten Punkte, die zu beachten sind.

Der »Salon Marielou« ist ein altmodischer und familiärer Friseurladen. Und auch wenn der 14-jährige Louis am Anfang kaum weiß, was er da soll, so zeigt ihm dieses Praktikum schon bald, wozu er wirklich Talent hat: zum Haareschneiden!

Marie-Aude Murail

Über kurz oder lang

Das Praktikum

»Ein Praktikum!«, rief Monsieur Feyrières. »Was sind das denn schon wieder für Erfindungen? Die Kinder können keine drei korrekten Sätze aneinanderreihen, aber müssen ein Praktikum machen. Und überhaupt: Was für ein Praktikum?«
5 Er wandte sich seinem Sohn am anderen Ende des Tisches zu.
»Weiß ich doch nicht«, brummelte Louis. »Is' unser Problem, hat die Lehrerin gemeint.«
»›Is' unser Problem‹«, äffte sein Vater ihn nach. »Geh zu den Straßenkehrern, da werden sie dich nehmen. Nein, nicht Straßen-
10 kehrer, heute heißt das ja bestimmt *Pfleger des öffentlichen Raumes*.«
Monsieur Feyrières lachte höhnisch. Er selbst war Chirurg. Ein stattlicher Mann mit kräftiger Stimme, der schon ganz allein das Esszimmer ausfüllte. Und doch saßen da noch vier weitere Personen am Tisch: Floriane, sieben, Louis, vierzehn, Madame
15 Feyrières sowie Großmama.
»Wenn es nur um eine Woche geht, könnte ich vielleicht etwas für ihn auftreiben«, sagte diese.
Monsieur Feyrières setzte seiner Schwiegermutter gegenüber eine Grimasse auf, die ein ermutigendes Lächeln sein sollte.
20 »Meine Friseurin nimmt Lehrlinge«, fuhr Großmama fort. »Ein Praktikant ist doch im Grunde auch nichts anderes.«
Monsieur Feyrières riss die Augen auf.
»Ein Friseurpraktikum? Für Louis?«
»Oh jaa! Super!«, flüsterte Floriane. »Ich will Friseurin werden,
25 wenn ich groß bin.«
Madame Feyrières warf ihrer Jüngsten, die ihren schulfreien Mittwoch damit verbrachte, ihre Rapunzel-Barbie zu frisieren, einen nachsichtigen Blick zu. Dann wandte sie sich an ihre Mutter.
»Weißt du, Mama, ich weiß nicht recht, was Louis in einem Friseur-
30 salon tun sollte.«

»Kein Beruf ist schlechter als der andere«, erwiderte Großmama, die mit sechzehn im Backgewerbe angefangen hatte.
»Das wäre doch fantastisch«, schnaubte Monsieur Feyrières und tat, als bewundere er ein Ladenschild auf der gegenüberliegenden Wand: »LOUIS, Damenfriseur.«
Aber da niemandem eine andere Idee für ein Praktikum einfiel, versprach Großmama, mit Marielou darüber zu sprechen, der Chefin des Friseursalons.
»Ist dir das auch nicht unangenehm?«, fragte Madame Feyrières besorgt.
»Mir egal«, knurrte Louis.
Als sie im Schlafzimmer waren, fürchtete Madame Feyrières einen Wutanfall ihres Mannes. Bestimmt würde er sich über die verrückten Ideen von Großmama beklagen.
»Im Grunde ist so ein Praktikum keine schlechte Sache«, sagte er [...]. »Louis wird lernen, was Arbeit bedeutet, er wird fegen, aufräumen, stundenlang stehen. Ich mach dir keine Vorwürfe, Véra, aber du verwöhnst den Jungen zu sehr. Es wird Zeit, dass er die Realität kennen lernt!«
Monsieur Feyrières redete laut und mit weit ausholenden Gesten, als wäre er umringt von seinen Studenten.
»Eine handwerkliche Arbeit hat auch ihre Tugenden«, bemerkte seine Frau mit leiser Stimme.
Monsieur Feyrières warf ihr einen mitleidigen Blick zu: »Ja, nämlich die große Tugend, dass man begreift, wie wichtig es ist, etwas für seine Schulbildung zu tun.«
An eben diese Schulbildung dachte Louis in seinem Zimmer. Er kam in Mathe kaum mit, begriff nicht, was die Französischlehrerin

eigentlich von ihm wollte, schlief im Deutschunterricht ein. Von
60 Zeit zu Zeit gab er sich einen Ruck, ein bisschen aus Selbstachtung,
ein bisschen, weil er Angst vor seinem Vater hatte. Er verstaute
die Hausaufgaben und Kopien in den Tiefen seines Rucksacks.
Dann versank er wieder in einem Sumpf aus Träumen und
unklaren Gedanken.
65 Der Tag war noch nicht richtig angebrochen, als Louis sich am
nächsten Morgen zur Schule aufmachte. Er hatte Lust, einen
Umweg durch die Fußgängerzone zu gehen. Großmamas Friseur,
der *Salon Marielou*, lag in der Rue de la Cerche, gegenüber einer
Bäckerei. Als er vor dem Schaufenster vorbeikam, ging Louis lang-
70 samer. *9:00 bis 20:00 Uhr* stand als Öffnungszeit am Eingang,
aber im Inneren blinkte bereits ein blasses Neonlicht. Eine Frau
in Pantoffeln wischte mit einem Lappen den Fliesenboden. Sie
richtete sich auf, eine Hand im Rücken, und blickte auf die Straße
hinaus. Louis sah, dass sie ihn gesehen hatte. Er wurde rot und
75 verdrückte sich. Diese von der Erschöpfung überwältigte Frau
verfolgte ihn den ganzen Vormittag. War sie *Marielou*, die Besit-
zerin des Friseursalons?
»Ich hab einen Praktikumsplatz bei *Radio Vibrations* gefunden«,
erzählte Ludovic stolz in der Schulkantine. »Der Moderator ist
80 endcool, du kannst die Stars sehen und so. Letzte Woche hatten
sie L5 im Studio.«
Der Vater von Ludovic Janson war Anästhesist und arbeitete häufig
mit Monsieur Feyrières zusammen. Dieser hatte daher beschlossen,
dass Louis und Ludovic Freunde sein sollten und dass Floriane und
85 Melissa, die beiden jüngeren Schwestern, sich vergöttern würden.
Durch einen glücklichen Zufall waren Ludovic und Louis (wie

ähnlich doch schon ihre Vornamen waren!) dieses Jahr in dieselbe neunte Klasse gekommen.

»Was machst du als Praktikum?« Louis sah seinen Klassenkameraden an und knackte mit den Fingern.

Er begriff immer noch nicht, warum Ludovic sich im Unterricht neben ihn und in der Kantine ihm gegenübersetzte. Manchmal hatte er das Bedürfnis, ihm zu sagen: Ach, übrigens, weißt du was? Du bist mir scheißegal.

»Mir scheißegal«, knurrte Louis.

Und er entlockte seinen Fingergelenken ein klangvolles Knacken.

»Ja, aber was sagst du dann der Französischlehrerin?«

Ludovic war ein guter, leicht gestresster Schüler.

»Ich mach ein Praktikum in einem Friseursalon«, erklärte Louis, um die Wirkung zu testen.

»Willst du mich verarschen?«

Louis dachte *ja* und antwortete:

»Nein.«

»Hast du keine Angst? Friseure sind doch alle schubidubidu …«

Ludovic setzte ein feminines Gesicht auf und schlenkerte mit dem Handgelenk. »Täuschend echt«, gratulierte Louis. »Aber im *Salon Marielou* gibt's nur Friseurinnen.«

In Gedanken sah er wieder die Frau mit dem Scheuerlappen vor sich.

»Da ist eine, eine Blondine, wenn die sich zum Haarewaschen vorbeugt, siehst du alles.«

Ludovic war für den Rest des Tages sprachlos.

1 Nenne mehrere Gründe, warum sich Louis für ein Praktikum im Friseursalon *Marielou* entscheidet.

2 Stellt zusammen, welche Auffassungen zum Berufsleben die einzelnen Personen vertreten.

3 Stellt euch vor, Louis entscheidet sich für eine Ausbildung zum Friseur. Wie könnte er das seinem Vater, dem erfolgreichen Chirurgen, gegenüber begründen? Spielt einen Dialog zwischen den beiden vor.

Über Sprache nachdenken

Wortarten und Wortformen

Die Wortarten im Überblick

1 Lerne Sabriye Tenberken kennen.

TIPP
Es gibt mehrere Lösungsmöglichkeiten.

a Bilde aus den folgenden Wörtern und Wortgruppen Sätze. Bringe sie in die richtige Reihenfolge und passe ihre Form an.

1 allein – der Gedanke – sein – furchteinflößend: Du – zu Fuß – in – 6400 Meter – Höhe – klettern – über – Geröllfeld und Gletscherspalte – auf – Trampelpfad – schmal – über – rutschig – Eishang – und alles – mit – verbunden – Auge

2 die – blind – Deutsche Sabriye Tenberken – tun – genau – dies – 2004 – mit – sechs – blind – tibetisch – Teenager – gemeinsam

3 dabei – entstehen – der – beeindruckend – Dokumentarfilm »BLINDSIGHT«

4 Tenberken – erblinden – im Alter – von – 12 – Jahr

5 trotzdem – sie – erlernen – Chinesisch und Tibetisch

6 sie – entwickeln – eine Braille-Blindenschrift – für – die Sprache – tibetisch

7 2000 – gründen – sie – in – die tibetische Hauptstadt Lhasa – eine Schule – für – blind – Kind

8 sich ärgern – sie – immer, wenn – Mensch – ein Blinder – unterschätzen

9 sie – können – Ding – tun, wovon – nur – träumen – Sehende, z. B. im Dunkeln – lesen und schreiben

1. Allein der Gedanke ist furchteinflößend: …

 b Lest euch eure Sätze gegenseitig vor. Überprüft, ob sie einen Sinn ergeben und grammatisch richtig gebildet sind.

2

a Trage je drei Beispiele von deinen Sätzen aus Aufgabe 1a (S. 146) in die folgende Tabelle ein.

veränderbare Wortarten			
Nomen/Substantiv	Verb	Adjektiv	Pronomen
(der) Gedanke	ist	furchteinflößend	…

b Zu welcher Wortart gehören die schräg gedruckten Wörter? Begründe.

1 die *Blinden* 2 die *Sehenden* 3 im *Dunkeln* 4 beim *Klettern*
5 das *Wandern* 6 das *Gefährliche* am Berg

c Suche Sätze aus Aufgabe 1a heraus, die Ereignisse in der Vergangenheit wiedergeben, und begründe, woran du das erkennst.

→ S. 148
Die Wortarten im Überblick

3 Entscheide, welche der unterstrichenen Wörter unveränderbar sind, und schreibe sie heraus. Bestimme ihre Wortart.

1 »BLINDSIGHT« gewann Preise auf Filmfestspielen überall in der Welt.
2 Der Film dokumentiert sehr feinfühlig und größtenteils spannend diese waghalsige Expedition im Himalaja.
3 Warum dieses Risiko, diese Qual? Diese Frage schwingt beim Zuschauer immer mit.
4 Die Jugendlichen sind weder trainiert noch erfahren im Bergsteigen.
5 Unterwegs haben sie mit Höhenkrankheit und extremer Kälte zu kämpfen, aber auch mit Angst und Verzweiflung.
6 Verständlicherweise wird die Gruppe von erfahrenen Bergsteigern begleitet.
7 Der Film zeigt die erbitterten Diskussionen kurz vor dem Ziel, ob der Aufstieg jetzt abgebrochen oder noch bis zum Gipfel weitergeführt werden soll.

4 Suche drei Beispiele für unveränderbare Wortarten aus Aufgabe 1a (S. 146) heraus und ordne sie den Wortarten Präposition, Konjunktion oder Adverb zu.

lateinische Bezeichnung	deutsche Bezeichnung	Art der Veränderung	Beispiele
Veränderbare (flektierbare) Wortarten			
Nomen/ Substantiv	Hauptwort, Dingwort	deklinierbar	Hund, Hütte, Kind
Artikel	Geschlechtswort	deklinierbar	der, die, das; ein, eine, ein
Pronomen • Personalpronomen • Possessivpronomen • Relativpronomen • Demonstrativpronomen • Interrogativpronomen • Indefinitpronomen • Reflexivpronomen	Fürwort • persönliches Fürwort • besitzanzeigendes Fürwort • bezügliches Fürwort • hinweisendes Fürwort • Fragefürwort • unbestimmtes Fürwort • rückbezügliches Fürwort	deklinierbar	ich, du, er; wir, ihr, sie mein, dein, sein; unser, euer, ihr der, die, das dieser, jener Wer? Was? Was für ein? Welcher? jeder, man, etwas (er freut) sich, (wir fragen) uns
Adjektiv	Eigenschaftswort	deklinierbar/ komparierbar	klug, freundlich, liebevoll, viel
Verb • Vollverb • Hilfsverb • Modalverb	Tätigkeitswort, Zeitwort	konjugierbar	sprechen, lieben haben, sein dürfen, können
Unveränderbare Wortarten			
Präposition	Verhältniswort		an, auf, für
Adverb	Umstandswort		gern, dort, immer, sehr
Konjunktion	Bindewort		und, oder, weil
Interjektion	Empfindungs- oder Ausrufewort		ah, ach, oh weh

Nomen / Substantive und Nominalisierungen / Substantivierungen

→ S.194
Nominalisierungen/
Substantivierungen

1 Die Kinderkrankenschwester spricht über ihren schönen, aber hektischen Arbeitsalltag.

a Durch welche Wörter vermittelt sie dem Leser eine Vorstellung davon?

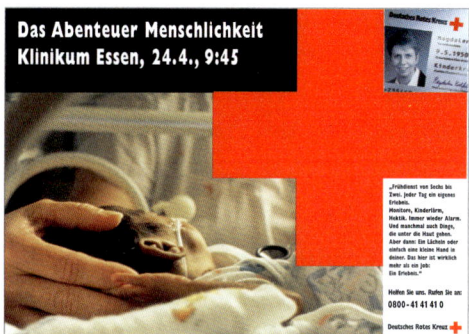

Frühdienst von sechs bis zwei, jeder Tag ein Erlebnis. Monitore, Kinderlärm, Hektik. Immer wieder Alarm. Und manchmal auch Dinge, die unter die Haut gehen. Ein Lächeln oder einfach eine kleine Hand in deiner. Das hier ist wirklich mehr als ein Job. Ein Erlebnis.

→ S.148 Die Wortarten im Überblick

b Untersuche, welche Wortart im Plakattext der Aufgabe 1 am häufigsten auftritt. Was bezeichnet sie? Welche Wirkung hat das auf dich?

→ S.248 Merkwissen

2
a Wiederhole, durch welche Merkmale sich Substantive/Nomen von anderen Wortarten unterscheiden.

b Schreibe aus dem Plakattext der Aufgabe 1a Substantive im Plural, Substantive mit einem Artikel und Substantive mit einem Attribut heraus.

3 Schreibe die folgenden Wortgruppen in der richtigen Groß- bzw. Kleinschreibung auf. Ermittle mithilfe der Umstell- oder Weglassprobe alle Attribute und markiere sie.

Was zur Arbeit auf einer Kinderstation gehört:
1 das herstellen eines verständnisvollen kontakts zum kranken kind,
2 das liebevolle ermuntern der kleinen patienten zum spielen,
3 kindgemäßes informieren über die anstehende behandlung,
4 einzelne behandlungsmaßnahmen am kuscheltier demonstrieren,
5 das verabreichen von infusionen und injektionen erläutern,
6 eine umfassende beratung der besorgten eltern,
7 das verständnisvolle trösten von geschwisterkindern.

Verben

Zeitformen (Tempusformen)

1

a Vergleicht die beiden Plakattexte. Wie wirken die Texte auf euch? Woran liegt das?

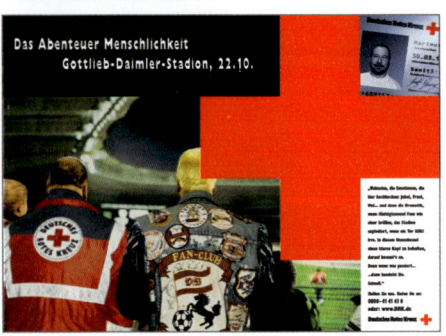

DRK-Schulsanitätsdienst: Gesamtschule Bockmühle

Als es krachte, liefen alle zusammen und standen ratlos rum. Ich war ziemlich aufgeregt, als ich nach vorne ging, an allen anderen vorbei, um einfach zu helfen. Als ich neben ihm kniete, war die Nervosität wie weggeblasen. Ich wusste, was zu tun war. Gut, dass ich Erste Hilfe kann!

DRK-Sanitätsdienst im Fußballstadion

Wahnsinn, die Emotionen, die hier hochkochen: Jubel, Frust, Wut ... und dann die Dramatik, wenn fünfzigtausend Fans wie einer brüllen, das Stadion explodiert, wenn ein Tor fällt! Irre. In diesem Hexenkessel einen klaren Kopf behalten, darauf kommt's an. Denn wenn was passiert ... dann handelst du. Schnell.

b Tauscht euch darüber aus, in welcher Situation die Sanitäter sich gerade befinden könnten, als sie ihre Arbeit beschreiben, und mit welcher Absicht sie diese beschreiben. Untersucht, mit welchen sprachlichen Mitteln sie das deutlich machen.

c Untersucht die Verbformen, die die Sanitäter jeweils benutzen. Welche Zeitform verwendet der eine, welche der andere? Warum?

> **!** Verben bilden die **Zeitformen (Tempusformen)** Präsens, Präteritum, Perfekt, Plusquamperfekt, Futur. Sie drücken aus, wann Vorgänge bzw. Handlungen ablaufen, ob sie noch andauern, schon abgeschlossen, sicher, vermutet oder immer gültig sind.

TIPP
Unpassendes könnt ihr weglassen, Fehlendes hinzufügen.

2 Formuliert die Texte der Aufgabe 1a schriftlich jeweils so um, dass die Schulsanitäterin ihre Aufgabe allgemein beschreibt und der andere Sanitäter konkret über seinen gestrigen Einsatz im Fußballstadion berichtet. Achtet dabei vor allem auf die Zeitformen der Verben.

Die Modusformen des Verbs: Indikativ und Konjunktiv I

1 Der folgende Artikel entstand nach einem Gespräch mit dem Tänzer Dergin Tokmak.

a Lies den Text und überlege, welche Fragen die Reporterin gestellt haben könnte.

Dergin Tokmak ist Tänzer. Ein Video über Breakdancer habe ihn auf diese Idee gebracht, erzählt er. Drei Minuten habe das Tanzsolo von Eddie Rodriguez im Video gedauert. »Eddie war auch gelähmt, aber er tanzte auf Krücken«,
5 berichtet Tokmak. Damals sei er, Dergin, acht Jahre alt gewesen. Niemand in seiner Familie habe ihm, dem kleinen behinderten Sohn türkischer Einwanderer aus Bayern, zugetraut, dass er einmal auf den Bühnen der Welt tanzen würde. »Ich musste im Rollstuhl sitzen und
10 zusehen, wie mein Cousin Breakdance übte«, erzählt Dergin. »Meine Eltern haben versucht, mir das Tanzen auszureden.« Deshalb habe er erst einmal einen »ordentlichen« Beruf als technischer Zeichner erlernt. Heute ist Dergin Tokmak der einzige Deutsche unter den insgesamt 1200 Artisten im kana-
15 dischen Zirkus »Cirque du Soleil« und als einziger Artist sitzt er im Rollstuhl.

→ S. 70
Interviews vorbereiten und führen

b Verfasst auf der Grundlage des Textes ein Interview. Schreibt die Fragen der Reporterin und die Antworten von Dergin Tokmak auf.

c Vergleiche die Verbformen im Interview und im Artikel miteinander. Was stellst du fest?

Verben bilden **Modusformen** (Formen der Aussageweise).
Verbformen im **Indikativ** (Wirklichkeitsform) werden verwendet, um Tatsachen und direkte (wörtliche) Rede wiederzugeben, z. B.:
Er arbeitet beim Zirkus. »Ich habe früh damit begonnen«, sagt Dergin.
Verbformen im **Konjunktiv I** werden verwendet, um indirekte (nicht wörtliche) Rede wiederzugeben. Dabei muss man oft die Pronomen, Orts- und Zeitangaben umformulieren, z. B.:
direkte (wörtliche) Rede: indirekte (nicht wörtliche) Rede:
»Meine Freundin unterstützt mich«, Seine Freundin unterstütze ihn,
sagt er. sagt er.

d Lies den Merkkasten (S. 151). Stelle fest, in welchem Text (Artikel, Interview) ausschließlich Indikativformen genutzt werden, und begründe.

e Suche aus Aufgabe 1a alle Indikativformen heraus und bestimme jeweils, ob sie eine Tatsache oder wörtliche Rede wiedergeben.

2

a An mehreren Stellen in Aufgabe 1a gibt die Reporterin auf unterschiedliche Art und Weise Äußerungen ihres Gesprächspartners wieder. Woran erkennst du diese Stellen? Nenne Beispiele.

b Suche die Stellen in Aufgabe 1a, die Dergin Tokmaks Äußerungen direkt wiedergeben, und solche, die seine Aussagen indirekt wiedergeben. Nimm den Merkkasten auf S. 151 zu Hilfe.

3 Schreibe aus Aufgabe 1a die Verbformen im Konjunktiv I mit dem dazugehörigen Subjekt heraus. Ergänze die jeweilige Indikativform.

ein Video habe ... gebracht – ein Video hat ... gebracht

4

a Lies im folgenden Merkkasten, wie man den Konjunktiv I bildet.

> **!** Die **Formen des Konjunktivs I** werden vom Indikativ (Präsens, Perfekt bzw. Futur) abgeleitet, die Endungen enthalten ein *-e*, z. B.:
> *du tanzt → du tanzest, er hat getanzt → er habe getanzt,*
> *er wird tanzen → er werde tanzen,*
> *ich bin ... → ich/er/sie/es sei, du seiest, wir/sie seien, ihr seiet.*

b Bilde aus den Indikativformen den Konjunktiv I. Trage die Verbformen in folgende Tabelle ein und ergänze auch den Infinitiv.

er hat gelesen – sie wird springen – er ist gerannt –
sie sind angekommen – ihr sprecht – sie geht – du kaufst

Infinitiv	Indikativ	Konjunktiv I
...	er hat gelesen	er habe gelesen

5 Verändert die Art der Redewiedergabe und ergänzt Begleitsätze. Formuliere direkte Rede in indirekte Rede um und umgekehrt.

1 »Was ist denn eigentlich die Ursache für Ihre Behinderung?«
2 »Es ist Kinderlähmung.«
3 Seit der Infektion im ersten Lebensjahr könne er das linke Bein nicht mehr kontrollieren und das rechte nur teilweise.
4 »Ich bin auf einen Rollstuhl oder auf Krücken angewiesen.«
5 Wie er denn ohne Krücken tanze?
6 Er beherrsche alle Drehungen auf den Händen und dem Kopf.
7 Das Tanzen gelinge ihm jetzt aber auch auf Krücken.
8 »Mir fehlt ja die Beinmuskulatur.«

1. Sie fragte, was denn eigentlich die Ursache seiner Behinderung sei. 2. ...

6

a Lies das folgende Interview mit Dergin Tokmak und gib seine Aussagen in indirekter Rede wieder.

Wie kommt man auf die Idee, auf Krücken zu tanzen?
Alles hat mit der Breakdance-Bewegung begonnen. Ich bin fasziniert davon. Ich kann auch viele der Figuren tanzen. Seit mich aber das Video mit Eddie Rodriguez begeistert, entwickelt sich mein
5 eigener Stil weiter.
Haben Ihre Eltern Sie tanzen sehen?
Ja, sie sind ab und zu bei einem Gastspiel und sind dann echt begeistert. Vor allem meine Mutter glaubt es manchmal immer noch nicht, was aus ihrem Sohn geworden ist.
10 *Sehen Sie sich als Vorbild für Menschen mit Behinderung?*
Ich will zeigen, was alles möglich ist. Zum Beispiel tanzen ohne Beine.

Er sagt, alles habe ... begonnen. ...

b Schreibe die Sätze ab und unterstreiche die Konjunktiv-I-Formen.

1 Sie seien dann echt begeistert.
2 Seine Mutter glaube es manchmal nicht.

c Schreibe auf der Grundlage dieses Interviews und des Textes in Aufgabe 1a einen Artikel für die Schülerzeitung. Gib einige Äußerungen von Dergin Tokmak in indirekter Rede wieder.

Die Modusformen des Verbs: Konjunktiv II

a Sieh dir das Plakat des Deutschen Roten Kreuzes (DRK) genau an. Wer wirbt hier wofür? Erkläre, warum die Gestalter wohl den Titel »Das Abenteuer Menschlichkeit« gewählt haben.

Ich wünschte, es würde den Regen nicht geben. Ich wünschte, es würde die Nacht nicht geben und die Diskos und die müden Fahrer und den Alkohol. Ich wünschte, sie würden begreifen, wie zerbrechlich sie sind. Und ich wünschte, ich wäre zu Hause im Bett. Warum ich das hier tue? Weil ich es kann.

b Der DRK-Helfer nennt Vorstellungen und Wünsche. Wie drückt er das sprachlich aus?

c Stelle fest, welche Verbformen der DRK-Helfer benutzt. Orientiere dich am folgenden Merkkasten.

> **!** Mit Verbformen im **Konjunktiv II** (Möglichkeitsform) drückt man Vorstellungen oder Wünsche aus, z. B.:
> *Ich wäre so gern ein Filmstar. Ich hätte so gern schon die Fahrerlaubnis.*
> Verbformen im Konjunktiv II bildet man vom Indikativ Präteritum bzw. Plusquamperfekt, in der Regel mit einem Umlaut:
> *er konnte → er könnte, wir trugen → wir trügen,*
> *ich hatte begonnen → ich hätte begonnen,*
> *sie waren angekommen → sie wären angekommen.*
> Einige Verbformen im Konjunktiv II werden nur noch selten gebraucht, andere stimmen in der Form mit dem Indikativ überein. Man ersetzt sie durch **würde + Infinitiv**, z. B.:
> *sie log → sie löge – sie würde lügen,*
> *wir maßen → wir mäßen – wir würden messen,*
> *er fragte → er fragte – er würde fragen.*

d Ersetze in Aufgabe 1a die Formen mit *würde* + Infinitiv durch den Konjunktiv II und lies den Text still für dich. Stelle Vermutungen an, warum der DRK-Helfer die Ersatzformen verwendet.

1. es würde geben – es gäbe, …

Verben

2 Schreibe die Verbformen im Indikativ Präteritum und im Konjunktiv II auf. Markiere, welche Konjunktivform du dir besonders merken willst.

1 wissen (ich) **2** haben (wir) **3** gehen (ich) **4** bleiben (er)
5 müssen (es) **6** kommen (ich) **7** aussehen (er) **8** sein (wir)

1. wissen: ich wusste, ich wüsste, 2. ...

3

a Was wünscht sich Clara? Formuliere ihre Wünsche und verwende dabei den Konjunktiv II oder die Form *würde* + Infinitiv.

1 Clara ist jetzt 14 Jahre alt. (schon 18 Jahre) **2** Clara hat schwarze lockige Haare. (lieber blond, glatt) **3** Clara wohnt auf dem Dorf. (lieber in einer großen Stadt) **4** Clara fährt Fahrrad. (lieber Motorrad)

1. Clara wäre lieber schon 18 Jahre alt. 2. ...

b Was für Wünsche hast du? Schreibe sie auf.

4

a Lies die Informationen in folgendem Merkkasten.

> ! Verbformen im **Konjunktiv II** oder die ***würde*-Ersatzform** werden auch zur indirekten Redewiedergabe verwendet, wenn sich Indikativ und Konjunktiv I oder II formal nicht unterscheiden, z. B.:
>
> | | |
> |---|---|
> | Er sagt, sie haben darauf bestanden. | Konjunktiv I = Indikativ |
> | Er sagt, sie hätten darauf bestanden. | Konjunktiv II |
> | Er sagt, seine Eltern bewunderten ihn. | Konjunktiv II = Indikativ |
> | Er sagt, seine Eltern würden ihn bewundern. | Ersatzform mit *würde* |

b Übertrage den Merkkasten in dein Heft.

c Forme folgende Aussagen in indirekte Rede um. Überlege jeweils, welche Konjunktivform du verwenden kannst oder ob sich die *würde*-Ersatzform besser eignet. Begründe deine Entscheidung.

1 Janek sagt: »Ich fahre oft Fahrrad.« **2** Jurek erzählt: »Ich habe ein eigenes Zimmer.« **3** Josef schreibt: »Ich habe jeden Tag mit den Kleinen gespielt.« **4** Jakob erzählt: »Alle haben zu unserer Musik getanzt.«
5 Julian verspricht: »Wir kommen pünktlich.«

Die Modusformen des Verbs: Imperativ

1 Welche Ratschläge spricht dieser DRK-Helfer aus? Wie formuliert er das sprachlich? Notiere die betreffenden Verbformen.

Manchmal können wir gar nichts mehr tun. Obwohl wir wirklich alles versuchen. Und unten stehen sie und warten. Und hoffen. Heute ging's gut, aber es war ein hartes Stück Arbeit. Tut euch und uns bitte einen Gefallen: Überschätzt euch nicht, überlegt, was ihr tut, und um Himmels willen zieht euch gescheites Schuhwerk an. Schließlich ist es kein Spiel. Schon gar nicht für uns.

> **!** Mit Verbformen im **Imperativ** kann man Aufforderungen, Befehle, Ratschläge oder Empfehlungen ausdrücken, z. B.:
> *Warte!* (Singular) *Wartet!* (Plural) *Warten Sie!* (Höflichkeitsform)
> Verben, deren Stammvokal in der 2. Person Präsens von *e* zu *i* wechselt, weisen auch im Imperativ Singular diesen Wechsel auf, z. B.:
> *nehmen (du nimmst): nimm – nehmt – nehmen Sie.*

2 Entscheide, ob auf dem Plakat eine oder mehrere Personen angesprochen werden. Schreibe alle drei Imperativformen der Verben in dein Heft.

1. tut – tu – tun Sie, 2. …

→ S. 158
Die Modalverben

3
a Welche anderen sprachlichen Möglichkeiten gibt es, eine Aufforderung oder einen Rat auszudrücken? Nenne Beispiele aus folgenden Sätzen.

1. Im Gebirge musst du immer mit plötzlichem Wetterwechsel rechnen.
2. Auf gar keinen Fall dürfen Sie den markierten Wanderweg verlassen.
3. Man sollte unbedingt eine gute Wanderkarte oder ein GPS mitnehmen.
4. Bei schlechter Sicht wäre es leichtsinnig, die Wanderung fortzusetzen.
5. Ich an deiner Stelle würde festes Schuhwerk anziehen.

b Formuliere alle Sätze um, verwende Imperativformen.

c Entscheide, welche Form höflicher und welche bestimmter klingt.

Aktiv und Passiv

→ S. 248 Merkwissen (Verben)

1 Wiederhole, was du über Aktiv- und Passivformen, ihre Bedeutung und ihre Bildung weißt. Begründe, um welche Verbformen es sich in den Bildunterschriften handelt.

Haitis Hauptstadt Port-au-Prince wurde bei einem Erdbeben schwer verwüstet.

Frank Schultes Team sucht nach Überlebenden.

TIPP
Das Passiv bildet man aus einer Konjugationsform von *werden* + *Partizip II*.

2

a Lies den Text. Prüfe, welche der unterstrichenen Verbformen Passivformen sind.

1 Der frühere Feuerwehrmann Frank Schultes aus Köln <u>gründete</u> 1992 die Deutsche Erdbebenrettung. 2 Er <u>war</u> in Pakistan, der Türkei, beim Tsunami, überall dort, wo Menschen <u>vermisst werden</u>. 3 Dies <u>ist</u> sein 33. Einsatz. 4 Haitis Hauptstadt Port-au-Prince <u>war</u> von einem Erdbeben der Stärke 7,1 <u>verwüstet worden</u>. 5 Zehntausende Menschen <u>werden vermisst</u>. 6 52 internationale Suchmannschaften <u>beteiligen sich</u> an der Rettungsaktion. 7 Schultes' Team <u>wird</u> im Auftrag der Vereinten Nationen <u>eingeflogen</u>.

b Bestimme, um welche Zeitformen es sich jeweils bei den unterstrichenen Verbformen handelt.

Die Modalverben

1 Günther Radtke hat seinem Gedicht die Überschrift »Modalverben« gegeben. Er benutzt darin z. B. das Modalverb *können*.
Nenne die anderen Modalverben und sage, was sie ausdrücken.

Modalverben

Das mag schon sein,
das kann schon sein,
das soll schon sein:
das
mit dem Mond und
der Geschwindigkeit,
doch Nachbars Junge
kann minutenlang
auf Händen gehn.

! Im Deutschen gibt es sechs **Modalverben.** Sie drücken aus, wie eine Tätigkeit, ein Vorgang, ein Zustand speziell gemeint ist:
wollen (Absicht): *ich will kommen,*
sollen (Aufforderung): *er soll kommen,*
dürfen (Erlaubnis): *er darf kommen,*
können (Fähigkeit oder Möglichkeit): *er kann kommen,*
müssen (Notwendigkeit): *er muss kommen,*
mögen (Wunsch): *er möchte kommen.*

2 Probiert aus, wie sich die Bedeutung des folgenden Satzes verändert, wenn ihr unterschiedliche Modalverben einsetzt.

Marek ▬▬▬ bei der Freiwilligen Feuerwehr mitarbeiten.

TIPP
Es gibt verschiedene Lösungen.

3 Lukas berichtet über seine Arbeit als freiwilliger Feuerwehrmann. Ergänze passende Modalverben in der richtigen Zeitform und überlege, welche Wirkung jeweils entsteht.

1 Wer nicht im Team arbeiten ▬▬▬ , schafft es bei der Feuerwehr nicht.
2 Wenn es hier im Ort brennt, ▬▬▬ doch jemand die Menschen retten.
3 Klar, wer ▬▬▬ schon einen Unfalltoten sehen. Diesen Anblick ▬▬▬ man nicht so schnell vergessen.
4 Bei einem Unfalleinsatz auf der Autobahn ▬▬▬ ich den Rettungssanitätern assistieren.

Adverbien

1 Die schräg gedruckten Wörter im folgenden Text sind Adverbien.

→ S.148 Die Wortarten im Überblick

a Ermittle, welche Angaben fehlen, wenn du die Adverbien weglässt.

Jugendfeuerwehren zählen *heute* zu den *besonders* beliebten Anbietern sinnvoller Freizeitbeschäftigungen. Man sitzt nicht *allein* vor dem PC, sondern erlebt *ganz* real Abenteuer und sinnvolle Hilfe im Team. *Hier* in Lübeck sind *deshalb* 250 Jugendliche in
5 einer Jugendfeuerwehr aktiv. Jugendfeuerwehren stehen *mittendrin*. Sie sprechen alle an: Geschlecht, soziale Schicht, Bildungsstufe, nationale Herkunft spielen *glücklicherweise* keine Rolle. Überaus wichtig sind aber Teamgeist und Zuverlässigkeit.

 **b** Bestimme, welche Satzgliedfunktion die Adverbien haben.

> **!** **Adverbien** sind unveränderbare Wörter, die angeben, wann, wo, wie oder warum etwas geschieht, z. B.:
> *heute, abends, oben, bedauerlicherweise, hier, niemals, trotzdem, dorthin, größtenteils, daher.*
> Im Satz treten sie als Adverbialbestimmung oder als Attribut auf.

2

TIPP
Auf einige Adverbien treffen mehrere Bedeutungen zu.

a Entscheidet, was die folgenden Adverbien ausdrücken: Häufigkeit, Wiederholung, Zeitpunkt, zeitliche Reihenfolge, Ort, Richtung, Grund oder Art und Weise.

querfeldein – ihretwegen – zusammen – freitags – gestern – auswärts – interessehalber – dann – hier – immer – dorthin – draußen – zuerst – rechts außen – einmal – dienstags – oft

TIPP
Verwendet jedes Adverb nur einmal.

b Wählt Adverbien aus Aufgabe a aus und fügt sie an der passenden Stelle in die Sätze ein.

1 Lucas und Hassan gehen pro Woche zum Training. 2 trainiert Mareks Team ▬▬ . 3 ▬▬ habe ich mir ▬▬ das Spiel angeschaut. 4 ▬▬ machen sie Aufwärmübungen, ▬▬ laufen sie 45 Minuten ▬▬ . 5 ▬▬ spielen sie Basketball oder Volleyball.
6 Wenn Spiele ▬▬ stattfinden, fährt ▬▬ der Mannschaftsbus.
7 Ganz ▬▬ fahren sie ihre Eltern ▬▬ .

Satzbau und Zeichensetzung

Der einfache Satz

Die Satzglieder im Überblick

a Stellt mithilfe der Umstellprobe fest, aus wie vielen Satzgliedern die Sätze bestehen.

1 Das Buch »Die Nackten« erzählt von jungen Leuten im Alter zwischen 15 und 18 Jahren.
2 Die tschechisch-deutsche Schriftstellerin Iva Procházková hat es geschrieben.
3 Die Handlung spielt in Berlin und im tschechisch-deutschen Grenzgebiet.
4 Wegen des Titels vermutet man vielleicht ein Buch über Sex.
5 Das »Nacktsein« erhält hier eine andere Bedeutung: Jugendliche fühlen sich während der Pubertät sehr verletzlich und deshalb »nackt«.

b Tauscht euch darüber aus, wie sich die Wirkung der Sätze durch das Umstellen der Satzglieder verändert.

 2 Wiederholt eure Kenntnisse über den Bau einfacher Sätze selbstständig und fasst das Wichtigste mit Beispielen auf einem Poster zusammen.

3 Wiederholt eure Kenntnisse über den Bau einfacher Sätze mithilfe des Merkkastens. Sucht zu jeder Aussage mindestens zwei Beispiele.

> **!** Der **einfache Satz** besteht mindestens aus einem Subjekt und einem Prädikat. Oft kommen noch weitere Satzglieder hinzu, die man mithilfe der Umstellprobe ermitteln kann, z. B.:
> *Die Handlung | spielt | in Berlin. In Berlin | spielt | die Handlung.*
> Die finite Verbform steht in vielen Sätzen an erster oder zweiter Stelle, z. B.:
> *Iva Procházková hat das Buch geschrieben. Die Handlung spielt in Berlin. Kennt ihr das Buch?*

Der einfache Satz **161**

4 Nutze den folgenden Merkkasten, um die Satzglieder in Aufgabe 1 (S.160) zu bestimmen.

!

lateinische Bezeichnung	deutsche Bezeichnung	Frage	Beispiel
Subjekt	Satzgegenstand	Wer? Was?	*Die Autorin erzählt über junge Leute.*
Prädikat	Satzaussage	Was wird ausgesagt?	*Die Autorin erzählt über junge Leute.*
Objekt • Genitivobjekt • Dativobjekt • Akkusativobjekt • Präpositionalobjekt	Ergänzung • im 2. Fall • im 3. Fall • im 4. Fall • mit Präposition	 Wessen? Wem? Wen? Was? Mit wem? Worüber? …	 *Sie erinnert sich ihrer Jugend.* *Sie erzählt uns eine Geschichte.* *Sie stellt verschiedene Personen vor.* *Die Autorin erzählt über junge Leute.*
Adverbialbestimmung • Lokalbestimmung • Temporalbestimmung • Modalbestimmung • Kausalbestimmung	Umstandsbestimmung • des Ortes • der Zeit • der Art und Weise • des Grundes	 Wo? Woher? Wohin? Wann? Wie lange? Wie oft? Wie? Auf welche Weise? Warum? Aus welchem Grund?	 *Die Autorin lebte lange hier.* *Die Autorin lebte lange hier.* *Sie hat sich intensiv damit beschäftigt.* *Wegen der Probleme ihrer Tochter interessierte sie das Thema besonders.*
Attribut (Satzgliedteil)	Beifügung	Was für ein(e)? Welche(r/s)?	*Das Buch erzählt über junge Leute. Die Eltern denken über die Probleme ihrer Tochter nach.*

Textgestaltung durch Satzverknüpfung

TIPP
Probiert Varianten aus und untersucht die Wirkung.

a Formuliert aus den folgenden Bausteinen Sätze, die sich zu einem flüssigen Text zusammenfügen lassen. Schreibt den Text auf.

1 Sylvas Eltern / leben / getrennt / seit einiger Zeit
2 die Ruhe des ländlichen Lebens / braucht / ihr Vater Jacub
3 er / ist / nach Tschechien / deshalb / zurückgegangen
4 bei ihrem Vater / lebt / Sylva / in einem alten Fachwerkhaus
5 eine drahtlose Verbindung / besteht / zwischen ihnen
6 neun Jahre jünger als der Vater / ist / ihre Mutter Helga / und / sprüht vor Energie
7 sie / liebt / schnelle Autos / und / lebt / in Berlin
8 Sylva / fühlt sich / als Vermittler zwischen den Elternteilen

→ S. 161
Die Satzglieder im Überblick

b Ermittelt in eurem Text die Satzglieder (Umstellprobe).

c Lest den Text einmal so vor, dass alle Subjekte am Anfang der Sätze stehen. Welche Wirkung entsteht dadurch?

d Sprecht darüber, wie durch die Reihenfolge der Satzglieder die Verflechtung der Sätze entsteht.

e Sucht aus eurem Text zu Aufgabe 1a die Wörter heraus, durch die die Sätze miteinander verknüpft werden.

Sylvas Eltern ... Ihr Vater Jacub ...

! Die Wirkung und Verständlichkeit von Texten hängt wesentlich von der **Satzverknüpfung** ab. Inhaltliche Zusammenhänge und verschiedene Wirkungen entstehen durch:
- die **Satzgliedstellung**, z. B.: *Sylvas Vater braucht Ruhe. Er ist deshalb zurück nach Tschechien gezogen. / Deshalb ... / Zurück nach ...*
- spezielle **sprachliche Mittel**, wie:
  - Pronomen, z. B.: *Sylvas Vater braucht Ruhe. Er ist deshalb zurück nach Tschechien gezogen.*
  - Adverbien, z. B.: *Sylvas Vater braucht Ruhe. Er ist deshalb zurück nach Tschechien gezogen.*
  - bedeutungsähnliche Wörter, z. B.: *Sylvas Vater braucht Ruhe. In seiner Heimat sucht er Erholung.*

Nachgestellte Erläuterungen

1 In den folgenden Sätzen werden einige der Personen vorgestellt, die in dem Buch »Die Nackten« vorkommen.

a Schreibe die Beziehungswörter mit nachträglichen Erläuterungen heraus.

1. Sylva, ein hochbegabtes, eigenwilliges und sehr naturliebendes Mädchen, ist die Hauptfigur des Buches.
2. Der Buchtitel »Die Nackten«, ein Synonym für Jugendliche in der Pubertät, weckt vielleicht eure Neugier.
3. Die Handlung spielt teilweise an der tschechischen Grenze, einem wilden Stück Niemandsland, und teilweise in Berlin.
4. Sylva, eine begeisterte Schwimmerin, verbringt viel Zeit am Fluss.
5. Von der Schule, einem Gymnasium in Tschechien, wird sie verwiesen.
6. Niklas, ein Freund aus Kindertagen, hat im Moment ganz andere Probleme.
7. Seine Freundin ist die bildschöne Evita, ein Mädchen mit Drogenproblemen.

1. Sylva, ein hochbegabtes ... Mädchen (Nominativ)

b Untersuche, in welchem Fall das Beziehungswort und die dazugehörige Erläuterung jeweils stehen.

> Mit **nachgestellten Erläuterungen** werden Beziehungswörter (meist Nomen/Substantive) näher erklärt. Es gibt:
> - nachgestellte Erläuterungen im gleichen Fall wie das Beziehungswort (Appositionen), z.B.: *Das Mädchen Sylva, Tochter einer deutschen Mutter und eines tschechischen Vaters, steht im Mittelpunkt der Handlung.*
> - nachgestellte Erläuterungen, die durch besondere Wörter eingeleitet werden, wie *und zwar, unter anderem (u.a.), zum Beispiel (z.B.), besonders, nämlich, vor allem (v.a.), das heißt (d.h.)*, z.B.: *Sylva liebt Sport, besonders das Schwimmen, und den Aufenthalt in der Natur.*
> - Datumsangaben, die zu einem Wochentag gestellt werden, z.B.: *Die Geburtstagsfeier fand am Mittwoch, dem 16. April(,) statt.*
> Nachgestellte Erläuterungen werden durch Kommas abgegrenzt.

2 Suche aus den Wortgruppen A bis E die passenden heraus und setze sie als nachgestellte Erläuterungen in die folgenden Sätze ein. Achte auf die Kommasetzung.

1 Sylva besucht ein Gymnasium in einer kleinen tschechischen Stadt.
2 Wegen ihrer vielen Fehlstunden wird sie von der Schule verwiesen.
3 Sylva schwimmt gern gegen die Strömung.
4 Den Englischlehrer mag Sylva überhaupt nicht.
5 Von ihrem Biologielehrer Tabery hat Sylva Interessantes gelernt.

A vor allem in der Elbe
B d.h. von der Schülerliste gestrichen
C z.B. vieles über Biotope und das Verhältnis von Natur und Mensch
D und zwar in Leitmeritz (tschechisch: Litoměřice)
E besonders wegen seiner peinlichen Witzchen

1. Sylva besucht ein Gymnasium in einer kleinen tschechischen Stadt, und zwar …

3 Schreibe die Sätze ab. Füge das in Klammern stehende Datum als nachgestellte Erläuterung in den Satz ein und unterstreiche es.

1 Sylva fuhr am Sonntag ▬▬ zu ihrer Mutter nach Berlin. (12.09.)
2 Niklas besuchte Sylva am Montag ▬▬ . (01.10.)
3 Die Klassenfahrt dauerte von Montag ▬▬ bis Freitag ▬▬ . (08.–12.05.)
4 Wir warten mit dieser Aufgabe noch bis zum Dienstag ▬▬ . (13.07.)
5 Die Klassenarbeit wird am Donnerstag ▬▬ geschrieben. (03.12.)

1. Sylva fuhr am Sonntag, dem 12.09.(,) zu ihrer Mutter nach Berlin. 2. …

Der einfache Satz

Infinitiv- und Partizipgruppen

 Schreibe aus den folgenden Sätzen über Sylva und ihren Freund Niklas die Infinitivgruppen heraus. Unterstreiche den Infinitiv mit *zu*.

1 In Berlin lebt auch Niklas, ein Freund aus Kindertagen. **2** Bei ihm hatte sie immer das Gefühl gehabt, ungezwungen über alles reden zu können. **3** Um ihn wiederzutreffen, fährt Sylva in den Stadtteil Friedrichshain. **4** Niklas hatte sich immer bemüht, sie zu verstehen. **5** Andere Mitschüler, die es nicht sein lassen konnten, Sylva als »bescheuert« zu bezeichnen, waren ihm egal. **6** Als sich ihre Eltern trennten, hatte sie besonders Probleme, mit anderen zu reden. **7** Er versprach, sie trotzdem zu heiraten. **8** Niklas nahm sein Versprechen nie zurück, aber er hatte sich verändert. **9** Nun fällt es Sylva immer schwerer, ihn zu verstehen. **10** Zwei oder drei Begegnungen im Jahr reichen nicht aus, um zu erkennen, was in dem anderen vorgeht.

2. ..., ungezwungen über alles reden zu können

 Infinitivgruppen (erweiterte Infinitive mit *zu*) müssen meist durch ein Komma abgegrenzt werden. Ist ein Infinitiv nicht erweitert, kann man ein Komma setzen, um die Gliederung des Satzes zu verdeutlichen, z. B.:
Die Psychologin bemühte sich(,) zu helfen.
Die Psychologin bemühte sich(,) Sylvas Probleme zu verstehen.
In folgenden Fällen **muss** man ein **Komma** setzen, z. B.:
- wenn die Infinitivgruppe mit *um, ohne, (an)statt, außer* oder *als* eingeleitet wird, z. B.:
  Sylva fuhr nach Berlin, um ihren Freund Niklas zu treffen.
  Die Mutter stieg ins Auto, ohne sich umzusehen.
- wenn sich die Infinitivgruppe auf ein Nomen/Substantiv bezieht, z. B.:
  Sylva gab der Psychologin den Rat, ihre Rückenschmerzen mit Schwimmen zu bekämpfen.
- wenn sich die Infinitivgruppe auf ein hinweisendes Wort, wie *daran, darum, damit* oder *es*, bezieht, z. B.:
  Die Psychologin bemühte sich darum, Sylvas Probleme zu verstehen.
Man kann Fehler vermeiden, indem man beim Infinitiv mit *zu* immer ein Komma setzt.

Achtung, Fehler!

2 Schreibe die folgenden Sätze ab. Setze in die Lücken *um, ohne, statt* oder *als* ein, setze die Kommas und unterstreiche die Infinitivgruppen.

1 Sylva verließ das Gymnasium in Leitmeritz ▬▬ sich sehr darüber zu ärgern.
2 Ihre Eltern informierten sich im Internet ▬▬ eine Schule für Hochbegabte zu finden.
3 Sylva badete in der Elbe ▬▬ zur Schule zu gehen.
4 Sie fand es in der Natur viel schöner ▬▬ sich im Unterricht zu langweilen.
5 ▬▬ sie zu ärgern hatte man ihr eines Tages ihre am Flussufer abgelegten Kleider gestohlen.

3 Einige Verben und Fügungen stehen oft mit einem Infinitiv mit *zu*.

a Bilde mit folgenden Verben und Fügungen fünf Sätze mit Infinitivgruppen, schreibe sie auf und setze die Kommas.

sich bemühen – sich wünschen – sich vornehmen – sich entschließen – bitten – vorhaben – versprechen – die Absicht haben – in der Lage sein – den Rat geben/bekommen

Er bemüht sich, zu allen freundlich zu sein. …

 **b** Überprüft gemeinsam, in welchen eurer Sätze ein Komma stehen muss und in welchen es weggelassen werden könnte.

 **4** Suche aus einem Buch, aus der Zeitung oder dem Internet einen Text heraus, der viele Infinitivgruppen enthält. Schreibe den Text ab (evtl. mit dem PC) und unterstreiche die Infinitivgruppen. Prüfe, ob die Kommas richtig gesetzt wurden.

5
 a Schreibe die Sätze ab und unterstreiche die enthaltenen Partizipien.

1 Evita, in einem Kinderheim aufgewachsen, ist seit einiger Zeit drogenabhängig.
2 Sie lebt auf der Straße, gehetzt und von niemandem beschützt.
3 Das Bild vom Grab ihrer Mutter, geschmückt mit einem Messingkreuz und einem Foto, trägt sie in ihrer Erinnerung.

Der einfache Satz **167**

> ! **Partizipgruppen** sind Konstruktionen, in deren Kern ein Partizip enthalten ist, z.B.:
>
> Als sie in Berlin angekommen war, besuchte Sylva Niklas.
> Nebensatz
>
> In Berlin <u>angekommen</u>(,) besuchte Sylva Niklas.
> Partizipgruppe
>
> Vorangestellte und eingeschlossene Partizipgruppen können durch Komma abgetrennt werden, z.B.:
> In Berlin <u>angekommen</u>(,) besuchte Sylva ihren alten Freund Niklas.
> Heftig mit dem Kopf <u>nickend</u>(,) stimmte er ihr zu. Er stimmte ihr(,) heftig mit dem Kopf <u>nickend</u>(,) zu.
> Wird die Partizipgruppe nachgestellt, **muss** sie durch Komma abgetrennt werden, z.B.:
> Er stimmte ihr zu, heftig mit dem Kopf <u>nickend</u>. Sie trat ihrer Umwelt kritisch gegenüber, <u>zweifelnd</u> und vieles in Frage <u>stellend</u>.
> Man kann Fehler vermeiden, indem man bei Partizipgruppen immer ein Komma setzt.

b Schreibe die Sätze ab, unterstreiche die Partizipgruppen einmal, die darin enthaltenen Partizipien doppelt.

1 Ihre Schönheit immer aufs Neue bewundernd, hängt Niklas mit großer Liebe an Evita.
2 Ihre Sucht ausnutzend, versorgt der Drogendealer Till Evita mit Rauschgift.
3 In seiner gemütlichen Wohnung genießt sie das Wunder einer Badewanne, gefüllt mit heißem Wasser.
4 Niklas, die Gefahr der Abhängigkeit erkennend, versucht, Evita zu helfen.
5 Robin, unter Verdacht der Vergewaltigung einer Mitschülerin stehend, lernt Sylva im Haus ihrer Mutter kennen.

c Lies die Regeln für die Kommasetzung bei Partizipgruppen im Merkkasten. Gib die Regeln in eigenen Worten wieder.

d Entscheide, in welchen Sätzen aus Aufgabe a und b du das Komma weglassen könntest. Begründe deine Entscheidung.

6 Forme die Partizipgruppen der Sätze in Aufgabe 5a und b in Nebensätze um. Achte dabei auf die richtige Kommasetzung.

1. Evita, die in einem Kinderheim aufgewachsen ist, …

Der zusammengesetzte Satz

Zweigliedrige Sätze

 Zweigliedrige Sätze können aus zwei Hauptsätzen (Satzreihe/ Satzverbindung) oder aus Haupt- und Nebensatz (Satzgefüge) bestehen. In einer **Satzreihe (Satzverbindung)** können die Sätze unverbunden aneinandergereiht werden. Dann sind sie durch Komma zu trennen. Verbindet man die Hauptsätze durch die Konjunktionen *und* oder *oder*, so ist die Kommasetzung freigestellt. Steht jedoch ein *aber*, *denn* oder *(je)doch* zwischen den Hauptsätzen, so muss ein Komma gesetzt werden, z. B.:
Sylva schwimmt gern gegen die Strömung(,) oder sie beobachtet vom Ufer aus die Fische.
Der Direktor ist auf Sylva nicht gut zu sprechen, denn sie hat sehr viele Fehlstunden.
In einem **Satzgefüge** steht zwischen Haupt- und Nebensatz immer ein Komma, z. B.:
Sylva ist traurig, weil ihre Eltern schon seit sechs Jahren getrennt leben.
Der Vater, der in Tschechien lebt, besucht die Mutter nur selten in Berlin.

1

a Unterscheide die folgenden Sätze nach einfachen Sätzen, Satzgefügen und Satzreihen. Schreibe die jeweilige Satzform in dein Heft.

1 Eines Tages war Sylva, die in der Elbe gebadet hatte, nackt durch das Dorf gelaufen. **2** Irgendein »Spaßvogel« hatte ihr heimlich die Sachen gestohlen. **3** Der Direktor bestellte Sylvas Vater in die Schule. **4** Er beschwerte sich darüber, dass Sylvas Gewohnheiten sehr befremdlich seien. **5** Außerdem fragte er ihn danach, warum seine Tochter im ersten Halbjahr schon 255 Fehlstunden habe. **6** Der Vater hatte ihr Entschuldigungen geschrieben, obwohl sie nicht krank gewesen war. **7** Sylva langweilte sich in der Schule, aber sie war Klassenbeste. **8** Nun schlug ihm der Direktor vor, dass er für seine Tochter eine Schule für Hochbegabte suchen solle.

→ S. 248 Merkwissen

b Schreibe die Nebensätze heraus und unterstreiche jeweils die Einleitewörter und die gebeugten Verbformen. Bestimme die Nebensätze nach ihrem Einleitewort.

2

a Unterscheide die folgenden Sätze nach Satzreihen und Satzgefügen. Wiederhole dabei die Merkmale von Haupt- und Nebensatz.

1. Filip ist ein Freund von Sylva, der auch in Tschechien lebt.
2. Er ist traurig darüber, dass sie nach den Ferien in Meißen zur Schule gehen wird.
3. Mit ihr hat er oft wichtige Gespräche geführt, deshalb wird sie ihm sehr fehlen.
4. Das Sträußchen Gänseblümchen, das er ihr zum Geburtstag gepflückt hatte, hat sie im Bus vergessen.
5. Hunderte schmerzhafte Themen gehen Sylva durch den Kopf, aber auf viele der Fragen hat sie keine Antwort.
6. Ihr Vater sagt, dass der Mensch in der Pubertät nackt ist.
7. Erst wenn der Mensch älter wird, beginnt er, sich anzuziehen.
8. Er legt sich immer mehr Schichten zu, und diese machen ihn unempfindlich.

→ S.174
Die Kommasetzung im Überblick

b Entscheide, in welchem der Sätze man das Komma auch weglassen könnte.

3

Setze in die Lücken der folgenden Sätze jeweils einen der Nebensätze A bis E ein.

1. Am Wochenende kommt Sylvas Mutter manchmal aus Berlin in das tschechische Dorf, ▬.
2. Sylva beobachtet vom Waldrand, ▬.
3. Sie freut sich, ▬.
4. ▬, rennt sie schnell ins Dorf hinunter.
5. Sylva staunt immer wieder darüber, ▬.

A bevor ihre Mutter das Haus erreicht
B in dem Sylva mit ihrem Vater lebt
C wenn sie den rubinfarbenen Porsche der Mutter entdeckt
D dass die Mutter die Strecke Berlin – Usti in 140 Minuten bewältigt
E ob das Auto der Mutter kommt

Satzbau und Zeichensetzung

4 Schreibe die Relativsätze zusammen mit dem Beziehungswort heraus. Unterstreiche das Relativpronomen und rahme das Beziehungswort ein.

1. Sylva, die eine begeisterte Schwimmerin ist, badet gern in der Elbe.
2. Sie schwimmt am liebsten gegen die Strömung, der sie ihre ganze Kraft entgegenstemmen kann.
3. Dabei spürt sie ihren Körper, der stark angespannt ist, mit allen Sinnen.
4. Sie fühlt das Wasser, das durch ihre Finger hindurchgleitet.
5. Schwimmen in stehenden Gewässern, in denen ihr keine Kraft entgegenströmt, mag sie nicht besonders.
6. Auch in der Spree, die durch Berlin fließt, ist sie schon geschwommen.
7. Aber aus diesem Fluss, der so träge dahinfließt, kann sie keine Kraft schöpfen.

1. [Sylva], <u>die</u> eine begeisterte Schwimmerin ist, …

5 Schreibe die folgenden Satzgefüge ab und setze alle notwendigen Kommas.

Achtung, Fehler!

1. Filip der in Sylva verliebt ist hat den richtigen Zeitpunkt für ein Geständnis verpasst.
2. Er weiß dass es nun zu spät ist.
3. Weil Sylva die Schule wechseln wird werden sie sich nur noch selten sehen.
4. Die Zeit in der sie auf dem Zaun gesessen und über die Welt gelabert haben wird sie bald vergessen haben.
5. In den Ferien arbeitet Filip in einem Baumarkt wo er am ersten Tag vom Abteilungsleiter als »Milchbubi« bezeichnet wird.
6. Er hat für ihn mit Absicht eine Arbeit ausgewählt bei der man nicht einen Funken geistige Energie aufwenden muss.
7. Die einzige Anstrengung die er aufbringen muss ist das Finden des richtigen Regals.

Mehrfach zusammengesetzte Sätze

a Zeichne die Satzbilder. Beachte, dass die meisten Sätze aus mehr als zwei Teilsätzen bestehen.

1 Sylvas Vater seufzte, als er von dem Elternabend zurückkam, der den Halbjahreszeugnissen vorausging. 2 Sylva hatte es diesmal auf über 200 Fehlstunden gebracht, und der Direktor kündigte an, dass er sie vom Gymnasium verweisen müsse. 3 Am liebsten würde sie gar nicht mehr zur Schule gehen. 4 Sie würde nach Alaska, Lappland oder Sibirien fahren, damit sie dort wie die Naturvölker leben könnte. 5 Aber sie wusste, dass dieser Wunsch zurzeit unerfüllbar blieb, und deshalb beriet sie sich mit ihren Eltern. 6 Als die Mutter, die solche Angelegenheiten sonst immer sehr sachlich betrachtete, erfuhr, dass Sylva sich vom Leitmeritzer Gymnasium verabschieden müsste, verwandelte sie sich in eine ballistische Rakete mit maximaler Kampfbereitschaft. 7 Es fiel kein Wort des Vorwurfs, aber sie meldete Sylva an zwei deutschen und einer tschechischen Schule, an denen hochbegabte Schüler lernten, zur Aufnahmeprüfung an. 8 Sylva wehrte sich nicht, jedoch fragte sie sich, worin ihre Hochbegabung eigentlich bestand. 9 Schließlich entschied sie sich für die Schule Sankt Afra in Meißen, weil Meißen auf halbem Weg zwischen Vater und Mutter lag, und das ließ hoffen, dass die ohnehin schwache Familienkonstellation nicht ganz auseinanderfiel.

1. _HS_ , _NS 1_ , _NS 2_ .

 b Wiederhole die Kommaregeln für die Satzreihe. Suche die Kommas, auf die man verzichten könnte.

Satzbau und Zeichensetzung

Achtung, Fehler!

 2

a Schreibe die folgenden mehrfach zusammengesetzten Sätze ab und setze die notwendigen Kommas.

1 Sylva fährt nach Berlin zu ihrer Mutter und dort besucht sie eine Jugendpsychologin bei der sie früher in Behandlung war als sie in den ersten Schulmonaten Probleme hatte.
2 Sie erzählt der Psychologin dass sie bald in ein Internat muss weil sie aus ihrer Schule in Leitmeritz rausgeflogen ist.
3 Die Psychologin die Sylva schon seit ihrer frühen Kindheit kennt wundert sich über den Besuch denn Sylva will gar keinen Rat von ihr.
4 Sie behauptet dass sie sie nur besuche weil sie wissen wolle ob es ihr gut gehe aber so ganz glaubt ihr die Psychologin das nicht.
5 Schließlich gibt Sylva ihr den guten Rat dass sie ihre Rückenprobleme mit Schwimmen bekämpfen solle und verspricht ihr wiederzukommen wenn man sie aus der Schule in Meißen auch hinausgeworfen haben wird.

b Zeichne für jeden Satz das Satzbild und begründe die Kommasetzung.

1. <u>HS 1</u> (,) <u>HS 2</u>, <u>NS 1</u>, <u>NS 2</u>.

 **c** Klammere diejenigen Kommas ein, die nicht unbedingt gesetzt werden müssen.

TIPP
Vermeidet Wiederholungen, indem ihr Pronomen einsetzt.

a Verbindet die vorgegebenen Sätze zu einem mehrfach zusammengesetzten Satz. Wählt die passenden Einleitewörter (Konjunktionen, Relativpronomen, Fragewörter), schreibt die Sätze auf und setzt die notwendigen Kommas.

1 Sylva sieht die Wohnung ihrer Mutter zum ersten Mal. Die Mutter ist inzwischen umgezogen. Sylva war lange nicht in Berlin.

2 Die neue Wohnung hat eine wunderschöne Dachterrasse. Zur Dachterrasse führt eine Treppe hinauf. Sylva darf sich ihr Zimmer selbst einrichten.

3 Die Mutter hat an dem Häuserblock mitgearbeitet. Die Mutter ist Architektin. Auf dieses Projekt ist die Mutter stolz.

4 Die Mutter war schon an vielen großen Projekten beteiligt. Diese Arbeit ist für sie besonders wichtig. Es ist keine gigantische Verkaufsgalerie, sondern ein gewöhnliches Wohnviertel.

5 Die Architekten wollten mitten in der Großstadt eine Oase der Stille schaffen. Es sollen normale Wohnungen für normale Menschen sein. Sylva empfindet das anders. Für Sylva sind das luxuriöse Apartments. Normale Menschen können davon nur träumen.

TIPP
Es sind mehrere Lösungen möglich.

1. Weil Sylva lange nicht in Berlin war, sieht sie die Wohnung ihrer Mutter, die inzwischen umgezogen ist, zum ersten Mal. Die Mutter ist inzwischen umgezogen, sodass …

b Zeichnet für jeden mehrfach zusammengesetzten Satz das Satzbild.

c Vergleicht eure Lösungen. Entscheidet, ob ihr eine Lösung mit mehreren Einzelsätzen einem mehrfach zusammengesetzten Satz vorziehen würdet. Begründet eure Meinung.

4 Entwerft einen Text aus mehrfach zusammengesetzten Sätzen (jeweils mindestens drei Teilsätze). Schreibt die Sätze auf und zerschneidet sie in Satzglieder (Kommas extra). Tauscht die Sätze mit Mitschülern aus und fügt den Text richtig zusammen. Kontrolliert den Aufbau und die Kommasetzung.

Zeichensetzung

Die Kommasetzung im Überblick

Regel	Beispiel
Die Kommasetzung im einfachen Satz	
Ein Komma steht bei **Aufzählungen** von Wörtern und Wortgruppen, wenn diese nicht durch *und, oder, sowie, sowohl … als auch* verbunden sind.	*In dem Buch »Die Nackten« wird über Sylva, Filip, Niklas, Evita und Robin erzählt.*
Nachgestellte Erläuterungen (auch in Form von Appositionen und Datumsangaben) werden durch Komma(s) abgegrenzt.	*Iva Procházková, eine tschechisch-deutsche Schriftstellerin, schrieb das Buch »Die Nackten«.*
Infinitivgruppen (erweiterte Infinitive mit *zu*) werden meist durch Komma(s) vom Satz abgetrennt. Ein Komma muss gesetzt werden, • wenn die Infinitivgruppe durch Wörter wie *um, ohne, (an)statt, außer* oder *als* eingeleitet ist, • wenn sich die Infinitivgruppe auf ein Nomen/Substantiv bezieht, • wenn sich die Infinitivgruppe auf Wörter wie *daran, darauf* oder *es* bezieht.	*Niklas bemühte sich(,) Evita zu helfen.* *Der Vater schrieb für Sylva Entschuldigungen, um sie zu schützen.* *Filip hatte die Absicht, einen interessanten Film zu drehen.* *Sylva war daran interessiert, viel Zeit in der Natur zu verbringen.*
Partizipgruppen können durch Komma(s) abgetrennt werden. Wenn die Partizipgruppe als nachgestellte Erläuterung auftritt, muss man ein Komma setzen.	*In Berlin angekommen(,) besprach Sylva mit ihrer Mutter ihre Pläne.* *Sylva, in Berlin angekommen, besprach ihre Pläne mit ihrer Mutter.*
Die Kommasetzung im zusammengesetzten Satz	
Nebensätze müssen vom Hauptsatz durch Komma abgetrennt werden.	*Sylva, die häufig nicht zur Schule gegangen war, musste ihre Schule verlassen.*
Gleichrangige Hauptsätze einer Satzreihe (Satzverbindung) werden durch Komma abgetrennt. Sind sie durch *und, oder, sowie* verbunden, kann man das Komma weglassen.	*Sylva besucht ihre Mutter in Berlin(,) und bei dieser Gelegenheit lernt sie Robin kennen.* *Sylva ist eine hochbegabte Schülerin, aber sie geht nicht gern zur Schule.*

Zeichensetzung bei der direkten (wörtlichen) Rede

→ S. 248
Merkwissen

1
a Wiederholt die Regeln für die Zeichensetzung bei der direkten (wörtlichen) Rede.

b Einige der folgenden Sätze enthalten direkte Rede. Schreibe sie ab und setze die richtigen Zeichen.

Achtung, Fehler!

1. Sylva geht gern nachts in den Wald.
2. Eines Abends wartete ihr Vater vergeblich auf sie.
3. Kannst du mir sagen, was du gemacht hast? Wo warst du überhaupt? stellte der Vater nach ihrer Rückkehr beide Fragen in einem Atemzug.
4. Ich bin im Wald eingeschlafen, antwortete sie und schüttelte sich ein paar Fichtennadeln aus dem Haar.
5. Entschuldige, sagte sie und umarmte den Vater.
6. Er bat sie: Würdest du so freundlich sein und mich informieren, wenn du nicht vorhast, zu Hause zu schlafen?
7. Sie versprach es und hielt das Versprechen.
8. Wie wird das frage ich mich mit den beiden wohl weitergehen?

! Für die Wiedergabe der **direkten Rede** gelten folgende Regeln:
1. Nach dem **vorangestellten Begleitsatz** steht ein Doppelpunkt, das erste Wort der wörtlichen Rede wird großgeschrieben. Die Satzzeichen innerhalb der direkten Rede bleiben erhalten, z. B.:
   Der Vater fragte: »Kannst du mir sagen, was du gemacht hast?«
2. Im **nachgestellten Begleitsatz** wird das erste Wort kleingeschrieben. Wird die wörtliche Rede durch einen **Punkt** abgeschlossen, so wird dieser weggelassen. Ein **Frage-** oder **Ausrufezeichen** dagegen wird gesetzt. Nach dem schließenden Anführungszeichen steht immer ein Komma, z. B.:
   »Wo warst du überhaupt?«, fragte der Vater. »Ich bin im Wald eingeschlafen«, antwortete sie.
3. Der **eingeschobene Begleitsatz** wird in Kommas eingeschlossen. Die Satzzeichen innerhalb der direkten Rede bleiben erhalten, z. B.:
   »Ich war im Wald«, sagte sie, »und bin eingeschlafen.«

TIPP
Achtet auf abwechslungsreiche Verben im Begleitsatz.

 2 Legt ein Thema für einen Dialog fest, z. B. ein Gespräch mit der Freundin / dem Freund über einen Film. Schreibt den Dialog auf. Achtet darauf, dass der Begleitsatz an verschiedenen Stellen steht.

Zeichensetzung beim Zitieren

 Ein **Zitat** ist eine wörtliche Wiedergabe einer Textstelle in einem anderen Text. Zitate müssen buchstabengetreu übernommen und in **Anführungszeichen** gesetzt werden. Auslassungen werden durch eckige Klammern mit drei Punkten [...] gekennzeichnet, z. B.:
»*Sylva mochte Taberys Stunden gern. Sie gehörten zu den wenigen, denen sie nicht aus dem Weg ging. [...] Er täuschte keinen Sinn für Humor vor. Er machte auch keine peinlichen Witzchen [...].*«
Um Herkunft und Wortlaut eines Zitats überprüfbar zu machen, muss man die **Quelle** präzise angeben. Dabei ist zu unterscheiden:

Zitat aus einem *Buch*: Name, Vorname: Titel. Ort: Verlag, Jahr, Seite.	*Procházková, Iva: Die Nackten. Düsseldorf: Sauerländer Verlag, 2008, S. 9.*
Zitat aus einer *Zeitung* oder *Zeitschrift*: Name, Vorname: Titel. Aus: Zeitung/Zeitschrift, Nr. bzw. Datum der Ausgabe, Seite.	*Rousselange, Ruth: Stille Beobachterin: Autorin und Messe-Kuratorin Iva Procházková. Aus: Saarbrücker Zeitung, 14. 05. 2009, S. 5.*
Zitat aus dem *Internet*: (Verfasser, wenn vorhanden): Titel. Online im Internet: Internetadresse [Datum des Abrufs].	*Procházková, Iva: Die autobiographischen Erinnerungen in meinen Büchern. Online im Internet: http://ivaprochazkova.com/index_de.html [02. 02. 2011].*

1 Schreibe die folgenden Quellenangaben ab und setze die notwendigen Zeichen.

Achtung, Fehler!

1 Müller Anton Die Teufelskappe Düsseldorf Verlag Geheim & Co. 1989 S. 4
2 Holstein Karin Unsere Heimat Sachsen Aus Sächsische Heimatblätter Jahrgang 21 2003 Heft 4 S. 66
3 Bauer Robert Die vergessenen Kinder Buchdorf Kalstein-Verlag 2004 S. 78
4 Procházková Iva Iva Procházková – eine Handvoll Daten Online im Internet http://ivaprochazkova.com/index_de.html 02. 02. 2011
5 Pausewang Gudrun Die Meute Ravensburg Ravensburger Buchverlag Otto Maier GmbH 2006 S. 76

→ S. 241
Unsere Zeitung

2 Mia möchte die Kurzgeschichte »Liebeskummer« in der Schülerzeitung empfehlen.

a Schreibe ihren Textbeginn in dein Heft und füge die Textstelle darunter als Zitat mit der richtigen Zeichensetzung an.

Im Mittelpunkt der Geschichte steht ein Gespräch von Eltern über ihre Tochter. Dabei lernt der Leser die Eltern ziemlich gut kennen. Einiges erfährt man direkt, so heißt es z. B. über den Vater ...

> Er ist ein guter Vater! Wenn seine Tochter Liebeskummer hat, ist ihm das wichtiger als ein Fußballmatch der B-Liga.

b Der Text stammt aus folgendem Buch. Schreibe die Quellenangabe mit der richtigen Zeichensetzung in Klammern hinter das Zitat.

Achtung, Fehler!

Nöstlinger Christine Liebeskummer Aus Kratzer Hertha und Welsh Renate (Hrsg.) Antwort auf keine Frage Geschichten von und über die Liebe Wien, München Verlag Jugend und Volk 1985 S. 41 ff.

3

a Folgendes ist einer Biografie von Christine Nöstlinger entnommen. Schreibe den Schluss von Mias Empfehlung der Kurzgeschichte und verwende das Zitat sinnvoll und richtig.

> Bei aller Ernsthaftigkeit, mit der sie sich ihrer Figuren und Stoffe annimmt, sind Christine Nöstlingers Texte stets von befreiendem Witz, respektloser Frische und teilweise absurder Komik; wohl mit ein Grund für ihre anhaltende Beliebtheit.

b Schreibe die Quellenangabe mit der richtigen Zeichensetzung in Klammern hinter das Zitat. Nutze dazu die folgenden Angaben.
http://www.residenzverlag.at – Bei aller Ernsthaftigkeit ... – Online im Internet – [15.03.2011]

4 Schreibe aus dem Textquellenverzeichnis deines Sprach- und Lesebuchs (S. 274–275) drei Quellenangaben deiner Wahl ab.

5 Schreibe für die Schülerzeitung einen kurzen Text zum Thema: »Wusstet ihr schon, dass es virtuelles Wasser gibt?«
Erkläre den Begriff »virtuelles Wasser« mithilfe von Zitaten aus dem Text auf S. 18 (Aufgabe 3 a).

TIPP
Gib die Quelle aus dem Quellenverzeichnis an.

Wortschatzerweiterung

Wortbildung

→ S. 248
Merkwissen

1 Entscheide, welche Form der Wortbildung auf die unterstrichenen Wörter zutrifft. Ordne die Wörter richtig in die Tabelle ein.

> Der alte Mann <u>winkt ab</u>. »Das ist doch nur eine 250-Kilo-Bombe«, sagt der <u>Bewohner</u> eines Potsdamer <u>Altenheims</u>, während er darauf wartet, <u>ausquartiert</u> zu werden. 7000 Menschen müssen ihre <u>Wohnungen</u>, Schulen oder <u>Kindergärten</u> <u>verlassen</u>, weil in ihrer <u>Nachbarschaft</u> eine
> 5 Bombe <u>entschärft</u> werden muss. Der Fund des <u>Blindgängers</u> aus dem Zweiten <u>Weltkrieg</u> hat das Zentrum Potsdams <u>praktisch</u> <u>lahmgelegt</u>. Auch Busse und <u>Regionalzüge</u> werden <u>umgeleitet</u>. Während <u>Polizeihelfer</u> die <u>Gefahrenzone</u> <u>absichern</u>, wird die <u>Detonation</u> von einem <u>Sprengmeister</u> vorbereitet. Um 12:04 Uhr zerreißt ein Knall die Stille.
> 10 Eine fast 100 Meter hohe <u>Staubfontäne</u> schießt bei der <u>Sprengung</u> in den Himmel. <u>Fensterscheiben</u> in der <u>Umgebung</u> vibrieren.

Zusammensetzung	Ableitung
...	...

2

a Eine Besonderheit des Deutschen ist, dass viele Zusammensetzungen gebildet werden. Lest die Beispiele und tauscht euch darüber aus, in welchen Situationen bzw. Texten sie Verwendung finden könnten.

1 Notlandung **2** Zivilluftfahrtbehörde **3** Flugzeugabsturzgefahrenvermeidung **4** Flugrouten **5** Flugbegleiterinnensicherheitstrainingsprogramm **6** Sicherheitsbedenken **7** Passagierflugzeug

b Zerlegt die Zusammensetzungen in ihre Bestandteile.

c Notiert Vorschläge, wie man die Wortungetüme vermeiden kann.

> Für die **Wortbildung** haben sich im Deutschen zwei Formen bewährt:
> - die **Ableitung** mithilfe von Präfixen und Suffixen,
> - die **Zusammensetzung** (Bestimmungswort + Grundwort).
> Grund- und Bestimmungswort können selbst eine Zusammensetzung oder eine Ableitung sein, z. B.:
> *Erkältungskrankheit: er- + kalt + -ung + -s- + krank + -heit.*
> Mithilfe der **Zerlegeprobe** lassen sich Wörter in ihre Bauteile zerlegen.

Wortbildung **179**

TIPP
Achte auf die richtige Groß- bzw. Kleinschreibung.

❸ Bilde zusammengesetzte Wörter. Verwende das erste Wort jeweils sowohl als Grund- als auch als Bestimmungswort. Markiere alle Fugenelemente.

1 schnell: Blitz – Boot – Kochtopf – Pfeil – Läufer – Reinigung – Straße
2 groß: artig – Erbse – Eltern – Familie – Riese – Stadt – ziehen
3 Zeit: Fenster – frei – Mahl – nah – Reise – Schule – Uhr – Verlust
4 stützen: ab – Buch – liegen – Pfeiler – Punkt – unter – Verband

1. blitzschnell, Schnellboot, ...

→ S. 203
Die Schreibung von Straßennamen

❹

a Schreibe die folgenden Straßennamen und Ortsbezeichnungen ab und unterstreiche das Grundwort.

1 Postplatz 2 Altmarkt 3 Schillerstraße 4 Mohammed-Ali-Platz
5 Bahnhofsviertel 6 Fischerweg 7 Marie-Curie-Allee 8 Kurfürstenpark

b Begründe, warum einige Zusammensetzungen zusammen und andere mit Bindestrich geschrieben werden.

❺ Was ist das? Erkläre die folgenden Fachwörter, indem du sie in ihre Hauptbestandteile zerlegst.

1 Feuerwehreinsätze 2 Rauchgasvergiftung 3 Papiermüllcontainer
4 Änderungsschneiderei 5 Wasseraufbereitungsanlage

1. Feuerwehreinsätze sind Einsätze, die ...

→ S. 61
Printmedien untersuchen
→ S. 149 Substantive und Substantivierungen

TIPP
Es gibt verschiedene Lösungsmöglichkeiten.

●●● **❻** Verdichte die folgenden Informationen zu typischen Zeitungsschlagzeilen. Nutze eine geeignete Form der Wortbildung.

1 Am Sonntagmorgen ist in Indonesien ein Vulkan ausgebrochen.
2 Es regnete Asche. Das zwang die Bewohner mehrerer Dörfer am Hang des Vulkans, ihre Häuser zu verlassen und Schutz in Notunterkünften zu suchen.
3 Ärzte warnen davor, dass aufgrund mangelhafter Hygiene Krankheiten durch Infektionen ausbrechen können.

7

a Erläutert die Bedeutungsunterschiede anhand von Beispielen.

1 absperren – aussperren – einsperren
2 abbrechen – einbrechen – unterbrechen
3 aussuchen – absuchen – untersuchen
4 auffordern – überfordern – zurückfordern
5 nachstellen – vorstellen – zustellen

→ S.248 Merkwissen

b Sortiert die Verben nach fest und unfest zusammengesetzten. Bildet dazu die Leitformen (Stammformen).

8

a Bilde aus den folgenden Wörtern zusammengesetzte Verben und schreibe sie auf.

| ab | aus | ein | nach | über | um | unter | vor | weg | zurück |

| lesen | sprechen | schreiben | springen | stellen | kochen | tragen |

b Markiere alle fest zusammengesetzten Verben.

→ S.184 Antonyme

9 Wie heißt das Gegenteil? Bilde Ableitungen mithilfe der Präfixe *un-* bzw. *miss-* und schreibe die Wörter auf.

1 verschämt 2 verständlich 3 klar 4 haltbar 5 Vertrauen
6 Achtung 7 gefallen 8 trauen 9 gefährlich 10 geschickt
11 verstehen 12 gelingen 13 glücken 14 Glück

10 Erläutert die Bedeutungsunterschiede mithilfe von Beispielen.

1 süß – süßlich 2 kindlich – kindisch 3 mündlich – mündig
4 verständlich – verständig 5 wunderbar – wunderlich 6 hölzern – holzig 7 elektrisch – elektronisch 8 krankhaft – kränklich

Wortbildung

11

a Bilde Verkleinerungsformen mit den Suffixen *-lein* oder *-chen* und verwende sie in Sätzen.

TIPP
Bei einigen Nomen sind beide Suffixe möglich.

1 der Fuchs 2 der Hase 3 die Katze 4 der Vogel 5 das Huhn
6 die Maus 7 der Sohn 8 der Fisch 9 das Haus 10 das Buch
11 die Blume 12 die Mütze 13 der Mantel 14 die Socke
15 die Hose 16 der Bruder 17 die Schüssel 18 der Mann

b Erläutere, wie die Verkleinerungsformen die Wirkung der Sätze verändern.

12 Leon schreibt Boris eine E-Mail. Das Rechtschreibprogramm markiert fünf Wörter als fehlerhaft. Warum? Korrigiere sie.

TIPP
Nutze die Zerlegeprobe.

Achtung, Fehler!

> Betreff: Verücktes Geschenk!
>
> Hi, Boris,
> ich habe ein verücktes Geschenk bekommen – eraten wirst du es nicht! Nämlich ein Kajak! Ich will es am Sonntag ausprobieren. Machst du mit? Ein veregnetes Wochenende ist nicht angekündigt. Entäusche mich nicht und beile dich mit deiner Antwort. Leon

13 Schreibe die folgenden Wörter in der richtigen Groß- und Kleinschreibung in dein Heft. Präfixe und Suffixe sind durch senkrechte Striche vom Wortstamm abgetrennt.

TIPP
Achte auf typische Prä- bzw. Suffixe der einzelnen Wortarten.

1 ER|LEB|NIS 2 HEK|TIK 3 PASS|IV 4 EIGEN|SCHAFT 5 HEIL|SAM
6 ÄHN|LICH 7 VER|ORD|NUNG 8 BE|LAST|BAR 9 BLÄTT|CHEN
10 NEU|HEIT 11 AKT|ION 12 ENERG|ISCH 13 WAG|NIS
14 MÄNN|LEIN 15 ÄHN|LICH|KEIT 16 REICH|TUM 17 LÄST|IG
18 ENT|TARN|EN

14 Bilde von den folgenden Nomen abgeleitete Verben und schreibe sie zusammen mit dem Nomen auf.

1 die Kopie 2 die Skizze 3 die Schikane 4 das Zitat
5 das Engagement 6 das Produkt 7 die Investition 8 die Stabilität
9 die Kritik 10 die Produktion 11 die Reaktion

Wortschatzerweiterung

Wortbedeutung

Synonyme

1

a Erläutere die Bedeutung des Wortes *Lärm*.

Was ist denn das für ein Lärm auf der Straße?

b Sucht weitere Wörter mit ähnlicher oder gleicher Bedeutung wie *Lärm* und schreibt sie auf.

Lärm, Krach, …

c Betrachte die folgenden Wörter und erkläre, welche Art von Lärm sie genauer bezeichnen.

Geschrei – Geklapper – Gepolter

d Probiert aus, welche der Wörter aus den Aufgaben b und c in den Satz in Aufgabe a eingesetzt werden können. Beachtet dabei, welche unterschiedlichen Arten von Lärm sie bezeichnen. Tauscht eure Ergebnisse in der Klasse aus.

e Beschreibe Situationen, in denen die Wörter aus den Aufgaben b und c verwendet werden können, und bilde dazu mit den Wörtern je einen Satz.

> **!** **Synonyme** sind zwei oder mehr Wörter mit verschiedener Form (Aussprache, Schreibung), die eine ähnliche (selten gleiche) Bedeutung haben. Sie bezeichnen denselben Gegenstand, dieselbe Handlung oder Eigenschaft, heben dabei aber oft unterschiedliche Merkmale hervor, z. B.: *Lärm – Krach – Geschrei*.
> Mit Synonymen, die man zu einem **Wortfeld** zusammenfassen kann, lassen sich Erscheinungen so genau wie möglich benennen und Wortwiederholungen im Text vermeiden.

2

a Ermittle, welche der folgenden Synonyme in die Sätze eingefügt werden können, und passe dabei die Endungen an.

Auto – PKW – Wagen – Karre – Flitzer – Kiste – Schlitten

1 »Nun haben wir uns endlich ein ▪ neu ▪ ▬▬ gekauft«, erzählte uns gestern unser Nachbar.
2 »Unser ▪ alt ▪ ▬▬ war wirklich nicht mehr viel wert.
3 Zuerst hatten wir an ein ▪ schnell ▪ ▬▬ gedacht. Doch dann haben wir uns für ein ▪ solid ▪ Mittelklasse ▬▬ entschieden.«
4 Meine Eltern wünschten: »Na, dann gute Fahrt mit eur ▪ neu ▪ ▬▬ .«

b Begründe deine Lösungen, indem du die unterschiedlichen Bedeutungsmerkmale der jeweils eingesetzten Synonyme nennst.

c Kennst du noch weitere Synonyme zum Wortfeld *Auto*? Stelle sie zusammen, ermittle ihre speziellen Bedeutungsmerkmale und verwende sie in Sätzen.

3

a Suche Synonyme zu dem Wortfeld *sich erholen* und verwende sie in dem folgenden Text so, dass die störenden, eintönigen Wiederholungen vermieden werden. Schreibe den verbesserten Text auf.

Nach fünf anstrengenden Tagen in der Schule erhole ich mich ausgiebig am Wochenende. Besonders intensiv erhole ich mich vom Lernen, wenn ich sonnabends mit meinen Kumpels Basketball spiele. Gut kann ich mich auch beim Lesen und beim Hören von Musik erholen. Dazwischen erhole ich mich aber auch dadurch, dass ich einfach mal ein Stündchen schlafe.

 **b** Ergänze den Text, indem du weitere Möglichkeiten nennst, wie du dich am Wochenende erholst. Verwende dabei weitere Synonyme aus dem Wortfeld.

Antonyme

1

a Wähle zu den folgenden Wörtern jeweils ein Wort mit gegensätzlicher Bedeutung aus.

dunkel – Nacht – wenig – verkaufen – niedrig – Flut – klein

1 hell **2** groß **3** hoch **4** Tag **5** Ebbe **6** viel **7** kaufen

1. hell – dunkel, 2. groß – …

b Verwende die gegensätzlichen Wörter jeweils in einer Wortgruppe.

1. helle Wolken – …, 2. …

c Bilde mit den Wortpaaren aus Aufgabe a jeweils kurze Sätze. Schreibe sie auf und unterstreiche die Antonyme.

1. Vor dem Gewitter war es sehr dunkel, danach wurde es gleich wieder hell.
2. …

> **!** Zu bestimmten Wörtern gibt es Wörter mit gegensätzlicher Bedeutung. Solche Gegensatzwörter heißen **Antonyme**. Sie haben teils gemeinsame, vor allem aber gegensätzliche Bedeutungsmerkmale, z.B.:
> *hell* (Lichtmenge, viel Licht) – *dunkel* (Lichtmenge, wenig Licht).

2

a Sucht selbst Antonyme zu den folgenden Wörtern und verwendet die gefundenen Antonympaare in Wortgruppen.

stark – abnehmen – Anfang – vor – oben – mieten – dick – hineingehen – fröhlich – deklinierbar

stark – schwach: eine starke Mannschaft – …

b Ermittelt in euren Wortgruppen, welche gemeinsamen und welche gegensätzlichen Merkmale die Antonyme in einem Paar jeweils haben. Tragt eure Ergebnisse der Klasse vor.

Wortbedeutung **185**

3

a Bilde mithilfe der Wortbauteile Antonyme zu folgenden Wörtern. Schreibe die Antonympaare auf.

un-/Un-   miss-/Miss-   -haltig   -frei   -voll   -los

1 freundlich **2** ausdrucksvoll **3** glücken **4** kohlensäurehaltig
5 glücklich **6** schwefelhaltig **7** hoffnungsvoll **8** alkoholfrei **9** Glück
10 trauen **11** kraftvoll **12** Verständnis

1. freundlich – unfreundlich, 2. …

b Kennzeichne alle Wortbildungselemente durch senkrechte Striche. Achte auch auf das Fugenelement.

1. freund|lich – un|freund|lich, 2. …

4

TIPP
Manchmal könnt ihr mehrere Antonyme finden.

a Schreibt auf, welche verschiedenen Antonyme es zu dem Wort *alt* in den folgenden Wortgruppen gibt.

1 ein alter Mensch **2** ein alter Freund **3** altes Brot **4** alte Technik

b Überlegt, warum es zu *alt* mehrere Antonyme gibt.

5

Bilde Sätze mit Antonympaaren aus Aufgabe 3a. Benutze dabei auch entgegenstellende Ausdrücke (Konjunktionen, Adverbien usw.). Du kannst aus den folgenden auswählen.

1 nicht nur – sondern auch **2** sowohl – als auch **3** einerseits – andererseits **4** teils – teils **5** erst – dann **6** zum einen – zum anderen
7 oft – selten

TIPP
Achte auf die Kommasetzung.

6

Verwende Antonympaare aus den Aufgaben 1, 2 und 4 in Sätzen.

7

Wählt ein Thema aus, bei dem ihr gegensätzliche Erscheinungen darstellen müsst, und verfasst einen Text dazu. Benutzt Antonympaare und entgegenstellende Ausdrücke.

Mögliche Themen: »Das Wetter in den vergangenen Wochen« oder »Wie verschieden verhalten sich Menschen?«

Homonyme

1 Worauf beruht dieses Missverständnis?

A Als wir im Sommer eine Radtour gemacht haben, mussten wir ständig mit den Bremsen kämpfen.
B Waren denn die Bremsen an euren Rädern nicht in Ordnung?
A Unsinn, ich meine doch …

2 Vergleiche die Wörter *(die) Bremse* und *(die) Bremse* miteinander.

a Untersuche die Aussprache und die Schreibung der Wörter. Formuliere dein Ergebnis in einem Satz.

b Schreibe die Bedeutung der beiden Wörter in dein Heft.

die Bremse¹: …   die Bremse²: …

c Tauscht euch darüber aus, ob es einen Zusammenhang zwischen den beiden Bedeutungen gibt.

> **!** Wörter, die gleich (bzw. fast gleich) geschrieben und ausgesprochen werden, aber eine unterschiedliche Bedeutung haben, heißen **Homonyme** (gleichnamige Wörter), z. B.: *Bremse – Bremse*.
> Als Homonyme werden auch (fast) gleich geschriebene bzw. gesprochene Wörter verstanden, die zu verschiedenen Wortarten gehören, z. B.: *(der) Morgen – morgen*.

3

a Suche zu jedem der folgenden Wörter ein Homonym. Schreibe die Homonympaare auf und ergänze kurze Bedeutungsangaben.

1 die Koppel (eingezäunte Weide) **2** der Kiefer (Knochen im Mund) **3** das Schloss (Bauwerk) **4** die Bank (Kreditinstitut) **5** der Tor (dummer Mensch) **6** das Gehalt (Einkommen) **7** die Otter (Schlange)

1. die Koppel (eingezäunte Weide) – das Koppel (…), 2. …

b Verwende jedes Wort aus Aufgabe a in einem kurzen Satz.

4

a Untersuche das grammatische Geschlecht (Genus) der Homonyme aus Aufgabe 3 a. Formuliere deine Feststellung in einem Satz.

b Bilde die Pluralformen der Homonyme. Was stellst du fest?

1. die Koppel (eingezäunte Weide) – die Koppeln, das Koppel …

TIPP
Wenn nötig, schlage in einem Wörterbuch nach.

5 Homonyme können auch zu verschiedenen Wortarten gehören. Suche aus den folgenden Satzpaaren die Homonyme heraus, schreibe sie paarweise auf und bestimme jeweils ihre Wortart.

1 Ich stehe fast jeden Morgen um 6:30 Uhr auf. Aber morgen, am Sonnabend, kann ich länger schlafen.
2 Der Kranke kann nicht alle Speisen essen. Trotzdem muss sein Essen abwechslungsreich sein.
3 Nadelbäume sind zumeist das ganze Jahr über grün. Laubbäume zeigen ihr Grün im Frühjahr und im Sommer.
4 Ich habe dank deiner Hilfe alles geschafft. Für deine Hilfe möchte ich dir herzlichen Dank sagen.

6 Bei manchen Homonymen ist die Aussprache fast gleich und die Schreibung gleich.

TIPP
Achte auf die Kennzeichnung der Vokale.

a Untersuche Aussprache und Schreibung der folgenden Paare.

1 mo̅dern – mo̱dern 2 A̱ugust – Augu̱st 3 umfa̱hren – u̱mfahren

b Bilde mit jedem Homonym einen Satz und erkläre damit die unterschiedlichen Bedeutungen.

7

a Untersuche die Aussprache und die Schreibung der folgenden Homonympaare. Wo liegt hier der Unterschied?

1 lehren – leeren 2 malen – mahlen 3 der Wal – die Wahl
4 das Lied – das Lid

b Erläutere die unterschiedlichen Bedeutungen, bilde jeweils einen Satz.

Metaphern

1

a Bestimme, was *sauer* im ersten und im zweiten Satz bedeutet.

Die Milch ist sauer. Peggy ist sauer, weil Anna nicht gekommen ist.

b Erkläre, warum man die beiden unterschiedlichen Bedeutungen mit *sauer* bezeichnen kann. Suche eine Gemeinsamkeit in den Bedeutungen.

c Überlege, in welchem Beispiel man von *ursprünglicher Bedeutung* und in welchem von *übertragener Bedeutung* sprechen kann.

> **!** Eine **Metapher** ist ein Wort oder ein Ausdruck mit einer übertragenen, bildhaften Bedeutung. Sie entsteht durch Übertragung eines Wortes mit seiner ursprünglichen Bedeutung auf einen anderen Sachbereich. Grundlage dafür ist ein gemeinsames Merkmal der Ähnlichkeit in beiden Bedeutungen, z.B.:
> *der Fuß des Menschen* → *am Fuß des Berges*
> ursprünglich übertragen
> Durch Metaphern wird die Ausdrucksweise eines Textes bildhaft und anschaulich.

2

a Lies die folgenden Wörter und Metaphern.

1 Bett (Möbel) → Bett des Flusses
2 Flügel (Vogel) → Flügel der Lunge, Flügel des Fensters
3 Bein (Mensch) → Bein des Tischs, Bein des Stuhls
4 Kopf (Mensch) → Kopf des Nagels, Kopf des Briefs
5 Krone (König) → Krone des Baums, Krone auf dem Zahn
6 Rücken (Mensch) → Rücken des Buchs

b Erkläre jeweils die ursprüngliche Bedeutung des Wortes, das in Aufgabe a links steht. Welche gemeinsamen Bedeutungsmerkmale führen zur Bildung der jeweiligen Metapher (rechts)?

c Manchmal treten Metaphern auch in Form von Zusammensetzungen auf. Bilde Zusammensetzungen zu den Metaphern aus Aufgabe a.

1. Bett des Flusses – Flussbett, 2. …

3 Verwende die folgenden Adjektive in Wortgruppen oder Sätzen sowohl in ursprünglicher Bedeutung als auch in übertragener Bedeutung als Metapher. Erläutere beide Bedeutungen.

1 faul (Obst → Ausrede) **2** dick (Mann → Freundschaft)
3 schwarz (Hose → fahren) **4** kalt (Luft → Licht)
5 warm (Zimmer → Farbe)

4 Erkläre bei den folgenden Adjektiven die ursprüngliche Bedeutung und die Bedeutungsmerkmale, die zum Gebrauch als Metapher führen.

1 eine süße Frucht → eine süße Stimme, ein süßes Gesicht
2 ein trüber Himmel → eine trübe Stimmung
3 eine helle Farbe → ein heller Klang
4 ein offenes Fenster → eine offene Frage

5 Erläutert die folgenden Metaphern. Erfindet dazu jeweils eine kurze Geschichte, in der ihr sie verwenden könnt.

1 Das war für mich ein Kinderspiel.
2 Das war für alle ein steiniger Weg.
3 In den Leistungen der Mannschaft gibt es mehr Licht als Schatten.

6 Suche eine bekannte Metapher für diese beiden Tiere.

1 Löwe, weil er als Herrscher im Tierreich angesehen wird (auch im Märchen, im Film).
2 Adler, weil er der mächtigste Vogel ist und den Luftraum beherrscht.

Personifizierungen

a Sieh dir folgende Illustrationen an und suche den jeweils gemeinten Ausdruck.

1. … die Angst hat ihn gepackt …

b Erkläre mit eigenen Worten, was der jeweilige Ausdruck bezeichnet.

 Wenn Verhaltensweisen und Eigenschaften, die typisch für Menschen sind, auf unbelebte Gegenstände und Erscheinungen übertragen werden, liegt eine **Personifizierung** vor. Auch die Personifizierung ist eine bildhafte Ausdrucksweise.

a Verwende Personifizierungen, indem du die folgenden Ausdrücke richtig einsetzt. Schreibe die Sätze ab und unterstreiche den personifizierenden Ausdruck.

niederpeitschen – einladen – erzählen – ergreifen – heulen – geduldig sein

1 Der Sturm ▬ heute Abend besonders laut.
2 Starker Regen und heftiger Wind haben die Sträucher regelrecht ▬ .
3 Dieses Bild ▬ von einem heiteren Naturerlebnis des Malers.
4 Du kannst schreiben, was du willst – Papier ▬ .
5 Als er die sehr gute Note unter seiner Arbeit sah, ▬ ihn ein richtiges Glücksgefühl.
6 Auf unserer Tour hat uns ein Waldsee zur Rast und zum Baden ▬ .

b Verändert die Sätze aus Aufgabe a so, dass die Personifizierungen durch nicht bildhafte Mittel ersetzt werden.

1. Der Sturm war heute Abend besonders laut. 2. …

c Vergleicht jeweils die beiden Sätze miteinander. Besprecht, welche besondere Wirkung der Personifizierung ihr feststellen könnt. Tragt eure Überlegungen der Klasse vor.

3 Personifizierungen werden oft in der Dichtung verwendet.

a Heinrich Heine beschreibt in seinem Werk »Die Harzreise« den Fluss Ilse. Lies den Ausschnitt und schreibe alle Personifizierungen heraus.

Es ist unbeschreibbar, mit welcher Fröhlichkeit, Naivität und Anmut die Ilse sich hinunterstürzt […], sodass das Wasser hier wild emporzischt […] und unten wieder über die kleinen Steine hintrippelt wie ein munteres Mädchen. Ja, die Sage ist wahr, die Ilse ist
5 eine Prinzessin, die lachend und blühend den Berg hinabläuft. […] Die hohen Buchen stehen dabei gleich ernsten Vätern, die verstohlen lächelnd dem Mutwillen des lieblichen Kindes zusehen; die weißen Birken bewegen sich tantenhaft vergnügt und doch zugleich ängstlich über die gewagten Sprünge; der stolze
10 Eichbaum schaut drein wie ein verdrießlicher Oheim[1], der das schöne Wetter bezahlen soll […]

[1] *veraltet* Onkel

b Überprüfe, welche weiteren sprachlichen Mittel der Autor verwendet hat, um seinen Text anschaulich und wirkungsvoll zu gestalten.

c Suche aus deinem Sprach- und Lesebuch oder aus einer anderen Textsammlung ein Gedicht heraus, das Personifizierungen enthält. Stelle das Gedicht der Klasse vor, kennzeichne die Personifizierungen und erläutere, welche Wirkung sie auf dich beim Lesen und beim Nachdenken über das Gedicht hatten.

→ S. 61 Printmedien untersuchen

4 Sammelt Artikelüberschriften aus Tageszeitungen, die Personifizierungen enthalten. Stellt die Sammlung eurer Klasse vor, beschreibt die Personifizierungen und ihre Wirkung in Überschriften.

Grippe schlägt erneut zu

Teste dich selbst!

1 Lies den folgenden Text. Schreibe ihn (evtl. am PC) ab.

Die Autorin Iva Procházková erzählt über ihr Leben: »Ich bin am 13. Juni 1953 in Olmütz geboren. Olmütz ist eine gemütliche, alte Stadt in Mähren[1], mit vielen krummen Gassen, geheimnisvollen Ecken und Innenhöfen und vielen netten Leuten. Die
5 nettesten von allen waren wahrscheinlich meine Großmutter und meine Urgroßmutter, die mich meine drei ersten Jahre erzogen und verwöhnten. Dann musste ich nach Prag zu meinem Vater und meiner Mutter, die mich nicht verwöhnten, aber sie liebten mich nicht weniger. Mein Vater, ein Schriftsteller, ist gestorben, als
10 ich 17 war, und er fehlt mir bis heute. Manchmal erzähle ich ihm vor dem Einschlafen etwas Lustiges, um ihm eine Freude zu machen. Er liebte lustige Geschichten und konnte wunderbar erzählen. Das ist vielleicht der Grund, warum auch ich Schriftstellerin geworden bin. Von ihm unheilbar angesteckt, bin ich wie in
15 einem Rausch oder in einem hohen Fieber, wenn ich schreibe, und dieser Zustand dauert, bis das Buch fertig ist. Momentan ist mein Fieber normal, ich schreibe nichts, aber eine Geschichte entwickelt sich schon langsam in meinem Kopf (oder Herz?), klopft ungeduldig und wird bald rausgelassen werden …«

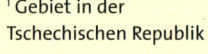
[1] Gebiet in der Tschechischen Republik

2 Schreibe zwei Beispiele für Aufzählungen heraus.

3 Unterstreiche eine nachgestellte Erläuterung mit ihrem Beziehungswort.

4
a Unterstreiche alle Nebensätze. Markiere die Einleitewörter und die finiten Verbformen verschiedenfarbig.

b Bestimme, ob es sich bei den Einleitewörtern um eine Konjunktion, ein Relativpronomen oder ein Fragewort handelt.

5 Markiere zwei mehrfach zusammengesetzte Sätze. Zeichne jeweils das Satzbild dazu.

6 Unterstreiche den Satz, der eine Infinitivgruppe beinhaltet, und den, der eine Partizipgruppe enthält.

7 Schreibe den folgenden Satz ab, unterstreiche die Infinitivgruppe und setze das Komma.

Achtung, Fehler!

Viele Erinnerungen regen die Autorin dazu an Geschichten zu erzählen.

8 Schreibe folgenden Satz ab und unterstreiche die Partizipgruppe. Setze das Komma.

Achtung, Fehler!

Iva Procházková wuchs in einem kleinen mährischen Städtchen auf von der Großmutter und der Urgroßmutter verwöhnt.

9 Entscheide, welche Wörter in den folgenden Wortgruppen Nomen sind. Schreibe die Wortgruppen in richtiger Groß- und Kleinschreibung auf. Markiere die Attribute, die sich auf die Nomen beziehen.

Achtung, Fehler!

1 eine gemütliche, alte stadt **2** lustige geschichten **3** viele nette leute **4** mit vielen krummen gassen und geheimnisvollen ecken

10 Schreibe ein nominalisiertes Wort aus dem Text von Aufgabe 1 mit seinen Begleitwörtern auf.

11 Formuliere folgende Aktivformen aus dem Text in Passivformen um.

1 Großmutter und Urgroßmutter erzogen mich.
2 Mutter und Vater verwöhnten mich nicht.

12 Schreibe die folgende Äußerung der Autorin in indirekter Rede auf und markiere die Formen im Konjunktiv I.

»Das ist […] der Grund, warum auch ich Schriftstellerin geworden bin. Von ihm unheilbar angesteckt, bin ich wie in einem Rausch […], wenn ich schreibe, und dieser Zustand dauert, bis das Buch fertig ist.«

13 Rahme im Text zwei Adverbien der Zeit ein.

14 Schreibe drei Ableitungen und drei Zusammensetzungen heraus. Markiere ihre Wortbestandteile durch senkrechte Striche.

Richtig schreiben

Groß- und Kleinschreibung

Nominalisierungen/Substantivierungen

→ S. 149 Substantive und Substantivierungen

1 Schreibe den Text ab und entscheide, ob du groß- oder kleinschreiben musst.

Achtung, Fehler!

kurios war ein tor, das im jahr 1985 zum erfolg des fc bamberg über jahn regensburg führte. ein eben eingewechselter regensburger spieler übernahm sofort das leder, stürmte zielsicher auf das tor zu und schoss unhaltbar ein. seine freude war nur kurz. es war das tor seiner eigenen mannschaft. er hatte die seiten verwechselt.

Rechtschreibhilfe: Regeln anwenden

2 Welche Regeln hast du genutzt? Vervollständige die folgenden Sätze und schreibe sie in dein Heft.

1 Satzanfänge schreibt man ▬▬ .
2 Eigennamen werden ebenfalls ▬▬ geschrieben.
3 Nomen/Substantive schreibt man im Deutschen ▬▬ .
4 Alle anderen Wortarten werden ▬▬ geschrieben.

Rechtschreibhilfe: Begleitwörter suchen

3 Entscheide, ob die unterstrichenen Wörter großgeschrieben werden müssen. Wenn ja, schreibe sie mit ihren Begleitwörtern heraus, markiere diese und begründe die Großschreibung.

TIPP
Großgeschrieben werden nur Wörter, die ein Geschlecht haben, z. B.: *das Schreiben* (sächl.).

Schlechte Manieren

Der Kuckuck ist ein großer Betrüger. Beim b/Brüten schiebt er seine Eier anderen Vögeln unter, die gerade brüten. Er muss w/Warten, bis die Eltern fort sind. Dann legt er sein Ei in das fremde Nest. Die anderen Vögel halten das Kuckucksei für ihr eigenes und
5 beginnen sofort mit dem b/Brüten. Der junge Kuckuck hat das schlechte b/Benehmen seiner Eltern geerbt. Schon Stunden nach dem s/Schlüpfen beginnt er mit dem r/Rausschmeißen der anderen Mitbewohner aus dem Nest. Die j/Jungen des Nestbesitzers haben kaum eine Chance zum ü/Überleben, wenn sie aus dem Nest
10 gestoßen wurden. Ihre Eltern kümmern sich nur um »ihren« k/Kleinen, der im Nest sitzt. Sie s/Sorgen für das tägliche f/Füttern und s/Säubern, bis der k/Kleine groß und stark ist und das Nest verlassen hat.

beim (bei dem) Brüten – Präposition (+ Artikel), ...

Nominalisierungen/Substantivierungen

> **!** Verben und Adjektive lassen sich als Nomen/Substantive verwenden. Man spricht dann von **nominalisierten/substantivierten Verben** und **Adjektiven,** die **großgeschrieben** werden. Man kann sie an ihren Begleitwörtern erkennen, z. B. an:
> - Artikeln (*der, die, das; ein, eine*)   *das Laufen,*
> - Adjektiven (*schnell, gut, …*)   *schnelles Laufen,*
> - Pronomen (*mein, ihr, etwas, nichts, …*)   *etwas Gutes,*
> - Präpositionen (+ Artikel) (*auf, beim / bei dem*)   *beim Laufen.*
>
> Nicht nur Adjektive und Verben können mithilfe dieser Begleitwörter nominalisiert/substantiviert werden, sondern auch alle anderen Wortarten, z. B.:
> *das häufige Aber* (Konjunktion), *dein lautes Aua* (Interjektion), *das Für und Wider* (Präposition).

Rechtschreibhilfe: Begleitwörter suchen

→ S.148 Die Wortarten im Überblick

4 Ermittle, welche der großgeschriebenen Wörter Substantivierungen sind und welche Wortart jeweils substantiviert wurde.

1. »Die Drei ist die Eins des kleinen Mannes«, meint Robert nach der nicht ganz gelungenen Mathearbeit.
2. Sonst hat er stets einige Einsen und viele Zweien.
3. Das Hier und das Heute stehen im Mittelpunkt seines Romans.
4. In der Diskussion ging es um das Für und das Wider von Schülercafés.
5. Das Mein und das Dein sollte man nicht verwechseln.
6. Die vielen Und machen deine Geschichte etwas eintönig.
7. Meine Eltern haben unserer Ferienfahrt ohne Wenn und Aber zugestimmt.
8. Unsere Nachbarin hat meiner Mutter das Du angeboten.
9. Dein dauerndes Ach und Weh gefällt mir überhaupt nicht.

5 Substantivierungen werden häufig verwendet, wenn es auf eine knappe und sachliche Darstellung ankommt. Formuliere folgende Sätze aus einem Praktikumsbericht um, indem du Substantivierungen verwendest.

1. Jeder Tag begann damit, dass die Arbeiten verteilt wurden.
2. Oft musste ich dabei helfen, die Regale aufzufüllen.
3. Als das Lager aufgeräumt wurde, hatte ich sogar eigene Aufgaben.
4. Die Waren richtig zu sortieren, ist mir leichtgefallen.
5. Einmal durfte ich dabei sein, als das Schaufenster gestaltet wurde.

1. Jeder Tag begann mit dem …

→ S. 203, 219
Geografische
Eigennamen

Die Schreibung von Eigennamen

1 Sieh dir die folgende Illustration an und erkläre das Problem.

Wir werden unser Kind nach seinem Großvater nennen.

Bist du verrückt? Das Kind kann doch nicht Opa heißen!

> **!** **Eigennamen** sind Wörter und Wortgruppen, die z. B. Personen, Orte, Veranstaltungen, Organisationen und Institutionen als einmalig bezeichnen. Eigennamen werden **immer großgeschrieben**, z. B.:
> *Alexander, Katharina Weber, Erfurt, Thüringen, Deutschland, Deutsche Meisterschaften im Schwimmen, Deutsches Rotes Kreuz, Freie Universität.*
> Wenn Adjektive, Partizipien oder Numeralien (Zahlwörter) Teil eines Eigennamens sind, werden sie ebenfalls großgeschrieben, z. B.:
> *der Stille Ozean, die Vereinigten Staaten, der Zweite Weltkrieg.*

Rechtschreibhilfe:
Regeln
nachschlagen

2
a Suche im Wörterbuch die Regeln zur Schreibung von Eigennamen heraus und fasse diese mit eigenen Worten schriftlich zusammen.

TIPP
§ 59–62 der
amtlichen
Regelung der
deutschen
Rechtschreibung

b Wende nun die Regeln an und schreibe die folgenden Wortgruppen richtig in dein Heft.

1 der d/Deutsche Bundestag **2** der k/Kleine Bär (Sternbild)
3 das Kap der g/Guten Hoffnung **4** der i/Indische Ozean
5 die c/Chinesischen Gewürze **6** die w/Weiße Flotte
(Schifffahrtsgesellschaft) **7** Zum g/Goldenen Hahn (Gaststätte)
8 das z/Zweite d/Deutsche Fernsehen **9** m/Mecklenburgisches Gemüse
10 die h/Hohe Tatra (Gebirge) **11** die h/Hohen Kosten

3 Die Schreibung von Personennamen ist nicht an die amtlichen Rechtschreibregeln gebunden.

a Sieh im Telefonbuch nach und schreibe die unterschiedlichen Schreibweisen für *Meier, Schmidt, Seifert* auf.

TIPP
Ein Vornamenbuch hilft dir.

b Schreibe die verschiedenen Schreibweisen für folgende Vornamen auf.

1 Mike 2 Carina 3 Christoph 4 Luca 5 Niklas 6 Katrin 7 Knut

1. Mike, Maik, Meik, …

Rechtschreibhilfe: Regeln anwenden

a Solche oder ähnliche Überschriften findest du in Zeitungen und Zeitschriften. Schreibe die Eigennamen heraus.

- Neuer Chefredakteur bei der Märkischen Allgemeinen Potsdam
- Roter Milan vom Aussterben bedroht
- Tokio Hotel begeistert Moskau
- Weihnachtskonzert des Leipziger Thomanerchors begeistert
- Keine Angst vor dem Grauen Wulstling
- Das Rote Kreuz hilft auch in Afghanistan

b Erkläre, was die Eigennamen bezeichnen.

5 Eigenname – ja oder nein? Entscheide, ob du groß- oder kleinschreiben musst. Schreibe die unterstrichenen Wortgruppen heraus und begründe mündlich ihre Schreibung.

1. Deutschland ist Mitglied der v/Vereinten Nationen.
2. Das v/Vereinte Deutschland spielt eine wichtige Rolle in der e/Europäischen Union.
3. Viele e/Europäische Staaten wurden bereits Mitglied in dieser i/Internationalen Staatengemeinschaft.
4. Alle warten mit Spannung auf die Entscheidung des i/Internationalen o/Olympischen Komitees.
5. Der Flug über den a/Atlantischen Ozean ist längst kein Abenteuer mehr.
6. Spanien wird vom a/Atlantischen Klima beeinflusst.
7. Wir wollen am s/Schwarzen Meer Urlaub machen.
8. Für den Drucker musst du s/Schwarze Tinte kaufen.
9. Den s/Schiefen Turm von Pisa würde ich gern fotografieren.
10. Im r/Roten Meer zu tauchen, muss interessant sein.
11. Er trägt gern r/Rote Pullover.

Getrennt- und Zusammenschreibung

Regeln der Getrennt- und Zusammenschreibung bei Verben

a Lies den Text laut. Welche Probleme hast du beim Lesen?

> SO SCHRIEB MAN IM ALTEN GRIECHENLAND UND IM ALTEN ROM ZWISCHEN DEN SÄTZEN UND WÖRTERN WURDEN KEINE ZWISCHENRÄUME GELASSEN AUCH PUNKTE UND ANDERE SATZZEICHEN GAB ES NICHT DAS WAR NICHT EINFACH ZU LESEN HEUTE KÖNNEN WIR DIE WÖRTER ZUM GLÜCK AUSEINANDER SCHREIBEN ABER AUCH NICHT ALLE

b Schreibe den Text nach heutiger Rechtschreibung ab. Welches Verb muss zusammengeschrieben werden?

Im Prinzip schreibt man Wörter getrennt, damit man Texte besser lesen kann und damit keine Wortungeheuer entstehen. Häufig entscheiden die Betonung und die Bedeutung von Wortgruppen über die Getrennt- und Zusammenschreibung:
- Liegt die **Betonung auf dem ersten Bestandteil,** dann wird zusammengeschrieben, z. B.:
  auseinandersetzen, hinauslehnen, schlussfolgern.
- Werden **beide Bestandteile betont,** wird getrennt geschrieben, z. B.:
  aufeinander achten, etwas quer (in den Weg) stellen, laut sprechen.

Auch die Bedeutung ist wichtig für die Getrennt- oder Zusammenschreibung:
- Wird die Wortverbindung **in übertragener Bedeutung** verwendet, dann wird sie zusammengeschrieben, z. B.:
  freisprechen (von Schuld), *schwerfallen* (Mühe haben).
- Bei Verbindungen mit *bleiben* und *lassen* in übertragener Bedeutung ist sowohl Getrennt- als auch Zusammenschreibung möglich, z. B.:
  sitzenbleiben und *sitzen bleiben* (nicht versetzt werden),
  links liegenlassen und *links liegen lassen* (nicht beachten).

Regeln der Getrennt- und Zusammenschreibung bei Verben

Rechtschreibhilfe: Bedeutungs- und Betonungsprobe

Achtung, Fehler!

2 In einigen Sätzen werden Verben in übertragener Bedeutung verwendet. Berichtige die Wörter und schreibe die Sätze ab.

1. Diese Aufgaben werden mir nicht schwer fallen.
2. Bei Glätte kann man ziemlich schwer fallen.
3. Die Behauptungen sind falsch. Ich muss einiges richtig stellen.
4. Den Schrank im Kinderzimmer musst du erst mal richtig stellen, damit die Türen nicht klemmen.
5. Der Richter kann den Angeklagten nicht frei sprechen, er muss ihn verurteilen.
6. In einem Vortrag sollte man möglichst frei sprechen, um überzeugend zu wirken.
7. Der Händler will mir den Betrag für das defekte Notebook gut schreiben, also das Geld überweisen.
8. Meine Schwester konnte schon mit 6 Jahren gut schreiben.

> Verbindungen aus **Adjektiv + Verb** werden meist **getrennt** geschrieben, z. B.: *laut sprechen, schnell laufen*.
> Nur in **übertragener Bedeutung** muss man zusammenschreiben, z. B.: *schwarzfahren* (ohne Fahrkarte), *schwerfallen* (Mühe haben), *festnehmen* (verhaften), *richtigstellen* (etwas berichtigen), *großschreiben, kleinschreiben* (mit großen bzw. kleinen Anfangsbuchstaben), *freisprechen* (von Schuld).

Rechtschreibhilfe: Bedeutungs- und Betonungsprobe

3 Wende bei deiner Schreibentscheidung – getrennt oder zusammen – die Regel aus dem Merkkasten an.

1. Zum Bahnhof mussten wir ▬▬▬ (schnell – laufen), sonst hätten wir den Zug verpasst.
2. Nomen/Substantive muss man im Deutschen ▬▬▬ (groß – schreiben).
3. Alle anderen Wortarten werden ▬▬▬ (klein – schreiben).
4. Bei Schneeglätte kann man ▬▬▬ (leicht – fallen).
5. Diese Aufgabe wird mir nicht ▬▬▬ (schwer – fallen).
6. Die Entscheidung wird uns ziemlich ▬▬▬ (leicht – fallen).
7. Wir müssten noch einen Termin für unsere Beratung ▬▬▬ (fest – legen).
8. Die Polizei wollte den Einbrecher ▬▬▬ (fest – nehmen).
9. Wer keine Schuld hat, wird vom Richter ▬▬▬ (frei – sprechen).
10. Auf dem Plakat solltest du den ersten Buchstaben sehr ▬▬▬ (groß – schreiben).

4 Entscheide richtig: *groß schreiben* oder *großschreiben*, *klein schreiben* oder *kleinschreiben*.

1. Im Gegensatz zu Nomen/Substantiven muss man Adjektive und Verben ▬▬ .
2. Auch nach der Rechtschreibreform müssen wir Nomen/Substantive weiterhin ▬▬ .
3. In allen anderen Sprachen der Welt werden Nomen/Substantive allerdings ▬▬ .
4. Nur im Deutschen werden Nomen/Substantive nach wie vor ▬▬ .
5. Auf einem Werbeplakat sollte man die Buchstaben richtig ▬▬ .
6. Auf einer Postkarte dagegen muss man meist ziemlich ▬▬ .

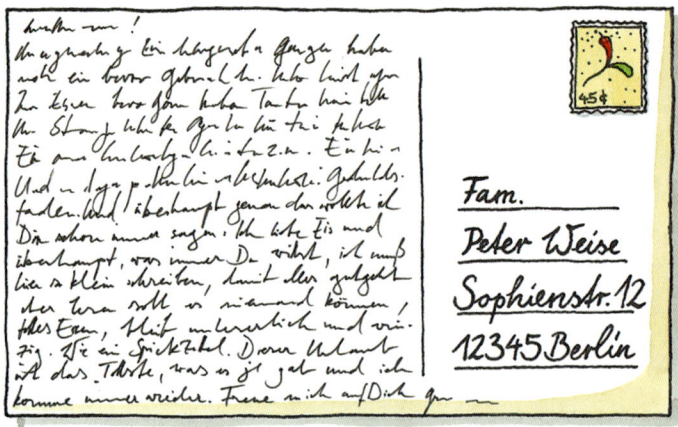

Rechtschreibhilfe: Bedeutungs- und Betonungsprobe

5 Bilde mit den folgenden Nomen, Adjektiven und Verben möglichst viele sinnvolle Wortgruppen. Achte dabei auf Getrennt- und Zusammenschreibung.

Nomen	Adjektiv	Verb
im Bus nicht	schwarz	sprechen
auf der Baustelle	leicht	fahren
die Aufgabe wird mir	fest	fallen
den Verbrecher	frei	nehmen
bei Glatteis	schwer	stellen
eine Behauptung	richtig	schreiben
einen Betrag	gut	arbeiten

im Bus nicht schwarzfahren, …

Verbindungen von **Verb + Verb** werden überwiegend **getrennt** geschrieben, z. B.: *lesen lernen, baden gehen*.
Nur bei **übertragener Bedeutung** ist bei Verbindungen mit den Verben *bleiben* und *lassen* auch Zusammenschreibung möglich, z. B.: *sitzenbleiben* (nicht versetzt werden), *links liegenlassen* (nicht beachten).

TIPP
Verwende dazu die entsprechende Regel, z. B. K 55–56 im Duden.

6 Beim Aufeinandertreffen von zwei Verben kann man mit der Schreibung Bedeutungsunterschiede deutlich machen. Entscheide dich für eine Schreibung und begründe deine Entscheidung.

1 Viele Kinder wollen bereits vor Schuleintritt ▬▬ (lesen – lernen).
2 Gute Leserinnen und Leser werden in der Schule selten ▬▬ (sitzen – bleiben).
3 Deshalb sollte man schlechte Leser nicht links ▬▬ (liegen – lassen).
4 In solchen Fällen muss man auch Kritik ▬▬ (bleiben – lassen) und verstärkt ▬▬ (lesen – üben).
5 Als Belohnung für Erfolge kann man dann ▬▬ (baden – gehen) oder im Wald ▬▬ (spazieren – gehen).
6 Wem das nicht gefällt, den sollte man einfach ▬▬ (stehen – lassen).
7 Anna hat ihn ▬▬ (sitzen – lassen), als er Hilfe brauchte.
8 So etwas sollte man auf jeden Fall ▬▬ (bleiben – lassen).

Rechtschreibhilfe: Bedeutungsprobe

7 Entscheide, welche Verbindungen auch zusammengeschrieben werden können. Prüfe deine Entscheidung mit einem Wörterbuch.

1 Sie sollte viel öfter ▬▬ (rechnen – üben).
2 Außerdem hat sie die Verabredung mit ihrem Freund Jan ▬▬ (platzen – lassen).
3 Sie wollte lieber ins Erlebnisbad ▬▬ (schwimmen – gehen).
4 Aber dann ist sie im Stau ▬▬ (stecken – bleiben).
5 Ich hoffe, dass wir unseren Streit bald ▬▬ (ruhen – lassen).
6 Dann können wir zusammen wieder ▬▬ (einkaufen – gehen) und uns ▬▬ (treiben – lassen).

> Verbindungen aus **Nomen/Substantiv + Verb** werden überwiegend **getrennt** geschrieben, z. B.:
> *Auto fahren, Rad fahren, Ski laufen, Klavier spielen, Not leiden.*
> Folgende **Ausnahmen** muss man sich einprägen:
> *eislaufen (eisgelaufen, eiszulaufen, ich laufe eis), heimfahren, irreführen, leidtun, kopfrechnen, kopfstehen, preisgeben, teilnehmen.*

Rechtschreibhilfe: Regeln anwenden

8 Ergänze die Sätze mithilfe der Wörter in Klammern. Schreibe sie ab.

1 Man sollte viel häufiger ▬ (Rad – fahren) und weniger ▬ (Auto – fahren).
2 Manche wollen lieber ▬ (Ski – laufen).
3 Auch wenn du ▬ (Kopf – stehen), du musst heute noch die Hausaufgaben machen.
4 Ich lasse mich an der Kasse nicht so leicht ▬ (Irre – führen), denn ich kann ganz gut ▬ (Kopf – rechnen).
5 Im Winter gehen wir gern ▬ (Eis – laufen).
6 Danach können wir mit dem Bus ▬ (Heim – fahren).
7 Sie wollte ihr Geheimnis nicht ▬ (Preis – geben).
8 Niemand wusste, dass sie ▬ (Klavier – spielen) konnte.

9 Schreibe die Beispiele aus dem Merkkasten in eine Tabelle.

Getrenntschreibung	Zusammenschreibung
Auto fahren ...	eislaufen ...

Achtung, Fehler!

10 Hier ist etwas durcheinandergeraten. Bringe Ordnung in diese Fügungen und beachte die Getrennt- und Zusammenschreibung sowie die Groß- und Kleinschreibung.

1 autolaufen 2 skistehen 3 kopflaufen 4 radrechnen 5 preisfahren
6 ratfangen 7 feuersuchen 8 diätstehen 9 schlangehalten 10 irretun
11 leidführen 12 kopfnehmen 13 teilgeben 14 eisfahren

 *1. Auto fahren, 2. ...*

Die Schreibung von Straßennamen

a Man sieht immer wieder falsch geschriebene Namen von Straßen und Plätzen. Lies die folgenden Beispiele und suche die Fehler.

Achtung, Fehler!

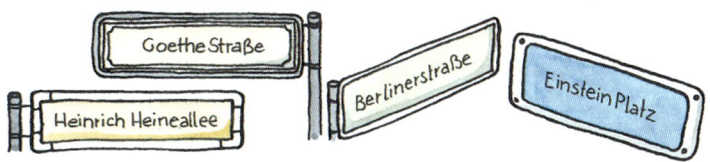

b Lies den Merkkasten und schreibe die Straßennamen aus Aufgabe a richtig auf.

Zusammengeschrieben werden **Straßennamen**, wenn sie folgende Bestandteile als Bestimmungswort haben:
- einteilige Personennamen, z. B.: *Schillerstraße, Einsteinplatz,*
- ungebeugte Adjektive, z. B.: *Rundweg, Blaugasse,*
- Nomen/Substantive, z. B.: *Bergstraße, Kastanienallee.*

Getrennt geschrieben werden Straßennamen, wenn sie folgende Bestandteile enthalten:
- gebeugte Adjektive, z. B.: *Alter Steinweg, Breite Straße, Innerer Ring,*
- geografische Eigennamen auf *-er* oder *-isch*, z. B.: *Berliner Platz, Grimmaische Straße,*
- eine Präposition (+ Artikel), z. B.: *Unter den Linden, Am Anger.*

Mit Bindestrich geschrieben werden Straßennamen, wenn sie folgende Bestandteile als Bestimmungswort haben:
- mehrgliedrige Personennamen, z. B.: *Robert-Schumann-Straße, Karl-May-Gasse, Gebrüder-Grimm-Platz.*

a Berichtige die Straßennamen und ordne sie in die Tabelle ein.

Park Straße – Augustiner-Platz – Anderaue – Helden-Platz – Neuestraße – Schubert Straße – Geschwister Scholl Straße – Am-Stadtgraben – Juri Gagarinring – Luther Platz – Carl Maria von Weber Straße – Schloss-Platz – Marien-Gässchen – Suhlerstraße – Kosmonauten Straße

Achtung, Fehler!

Zusammenschreibung	Getrenntschreibung	mit Bindestrich
Parkstraße	...	...

b Ergänze in den einzelnen Spalten der Tabelle jeweils ein Beispiel.

c Suche aus dem Stadtplan von Dresden (Zentrum) passende Straßennamen heraus und ordne diese in die Tabelle aus Aufgabe a ein.

Rechtschreibhilfe: Regeln anwenden

3 Bilde aus den folgenden Namen und Begriffen Straßennamen.

Bach – Martin Luther – Dom – Zwickau – Ludwig van Beethoven – Bahnhof – Dr. Robert Koch – Weimar – lang – breit – Friedrich Schiller – Tal – Greifswald – Ostsee

Straße – Platz – Allee – Gasse – Weg

Bachstraße, ...

4 Stelle Straßennamen aus deinem Ort zusammen und ordne sie nach Getrenntschreibung, Zusammenschreibung und Schreibung mit Bindestrich.

5 Lies diesen Text über ungewöhnliche Straßennamen und suche in deinem Wohn- oder Nachbarort ähnliche Straßennamen.

Im Prinzip haben die Straßen in den meisten Orten ganz normale Namen: **Hauptstraße**, **Kirchgasse**, **Heinrich-Heine-Platz**, **Berliner Allee**. Aber eben nur im Prinzip. Da gibt es z. B. die **Milchstraße**, den **Irrweg**, das **Schulterblatt** und den **Stinkbüdelsgang**
5 in Hamburg. Vielleicht wollen die Bewohner von **Außenliegend** (Mühlheim) und der **Knochenhauertwiete** sowie **Hinter der Neuen Tröge** doch lieber in den **Döhnerweg** ziehen. Man kann aber auch auf dem **Hühnerposten** oder im **Duschweg** (alle Hamburg) leben. Im Zentrum von Köln wohnt man **Unter Fetten-**
10 **hennen** und in Aachen **An den Wurmquellen.** Auch auf der **Tüünlüüd** (Maasholm) und **Am Elend** (Wuppertal), **Am Schmandsack** (Dortmund), **Am Flötenhalterweg** und sogar im **Himmelreich** (Heide-Dithmarschen) wohnen Leute. Die Bewohner der **Ellenbogengasse** (Frankenthal) sind sicher ebenso
15 wenig glücklich über den Namen wie die Leute in der **Frustbergstraße** (Hamburg), eher dagegen die Berliner auf der **Frohen Stunde**.

Wörter mit Bindestrich

→ S. 218 Mit Wörterbüchern arbeiten

1 Erkunde im Regelteil des Wörterbuchs, wann ein Bindestrich gesetzt werden sollte und wie viele man setzen darf.

> **Bindestriche** erleichtern das Lesen. Sie machen Wortzusammensetzungen übersichtlicher, z. B.:
> *das Preis-Leistungs-Verhältnis, die Berg-und-Tal-Bahn*.
> Mit Bindestrich werden folgende Wörter geschrieben:
> - Zusammensetzungen mit einzelnen Buchstaben, Abkürzungen, Kurzwörtern oder Ziffern, z. B.:
>   *A-Dur, c-Moll, x-beliebig, Dehnungs-h, Lkw-Verkehr, Musik-CD, WLAN-Verbindung, 13-jährig, 100-prozentig, 5:1-Sieg,*
> - Zusammensetzungen mit mehr als zwei Bestandteilen, z. B.:
>   *Hals-Nasen-Ohren-Arzt, 24-Zoll-Monitor, Trimm-dich-Pfad,*
> - Zusammensetzungen, die zu Missverständnissen führen können, z. B.:
>   *Druck-Erzeugnis* (Erzeugnis einer Druckerei) – *Drucker-Zeugnis* (Zeugnis für einen Drucker),
> - Eigennamen mit mehrteiligen Namen, z. B.:
>   *Goethe-Schiller-Gedenkstätte, Nord-Ostsee-Kanal.*
>
> Ein Bindestrich **kann** auch beim Zusammentreffen von drei gleichen Buchstaben in Zusammensetzungen gesetzt werden, z. B.:
> *Auspuff-Flamme* (neben *Auspuffflamme*), *Tee-Ei* (neben *Teeei*).

2 Schreibe die Zusammensetzungen mit Artikel ab und setze die Bindestriche richtig.

MAIJUNIHEFT – RHEINMAINDONAUKANAL – FRIEDRICHSCHILLERMUSEUM – HAVELSPREEKANAL – HALSNASENOHRENARZT – JOHANNWOLFGANGVONGOETHEDENKMAL – HEINRICHHEINEOBERSCHULE – KOPFANKOPFRENNEN

das Mai-Juni-Heft, ...

Achtung, Fehler!

3 Bilde Zusammensetzungen mit Ziffern und setze die Bindestriche.

alle Fünfzehnjährigen – das Zehnfache – sechsjährig – ein Achtzylinder – ein Dreipfünder – der Einhundertmeterlauf – eine vierzehntägige Reise

Getrennt- und Zusammenschreibung

4 Füge entsprechende Bindestriche ein, um die Lesbarkeit zu verbessern und um Missverständnisse zu vermeiden.

1 Kaffeeersatz – Flussschifffahrt – Kleeernte – Teeei – Hawaiiinseln – Schwimmmeisterschaft – Sauerstoffflasche – Klemmmappe – Schlusssignal – Alleeecke
2 Hansaufer – Urteilchen – Musikerleben – Uranfang

1. Kaffee-Ersatz, …

Rechtschreibhilfe: Regeln anwenden

TIPP
In zwei Fällen sind beide Schreibweisen möglich.

Achtung, Fehler!

5 Wähle aus, wie die Wortgruppe richtig geschrieben wird, und schreibe sie auf.

1 ein 14 jähriges Mädchen – ein 14-jähriges Mädchen
2 das Robert-Schumann-Museum – das Robert Schumann-Museum
3 11 mal versuchen – 11-mal versuchen
4 ein 6 Achser – ein 6-Achser (Lkw)
5 der Elbe Havel Kanal – der Elbe-Havel-Kanal
6 100 prozentig – 100-prozentig
7 die November Dezemberausgabe – die November-Dezember-Ausgabe
8 der 100 Euroschein – der 100-Euro-Schein
9 Stofffetzen – Stoff-Fetzen
10 im Zooorchester spielen – im Zoo-Orchester spielen

1. ein 14-jähriges Mädchen, …

Fremdwörter

1 Erläutere die Verwechslungen der Fremdwörter und berichtige sie.

1 In Deutschland werden Staatspräsidenten immer von Polizeikonsorten begleitet.
2 »Herr Doktor, mein Mann infiziert sich für gar nichts mehr. Können Sie ihm helfen?«

! **Fremdwörter** kommen aus anderen Sprachen (engl.: *Mountainbike*), sind nicht immer einfach zu schreiben (ital.: *Pizza*), werden anders ausgesprochen als geschrieben (franz.: *Medaille*) und manchmal kennt man die genaue Bedeutung nicht (griech.: *Asteroid*).
Wenn man Fremdwörter nicht genau kennt, sollte man unbedingt ein Wörterbuch benutzen, z. B. einen Duden. Manchmal aber ist es notwendig, in einem speziellen **Fremdwörterbuch** nachzuschlagen. Dort findet man ausführliche Informationen zu Bedeutung, Aussprache, Schreibung und Herkunft vieler Fremdwörter.

2 Entscheide, welche Bedeutung dieser Fremdwörter die richtige ist, und schreibe sie auf. Verwende ein Wörterbuch, wenn du unsicher bist.

1 *Affäre*
a) Lufthülle
b) Affenart
c) peinlicher Vorfall
d) Transportschiff

2 *anonym*
a) bekannt
b) unbekannt
c) gegenteilig
d) geheim

3 *Cyberspace*
a) Raumschiff
b) Sportart
c) künstliche Welt
d) Wasserfahrzeug

4 *Outlet*
a) Eiergericht
b) Werkverkauf
c) Auszeit
d) Ausgang

5 *integrieren*
a) streiten
b) einbeziehen
c) vernachlässigen
d) sich einmischen

6 *Individuum*
a) indisches Gewürz
b) Metall
c) Einzelwesen
d) naiver Mensch

7 *Interpunktion*
a) Pünktlichkeit
b) Zeichensetzung
c) geheime Abmachung
d) Zwischenlösung

8 *Collage*
a) Kollege
b) zusammengeklebtes Bild
c) Hunderasse
d) Schule

9 *Niveau*
a) Hautcreme
b) Rang, Wertstufe
c) Parfüm
d) Sportgerät

Fremdwörter

TIPP
Prüfe die Lösung mit einem Wörterbuch.

3 Diese Fremdwörter klingen ähnlich, haben aber eine ganz andere Bedeutung. Entscheide dich für das richtige Wort und erkläre mündlich den Unterschied.

1. in eine Marionetten-Wohnung / Maisonette-Wohnung ziehen
2. sich bei der Vorbereitung der Klassenfahrt stark arrangieren / engagieren
3. das Geld in einen Tresor / Ressort legen
4. neue Schüler integrieren / intrigieren
5. ein Pop-Konzert in einem Amphibientheater / Amphitheater erleben
6. eine Konifere / Koryphäe einpflanzen
7. Die Zeichensetzungslehre nennt man Interpunktion / Interjektion.
8. Ein Bindewort heißt lateinisch Konjunktion / Konjugation.

1. Maisonette-Wohnung, 2. ...

4 Fremdwörter aus dem Englischen: Erkläre das Missverständnis.

Eine Frau steht vor einer verschlossenen Ladentür. Kommt eine Nachbarin vorbei und sagt: »Hier brauchen Sie nicht zu warten. Sie sehen doch das Schild.«
»Ja, das ist mir auch aufgefallen, dass das Klosett falsch geschrieben ist. Aber wer immer da jetzt drin sitzt, braucht bestimmt nicht mehr lange.«

! Viele Wörter übernehmen wir gegenwärtig **aus dem Englischen**, vor allem aus den Bereichen der Informationstechnik (*DVD-Player, WLAN*), der Musik (*Rapper, Boy-Group*), der Mode und des Sports (*Jeans, Inlineskates*). Allerdings kommen auch Wörter in die deutsche Sprache, für die es schon deutsche Entsprechungen gibt, z.B.:
Ticket (statt *Fahrkarte*), *Service-Point* (statt *Auskunft/Information*), *outsourcen* (statt *auslagern*).

5 Übertrage die Tabelle in dein Heft und ordne die folgenden Wörter richtig ein. Begründe deine Meinung und verwende, wenn nötig, ein (Englisch-)Wörterbuch.

Service-Point – Skateboard – Aircondition – chatten – Location – chillen – Beauty-Case – Bodywear – biken – Public Viewing – googeln – shoppen – Coolness – easy – Kiddy Contest – Beachwear – scannen – Airbag – Fun – News – Bodyguard – Christmas

einfach ins Deutsche übertragbar	mit Problemen übertragbar
Service-Point: Auskunft/Information ...	Skateboard: Rollerbrett?? ...

TIPP
Verwende ein Wörterbuch zur Kontrolle.

6 Lies die Texte und finde heraus, um welche Begriffe es sich handelt. Schreibe, wenn möglich, Artikel und Pluralform auf.

Fremdwortgeschichte – Wer kennt mich?

1 Eigentlich habe ich einen typisch englischen Namen. Aber in den USA und in England kennt niemand diesen Namen, der 1988 in Deutschland entstanden sein soll. Weil der Name den Deutschen zu englisch war, wurde sogar ein Wettbewerb ausge-
5 schrieben, um einen anderen Namen für mich zu finden. Aber solche Bezeichnungen wie *Ohrli, Nervli, Rufli, Fonli, Mini, Mobi, Talky, Tragi* und *Schnelli* konnten sich alle nicht durchsetzen. So ist es bei dem ursprünglichen Namen geblieben, den jedes Kind kennt. Ich bin sehr begehrt, und die meisten besitzen mich auch,
10 obwohl ich manchmal ganz schön teuer werden kann.
Übrigens: In China nennt man mich *sau kei* (Handmaschine), in Frankreich *portable*, in Griechenland *kinito*, in Italien *móbile* oder *telefonino* (das Telefönchen) und in Russland *mobilnik*.

2 Ich habe einen kurzen, aber schwierigen Namen. Aussprache
15 und Schreibung unterscheiden sich stark voneinander. Man verwendet mich meistens als Zusatzbezeichnung für Getränke, Jogurt oder Käse. Diese Produkte gelten im Zusammenhang mit meinem Namen als besonders gesund. Ernährungswissenschaftler aber bezweifeln das. Außerdem schummeln manche Hersteller.
20 Obwohl sie meinen Namen verwenden, haben sie kaum etwas an ihren Produkten verändert, nur den Preis.

Fremdwörter

> **!** Die meisten **englischen Wörter** werden an die deutsche Sprache angepasst oder auch eingedeutscht. Dies geschieht mithilfe der für das Deutsche typischen Artikel (*der, die, das* + Großschreibung der Nomen/Substantive), Präfixe (*ge-*), Suffixe (*-ier-*) und Endungen (*-en, -er, -s, -et, -t*), z. B.:
>
> | Englisch | eingedeutscht |
> |---|---|
> | shop | der Shop, die Shops, shoppen |
> | airbag | der Airbag, die Airbags |
> | to format | formatieren, formatiert |
> | to scan | scannen, gescannt, der Scanner |
>
> Übrigens: Es gibt auch eine ganze Reihe deutscher Wörter im Englischen, z. B.: *Autobahn, Bratwurst, Doppelgänger, echt, Gemütlichkeit, heiß, Kindergarten, Rucksack, Sauerkraut, verboten, Zwieback.*

7 Bilde entsprechende Anpassungen an die deutsche Sprache: Artikel und Pluralform bei Nomen/Substantiven, Infinitiv und Partizip II bei Verben. Markiere die Wortbauteile, die du verwendet hast.

1. to skate
2. to jog
3. to scan
4. to install
5. game
6. notebook
7. match
8. team

1. to skate: skat__en__, …

8 Schreibe Sätze, in denen du möglichst viele Fremdwörter aus Aufgabe 2 (S. 207) verwendest.

9 Suche die entsprechenden französischen Fremdwörter mit *aill, eau, eur, age, ou*. Achte auch auf die Aussprache.

1. bekommt der Sieger — Med
2. Streckenplan, Wegstrecke — R
3. Rang, Stufe, Ebene — Niv
4. Unterstellmöglichkeit für Autos — G
5. gerollter Braten — Ro
6. Hochebene — Pla
7. studierter Techniker — Ing

Abkürzungen und Kurzwörter

1 Sieh dir die Karikatur an und beschreibe die Situation. Löse den Inhalt der Sprechblase auf.

2
a Überlegt, was eurer Meinung nach für bzw. gegen Abkürzungen und Kurzwörter spricht. Tauscht euch aus.

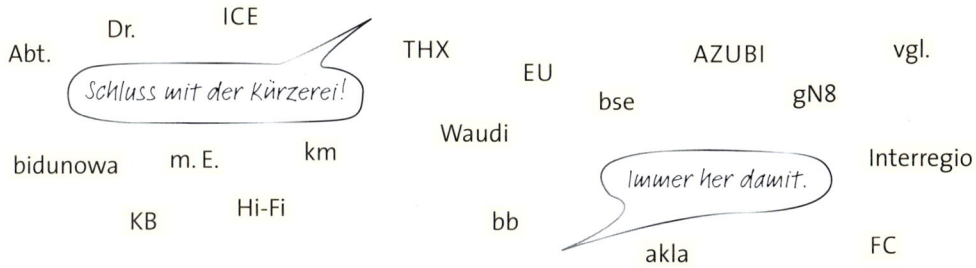

b Übertrage die Tabelle in dein Heft. Trage die Abkürzungen und Kurzwörter aus Aufgabe a in die richtige Spalte ein und ergänze die Langformen.

allgemein gebräuchliche Abkürzungen	Abkürzungen beim Chatten und Simsen
Hi-Fi – High Fidelity	Waudi – Warte auf …

Abkürzungen sind in der Regel Einzelbuchstaben, Buchstabenfolgen oder Wortteile, die vorwiegend in der geschriebenen Sprache Verwendung finden, um das Schreiben schneller und platzsparender zu gestalten. Man unterscheidet
- **Abkürzungen mit einem Punkt,** z. B.:
  z. B. (zum Beispiel), *Dr.* (Doktor), *usw.* (und so weiter),
- **Abkürzungen ohne Punkt** für Maßeinheiten, chemische Elemente, Himmelsrichtungen und Währungseinheiten, z. B.:
  m (Meter), *Zn* (Zink), *W* (Watt), *SW* (Südwest), *MB* (Megabyte).

Kurzwörter werden teilweise auch im mündlichen Sprachgebrauch verwendet. Sie entstehen dadurch, dass Wortteile weggelassen werden, z. B.: *Fotografie → Foto, Fahrrad → Rad*.
Besondere Formen von Kurzwörtern sind **Buchstabenwörter,** bei denen die Buchstaben einzeln oder zusammenhängend gesprochen werden. Hinter den Buchstabenwörtern steht kein Punkt, z. B.:
Lkw (gesprochen: el-ka-we, Lastkraftwagen), *PLZ* (Postleitzahl).
Auch **Silbenwörter** sind Kurzwörter. Silbenwörter werden aus den Anfangssilben zusammengesetzter Wörter gebildet, z. B.:
Kriminalpolizei → Kripo.

TIPP
Hilfe findest du im Duden oder in einem anderen Wörterbuch oder unter www.abkuerzungen.de.

a Kennst du die folgenden Abkürzungen und Kurzwörter? Schreibe sie ab und ergänze ihre Langform.

1	AB	10	d. h.	19	evtl.	28	Sek.
2	Abb.	11	DRK	20	ha	29	s. o.
3	ARD	12	i. A.	21	SO	30	TÜV
4	BMW	13	Ing.	22	dm	31	ü. d. M.
5	BRD	14	Jh.	23	km/h	32	u. a.
6	b. w.	15	Kfz	24	Mg	33	ugs.
7	C	16	MDR	25	Nr.	34	V
8	ca.	17	Mrd.	26	z. T.	35	vgl.
9	DFB	18	Dr.	27	Pkw	36	VW

1. AB – Anrufbeantworter, 2. …

b Markiere in deinem Heft diejenigen Abkürzungen, die du schon häufiger verwendet hast. Erläutere, wann und warum du sie benutzt.

Abkürzungen und Kurzwörter 213

4 Bilde von den Langformen die entsprechenden Abkürzungen. Übertrage die Tabelle in dein Heft und ordne die Abkürzungen in die richtige Spalte ein.

1 umgangssprachlich 2 Europäische Union 3 Abkürzung 4 Diplomingenieur 5 Internationales Olympisches Komitee 6 Allgemeiner Deutscher Automobilclub 7 Elektronische Datenverarbeitung 8 digital versatile disc 9 Megahertz 10 Nordost 11 Rundfunk Berlin-Brandenburg 12 Nordrhein-Westfalen 13 Watt 14 Millimeter 15 meines Erachtens 16 und so weiter 17 zirka (cirka) 18 World Wide Web 19 Magnesium 20 und andere(s) mehr 21 zur Zeit 22 Zweites Deutsches Fernsehen

mit Punkt	ohne Punkt
ugs.	EU
…	…

5 Bilde aus diesen Langformen die gebräuchlichen Kurzwörter.

1 Lokomotive 2 Universität 3 Automobil 4 Omnibus 5 Mathematik 6 Katalysator 7 Auszubildender 8 Akkumulator 9 Abitur 10 Information 11 Navigationssystem 12 Diskothek 13 Kilogramm 14 Dinosaurier 15 Zoologischer Garten

6

a Erkläre an einem Beispiel, wie Silbenwörter entstehen.

b Schreibe jeweils die Langform zu den folgenden Silbenwörtern auf.

1 Kita 2 Navi 3 Interpol 4 Trafo 5 Schiri 6 Reha 7 Stasi 8 Info

1. Kita – Kindertagesstätte, 2. …

TIPP
Nutze die Information aus dem Merkkasten auf S. 212.

→ S. 205 Wörter mit Bindestrich

7 Manche Abkürzungen werden mit einem Bindestrich geschrieben. Schreibe diese Wörter zusammen mit der Langform richtig auf.

1 UBOOT 2 EMAIL 3 KMZAHL 4 PKWFÜHRERSCHEIN 5 DVDPLAYER 6 SBAHN 7 HMILCH 8 IPUNKT 9 KFZWERKSTATT

1. U-Boot: Unterseeboot, 2. …

Für SMS und andere Formen von Textübermittlung im Internet haben sich vielfältige Kürzungsvarianten entwickelt, denn die Eingabe des Textes für eine SMS ist mühsam.
SMS-Abkürzungen und **-Kurzwörter** sind z. B.: *glg* (ganz liebe Grüße), *tml* (Tut mir leid!), *waudi* (warte auf dich), *gN8* (*Gute Nacht!*).
Diese Abkürzungen sind nicht einheitlich. Sie können unterschiedliche Bedeutungen oder auch unterschiedliche Formen haben, z. B.:
G (Grinsen oder Gangster), *HD!* oder *HDU* (Halte durch!).
Ebenso gibt es keine einheitlichen und nachvollziehbaren Regelungen zur Groß- und Kleinschreibung, z. B.:
GLG, *glg* oder *glG* (ganz liebe Grüße).

 8 Findet die Bedeutung der folgenden SMS-Abkürzungen und -Kurzwörter heraus.

1 8tung **2** BIGBEDI **3** GNGN **4** HEGL **5** MFG **6** RUMIAN
7 WASA **8** BB **9** BRADUHI **10** GN8 **11** HAHU **12** KV **13** THX

TIPP
Hilfe erhaltet ihr auch im Internet.

9
a Überlege, warum Anzeigen (Annoncen) in Zeitungen voll von teilweise ungewöhnlichen Abkürzungen sind.

b Wähle eine Annonce aus und schreibe die Langform des Textes auf.

DD-Neustadt: EG, 54 qm, WZ, SZ, Bad, Kü m. Fe., inkl. Pkw-Stellpl., 8 € KM/qm. VB + NK, herrl. Fernbl., v. priv., Tel. (01 70) 2 40 91 87

Verk. gebr. Nintendo DS gelb, repar., aber voll funkt.fähig, wenn gewü. zusätzl. 2 Spiele u. Zusatz-Modul. Pr. n. Ver., Handy (01 57) 2 45 89 99

Mountainbike Cube LTD118 Z. 27 Gg.-Schalt. 5 J. alt, wen. gef., kl. Kratz., inkl. Fahrr.-Comput., 2 Trinkfl., kl. Sattelta. Pr. 150 €, zu erfr. bei Tim W. (03 41) 1 22 22 76

10 Schreibe einen Text, der möglichst viele Abkürzungen oder Kurzwörter enthält. Nutze z.B. die aus Aufgabe 3 a (S. 212). Lies ihn laut vor.

11 Formuliere eine eigene Anzeige zu einem selbst gewählten Gegenstand (Fahrrad, PC, …). Verwende dabei möglichst viele Abkürzungen.

 **Gewusst wie**

Fehlerschwerpunkte erkennen und Fehler korrigieren

Mit Rechtschreibprogrammen arbeiten

1

a Versuche, den folgenden Text laut und flüssig zu lesen.

Achtung, Fehler!

> Dih Schuhle, dih is fain,
> mann haht sufile fecher
> in ainem wirth mann sterger seihn
> davür im anntrenn schwecher.

b Beschreibe, wie es dir beim Lesen ergangen ist. Wo liegen deiner Meinung nach die Probleme?

c Wie du siehst, hat das Rechtschreibprüfprogramm sehr viele Fehler rot markiert. Schreibe den Text richtig auf und lies ihn erneut.

Die Schule, …

 d Beschreibe, welcher Zusammenhang offensichtlich zwischen Rechtschreibfehlern und dem Lesen besteht.

 > Eine nützliche Hilfe, um Rechtschreibfehler aufzudecken, bieten Computer und deren **Rechtschreibprüfprogramme**. Rechtschreibfehler werden mit einer roten Wellenlinie markiert. Die **Stärke** solcher Programme liegt vor allem bei Fehlern im Bereich
> - der Stammschreibung, z. B.:
>   **komt* statt *kommt*, **schwecher* statt *schwächer*,
> - der Schreibung von Fremdwörtern, z. B.:
>   **Rütmuss* statt *Rhythmus*, **Kathastrophe* statt *Katastrophe*,
> - der Vermeidung von Flüchtigkeitsfehlern, z. B.:
>   **Shcule* statt *Schule*, **doer* statt *oder*.

* kennzeichnet fehlerhafte Schreibungen

e Diskutiert, welche Erfahrungen ihr mit Rechtschreibprogrammen bereits gemacht habt.

Gewusst wie: Fehlerschwerpunkte erkennen und Fehler korrigieren

2

a Lies den folgenden Text, der 20 Fehler enthält. Das Rechtschreibprogramm hat aber nur 9 Wörter als fehlerhaft markiert.

Achtung, Fehler!

Die teuerste Show der Welt
Über 300 000 Zuschauer und etwa eine Miliarde Fernsehzuschauer sahen am 21. Juli 1990 das Popspektakel »The Wall«. Dort, wo die echte Berliner Mauer weniche Monate vorher gefallen war, hatten 300 Helfer eine 160 Meter lange und 18 Meter hohe Styroporwand aufgebaut. Diese Künstliche mauer brach auf dem Höhepunkt der Bühnenshow unter den klängen des Musicals »The Wall« specktakulär zusammen. Die kosten der Show belaufen sich auf über 7 Millionen Dollar, obwohl alle Künstler auf ihre Gage verzichteten. Der erlös kam den Opfern von kriegen und Naturkathastrophen zugute. Für das Spektakel wurde das gröste Plastikschwein der Welt angeferticht, dass mit seinem 16 Meter dicken kopf die Mauer durch brach. Acht Videowände brachten die Show auch jenen Zuschauern nahe, denen der Vorderman den blick verstelte. Die Bühne wurde teil weise von Hupschraubern aus ausgeleuchtet die über den Zuschauern flogen.

Rechtschreibhilfen: Regeln anwenden, Wörter nachschlagen

b Übertrage die folgende Tabelle in dein Heft. Berichtige die vom PC markierten Wörter und schreibe sie in die entsprechende Spalte.

Fehler, die die Rechtschreibprüfung erkennt	Fehler, die die Rechtschreibprüfung nicht erkennt
Milliarde ...	...

TIPP
Konzentriere dich auf die Groß- und Kleinschreibung, Getrennt- und Zusammenschreibung, *das/dass*-Schreibung.

c Welche elf Fehler hat das Rechtschreibprogramm nicht gefunden? Berichtige nun diese Fehler und schreibe sie in die entsprechende Spalte der Tabelle aus Aufgabe b.

d Erkläre, warum das Rechtschreibprogramm diese Fehler nicht gefunden hat.

e Das fehlende Komma im letzten Satz wurde vom Rechtschreibprüfprogramm auch nicht erkannt. Schreibe diesen Satz heraus und füge das Komma ein.

Gewusst wie: Fehlerschwerpunkte erkennen und Fehler korrigieren

* kennzeichnet fehlerhafte Schreibungen

! Das Rechtschreibprüfprogramm erkennt leider nicht zuverlässig jeden Fehler. Die **Schwächen** betreffen vor allem:
- Groß- und Kleinschreibung: Nominalisierte Verben und Adjektive werden nicht erkannt, z. B.: *das schwimmen – das Schwimmen,*
- Getrennt- und Zusammenschreibung: Sinnzusammenhang wird nicht beachtet, z. B. *frei sprechen* oder *freisprechen* (von Schuld),
- *das/dass*-Schreibung: Wortart wird nicht erkannt, z. B.: *das Fahrrad, das mir gefällt; Ich hoffe, dass mir das Fahrrad gefällt.*

In diesen Bereichen sowie bei der Kommasetzung sollte man die Texte selbst prüfen, nachschlagen oder einen Experten fragen. Wenn man im Textverarbeitungsprogramm Word im Menü »Extras« oder »Überprüfen« den Programmpunkt »Rechtschreibung und Grammatik« anklickt, erscheinen jeweils für die rot unterstrichenen Wörter **Schreibvorschläge,** aus denen die richtigen auszuwählen sind.

3 Erstelle den folgenden Text am PC. Korrigiere die markierten Fehler mithilfe der Vorschläge des Prüfprogramms.

Achtung, Fehler!

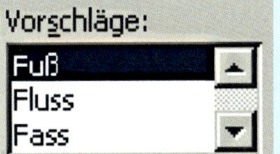

Der absolut höchste Berg der Welt
Nimmt man den Fuss eines Berges als Meßpunkt, dann ist der Mauna Kea der höchste Berg der Erde. Mit rund 4214 Metern über Normalnull ist er zunechst der höchste Berg auf Hawaii. Da er aber vom Meeresboden aus gewachsen ist, beträgt seine gesammte Höhe vom Fuss unter Wasser bis zum Gipfel rund 10 205 Meter. Damit ist er also wirglich der höchste Berg der Welt.

4 Du musst die Vorschläge des Rechtschreibprogramms gründlich prüfen. Notiere die Sätze mit dem jeweils korrigierten Wort.

1 Bis zum Zentrum war es nicht wait. (wagt, wart, weit)
2 Wir gingen deshalb zu Fus. (Frs, Fs, Fuß)
3 Schon hatten wir den risigen (rispigen, rissigen, riesigen, rosigen) Dohm (Dahm, Dolm, Dom) im Blick.
4 Das war ein unvergässlicher (unvergesslicher, unverlässlicher) Anblick.

 5 Tauscht euch über die Vor- und Nachteile von Rechtschreibprüfprogrammen aus.

Mit Wörterbüchern arbeiten

Rechtschreibhilfe: Wörter nachschlagen

1 Prüfe, ob in den folgenden Wörtern ein Buchstabe fehlt. Schreibe die Wörter richtig auf. Verwende ein Wörterbuch, wenn du unsicher bist.

1 viel■eicht **2** Blumenscha■le **3** unverse■rt **4** Süßwa■ren **5** gesto■len
6 Fußso■len **7** Kuchenkrü■mel **8** verlie■ren **9** Gewä■rleistung
10 Spä■ne

2 Nimm ein Wörterbuch zu Hilfe und schreibe die Wörter richtig auf.

1 ab■on■ieren **2** So■veni■r **3** Zer■emon■ie **4** Mo■nta■nbike
5 Pul■over **6** Sze■ne **7** Skiz■e **8** Mak■ar■oni **9** Dis■jo■key
10 r■yt■misch **11** gesca■nt **12** e■legant

TIPP
Zwei Wörter kommen aus dem Deutschen.

3 Schlage in einem Wörterbuch nach und suche die Herkunft der Wörter heraus.

1 Toast **2** Gen **3** Nominativ **4** Action **5** Orchester **6** Charakter
7 Interview **8** Video **9** Disziplin **10** Skizze **11** Ingenieur **12** Baum
13 Diskussion **14** Revier **15** Buch

1. Toast (engl.), 2. …

TIPP
Achtung: Von einigen Wörtern gibt es keinen Plural!

4 Ermittle den Plural der folgenden Wörter. Schreibe beide Formen (Singular und Plural) mit dem Artikel auf.

1 Datum **2** Lager **3** Knie **4** Jubiläum **5** Quiz **6** Status **7** Zirkus **8** Aroma
9 Kaktus **10** Spagetti **11** Gold **12** Jogurt **13** Kompass **14** Schal

1. das Datum – die Daten, 2. …

5 Schlage nach, wie die folgenden Wörter ausgesprochen werden.

1 Gouda **2** Zucchini **3** Bowle **4** Puzzle **5** Medaillon **6** Receiver
7 Bouillon **8** Chance **9** Brillant **10** Sweatshirt

6 Schreibe die Bedeutung dieser Wörter aus dem Wörterbuch heraus.

1 Dummy **2** Discounter **3** Hypnose **4** engagieren **5** arrangieren
6 Spam

Rechtschreibhilfe: Regeln nachschlagen

> ❗ Die Schreibung von Wörtern kann man sich einzeln einprägen, aber weitaus praktischer ist das Einprägen von wichtigen **Rechtschreibregeln.** Diese Regeln findet man in den meisten Rechtschreibwörterbüchern, wie z. B. im Duden.

7 Finde heraus, wie Wörter mit den Konsonantenverbindungen *ch* (*Wache*), *ck* (*Zucker*) und *sch* (*Wäsche*) getrennt werden. Suche unter dem Stichwort *Worttrennung* die entsprechende Regel im Wörterbuch und schreibe sie mit jeweils vier Beispielwörtern heraus.

8

→ S. 196 Eigennamen

a Lies die folgende Regel, die du unter dem Stichwort *Groß- und Kleinschreibung* unter der Kennziffer K 90 findest.

K 90 Von geografischen Namen abgeleitete Wörter auf „-er" schreibt man immer groß, die von geografischen Namen abgeleiteten Adjektive auf „-isch" schreibt man klein, wenn sie nicht Teil eines Namens sind ⟨§ 61 u. 62⟩.	▪ das Ulmer Münster ▪ eine Kölner Firma ▪ die Schweizer Uhrenindustrie ▪ die Wiener Kaffeehäuser ▪ chinesische Seide ▪ böhmische Dörfer *aber:* Atlantischer Ozean (*vgl.* K 88)

b Nutze diese Regel und entscheide über Groß- oder Kleinschreibung. Schreibe die Wortgruppen in der richtigen Schreibung in dein Heft.

1. CHINESISCHE SCHRIFTZEICHEN
2. MECKLENBURGISCHE WÄLDER
3. THÜRINGER ROSTBRATWURST
4. SÄCHSISCHE SCHULEN
5. POLNISCHE GRENZE
6. CHINESISCHE COMPUTER
7. BERLINER MAUER
8. LEIPZIGER KINDER
9. BAYERISCHE BERGE
10. ITALIENISCHES EIS
11. DRESDNER STOLLEN
12. HOLLÄNDISCHER KÄSE
13. FRANKFURTER WÜRSTCHEN
14. AFRIKANISCHE WÜSTEN

Teste dich selbst!

1 Suche die Regelungen für die Schreibung von *das – dass* aus dem Wörterbuch heraus. Schreibe die Regel in Kurzfassung auf.

2 Schreibe die folgenden Sätze ab und füge *das* oder *dass* ein. Ergänze die jeweilige Wortart als Begründung deiner Entscheidung.

1 Es ist kaum zu glauben, da■ da■ Skifahren schon mindestens 4000 Jahre alt sein soll.
2 Da■ jedenfalls belegen Wissenschaftler, die im Norden Russlands Teile von Skiern ausgegraben haben.
3 Da■ Alter soll über 10 000 Jahre betragen.
4 Es ist anzunehmen, da■ sich die Skier aus Schneeschuhen entwickelt haben.
5 Da■ waren Schuhe, die sich die Bewohner Skandinaviens um die Füße banden, sodass sie nicht zu tief im Schnee einsanken.
6 Aber niemand weiß da■ ganz genau. Wahrscheinlich entwickelten die Menschen je nach Land unterschiedliche Skiarten.
7 Mitte des 20. Jahrhunderts war es dann so weit, da■ sich da■ Skifahren als Freizeitbeschäftigung durchsetzte.
8 In jedem Winter beginnt da■ große Warten auf den Schnee. Viele hoffen, da■ auch im Flachland genügend Schnee fällt.

3 Übertrage den Text in richtige Rechtschreibung und markiere die Eigennamen farbig.

DAS WAR SPANNEND DAMALS IN CALGARY ZU DEN OLYMPISCHEN WINTERSPIELEN 1988. IM EISKUNSTLAUF DER DAMEN LIEGT DEBI THOMAS AUS DEN VEREINIGTEN STAATEN VON AMERIKA VOR KATARINA WITT AUS DER DDR. ZUR KÜR HABEN SICH BEIDE DAS GLEICHE MUSIKSTÜCK AUS DER OPER »CARMEN« VON GEORGES BIZET AUSGESUCHT. DER AUSGANG IST BEKANNT. DIE HÜBSCHE KATI AUS SACHSEN BESIEGT DIE ATTRAKTIVE DEBI AUS KALIFORNIEN UND GEWINNT OLYMPISCHES GOLD.
1994 GELINGT IHR EIN UNGLAUBLICHES COMEBACK BEI OLYMPIA IN LILLEHAMMER, EINER STADT IN NORWEGEN. NUNMEHR STARTET SIE FÜR DIE BUNDESREPUBLIK DEUTSCHLAND.

4 Gib die folgenden Wortgruppen in richtiger Groß- und Kleinschreibung wieder.

1 über das HIER und JETZT sprechen
2 das FÜR und WIDER diskutieren
3 eine ACHT im Rad haben
4 mit einer ZWEI in der Mathearbeit RECHNEN
5 das REITEN und das SCHWIMMEN lieben
6 sich FÜR eine gute Sache einsetzen
7 ohne WENN und ABER helfen
8 das NEIN gut überlegen
9 etwas mit ACH und KRACH schaffen
10 heute MITTAG pünktlich sein
11 ABENDS ins Kino gehen
12 den Stuhl HIER stehen lassen
13 das ÜBEN JETZT beenden
14 mit dem BERICHTIGEN BEGINNEN
15 in aller FRÜHE AUFSTEHEN

5 Schreibe die Abkürzungen und Kurzwörter für die folgenden Wörter und Wortgruppen auf.

1 das heißt
2 und so weiter
3 zum Beispiel
4 siehe oben
5 Personenkraftwagen
6 Deutsches Rotes Kreuz
7 Ingenieur
8 Doktor
9 Meter
10 Kilogramm
11 Celsius
12 compact disc
13 World Wide Web
14 Unterseeboot
15 Abkürzung
16 Kilopascal
17 Bankleitzahl
18 Abitur

6 Diese Fremdwörter sind fast so geschrieben, wie man sie spricht. Berichtige die Schreibung, unterstreiche die schwierigen Stellen und ergänze bei den Beispielen 1 bis 5, 7 und 9 die Bedeutung.

Achtung, Fehler!

1 Etasche
2 Sitti
3 Medalljong
4 Beik
5 Puhl
6 Dschiens
7 Kiehboort
8 Kaubeu
9 Männätscher
10 Maneesche
11 Eipott
12 Inschenjör
13 Fejsbuk
14 Schangse
15 kuhl
16 Ährbäg
17 angaschiert
18 (Web-)Brauser

Kriminalistisches Nr. 2

Einen Drehbuchausschnitt untersuchen

1
a Was machst du lieber: einen Krimi lesen oder als Film sehen? Begründe deine Entscheidung.

b Tauscht euch über Kriminalfilme aus, die ihr kennt.

c Fasst zusammen, welche Inhalte typisch für Kriminalfilme sind. Stellt eure Ergebnisse vor.

Ein Drehbuch mit verteilten Rollen lesen

2
a Lies den Drehbuchausschnitt zur Folge »Filmriss« aus der »KiKA-Reihe KRIMI.DE«.

---

1. KRANKENHAUS/GANG   I/N

Tag 4. Eine hemdsärmelige Krankenschwester, Schwester Tina, schiebt Conny auf einer Liege schnell über den Gang. Er ist sturztrunken, vollgekotzt, hat die Augen zu. Nun öffnet er sie leicht, sieht undeutlich und verschwommen die Decke über sich vorüberziehen und das Gesicht der Krankenschwester.

    CONNY: (lallt stöhnend) Wo bin ich?
    SCHWESTER TINA: Im Krankenhaus!
    CONNY: Ohh, ist mir schlecht!
    SCHWESTER TINA: Kein Wunder bei dem Pegel!

Conny schließt benommen die Augen.

2. DIV.ORTE   A/I/T/N

Flash: Bilder aus den Tagen 1 bis 4 rasen an Connys innerem Auge vorbei. Dazu verzerrte **Geräusche, Stimmen, Musikfetzen**.

Maja liegt leicht bekleidet und sonnenbebrillt in ihrem Liegestuhl, sonnt sich und hört Musik über ihren I-Pod. (Bild 9)

Die *Palmeninsel* ist ein angesagter, abgerockter Schuppen. Vor der Kasse wartet eine Schlange. (Bild 10)

Maja, die Conny in der Palmeninsel auf einer Lautsprecherbox antanzt (Bild 13)

Lukas, der ihn im Polizeipräsidium anpflaumt (Bild 19)

Maja und Conny prosten sich mit Bierflaschen zu. (Bild 20)

Jan zieht Titus den BH über den Kopf. (Bild 21)

Maja küsst Conny. (Bild 24)

Julia schaut Conny an, verschränkt die Arme erwartungsvoll, aber Conny sagt nichts. Da geht sie auch. (Bild 31)

Maja steht wieder auf der Box, tanzt einen anderen Typen an. (Bild 32)

Titus hält ihm einen Tequilla hin. (Bild 32)

Conny schwankt Arm in Arm mit den anderen grölend auf die Brücke. (Bild 34)

Ein Eisenrohr, das in die Tiefe fällt ... Gleich darauf das **Geräusch zersplitternden Glases**, dann **Reifenquietschen**, dann der **Aufprall eines Autos**.

Flimmern, Rauschen wie bei Bildausfall im Fernsehen. **FILMRISS**

3. HOCHHAUS/DACH   A/T

Drei Tage zuvor:

Das Dach eines Hochhauses ist der Treffpunkt von Titus (17), seinen beiden Freunden Jan (17) und Sebi (17) und seiner schönen Schwester Maja (16). Alte Liegestühle stehen rum, ein umgedrehter Bierkasten als Tisch, ein alter Grill, ein Gettoblaster ...

Tag 1: Im Moment hängen die Jungs in den Liegestühlen ab, trinken Bier, hören **Musik** und versuchen, leere Bierflaschen, die sie in Reih und Glied aufgestellt haben, mit Steinchen zu treffen.

    TITUS: Ihr habt eh keine Chance, ihr Luschis!

    SEBI: Abwarten, Großmaul!

Jan nimmt Maß.

    JAN: Jan, der Hammer, nimmt Maß, wirft und ...

Er wirft daneben. Dafür trifft Titus und zerdeppert eine Flasche.

    TITUS: (schreit) Strike!

Titus springt auf, macht mit der Faust die „Säge".

    TITUS: (begeistert) Da ist der erste Treffer. Jawoll!
    Eins ... null ... null...

Maja kommt mit Umhängetasche zu ihnen.

    MAJA: Was macht ihr denn schon wieder für einen Scheiß?

Titus zieht die letzte Flasche aus einem Kasten, öffnet sie gekonnt und tausendmal praktiziert mit einem Feuerzeug.

TITUS: Wieso Scheiß? Das ist ein todernster Wettbewerb, Schwesterchen! Wer die Wenigsten trifft, holt den nächsten Kasten. Also einer von den beiden Loosern da.

4. HOCHHAUS   A/T

Lukas schiebt in Begleitung von Conny und Julia einen Einkaufswagen voller Werbeflyer zum Eingang des Hochhauses.

JULIA: Ich kann's immer noch nicht glauben, dass wir echt dahin fahren. Ich dachte, meine Mutter erlaubt das nie.

CONNY: Wir sind doch bei dir!

Lukas hält mit dem Wagen vor dem Eingang. Julia und Conny steuern direkt auf die Briefkästen zu und schmeißen in Windeseile Flyer rein.

JULIA: Eben. Und auch noch mit mir im Zelt.

Lukas stützt sich genervt auf den Wagen.

LUKAS: (stöhnt) Falls wir es bis dahin schaffen, diese drei Millionen Teile loszuwerden.

JULIA: Wie wär's mit Mithelfen? Dann gehts schneller!

Lukas seufzt und nimmt sich Flyer aus dem Wagen.

CONNY: (zu Lukas) Hey, nur noch zwei Wochen bis zum Openair!

Lukas spielt Luftgitarre und **singt** dazu.

5. HOCHHAUS/DACH   A/T

Die Jungs werfen weiterhin auf die Flaschen, beeilen sich, weil nur noch eine steht.

TITUS: Ich schaff es, ich schaff es, ich schaff es!

Doch Jan trifft die letzte Flasche und jubelt.

JAN: (schadenfroh) Zwei ... zwei ... eins!

Er schlägt sich mit Sebi ab. Maja hält ihrem Bruder eine Hand hin.

MAJA: (schadenfroh) Ein bisschen Bewegung hat noch niemandem geschadet.

Titus lässt sich von ihr aus seinem Liegestuhl helfen ...

TITUS: Anfängerglück!

... und macht sich leicht genervt daran, herumliegende leere Flaschen einzusammeln und in den Kasten zu stellen. Eine liegt am Rand des Daches. Titus will sie gerade wegräumen, da hat er eine Idee. Er legt sich auf den Bauch, zückt sein Handy ...

MAJA: Was soll denn das werden?

TITUS: Kleines physikalisches Experiment!

Titus filmt mit seinem Handy, wie er die Flasche vom Hochhaus kullern lässt.

6. HOCHHAUS A/T

Conny, Lukas und Julia treten gerade mit Flyern in den Händen aus dem Eingang heraus.

CONNY: (zu Lukas) Entspann dich, jetzt sind's nur noch zwei und noch was Millionen.

Da hören sie einen lauten Knall direkt vor ihnen und springen erschrocken zurück.

LUKAS: Was war denn das?

Sie sehen, dass knapp vor ihnen eine Bierflasche auf dem Boden mit voller Wucht zerplatzt ist.

JULIA: Oh Gott!

Lukas schaut nach oben.

LUKAS: Sag mal, da spinnt ja wohl einer komplett!

Niemand zu sehen auf den Balkonen oder dem Dach.

7. HOCHHAUS/DACH A/T

Titus hat sich schnell zur Seite gerollt, liegt jetzt auf dem Rücken.

TITUS: Au Scheiße!

Er kriegt einen Lachflash.

MAJA: Was ist denn los?

TITUS: Fast ein Volltreffer! (er ruft laut und belustigt) Entschuldigung!

Und lacht sich wieder einen ab.

12. PALMENINSEL I/T

Die Palmeninsel ist ein düsterer, bei jungen Leuten angesagter Schuppen mit zerfetzten, gammeligen Sofas und ein paar Plastikpalmen, in dem es immer hoch hergeht.

Partystimmung. Laute Musik. Es wird getanzt, mitgesungen und vor allem getrunken. Der Typ (...) balanciert Cocktails an Maja und Conny vorbei zu seinen Freunden, die ihn freudig empfangen.

CONNY: (zu Maja) Bist du öfter hier?

MAJA: Ab und zu! Und deine Freunde? Kommen die noch?

CONNY: Die hatten äh ... keine Zeit!

Titus drängt sich mit drei Tequillas zu ihnen durch.

TITUS: Tequilla für alle!

CONNY: Eigentlich wollte ich 'ne Cola!

Titus verzieht das Gesicht.

TITUS: Willst du dich vergiften, Kleiner?

Maja reicht Conny seinen Tequilla und prostet ihm zu.

MAJA: Auf dich!

Conny überlegt kurz, stößt dann mit ihr und Titus an und stürzt das für ihn ungewohnte Getränk runter. Angewidert schüttelt er sich. Maja und Titus lachen.

TITUS: Lecker, was? Ich hol gleich Nachschub!

Titus verschwindet im Gedränge.

CONNY: (ruft ihm hinterher) Für mich aber nicht, bitte!

13. PALMENINSEL   I/N

Später. Die Stimmung hat sich mächtig aufgeheizt. Der Alkoholpegel ist gestiegen. Die Gäste tanzen Arm in Arm ausgelassen zur Musik. Auch Conny, Maja und Titus. Conny hat einiges intus und einen Cocktail in der Hand. Ein Mädchen hat den Alkohol nicht gut vertragen, schwankt an ihm vorbei, stößt ihn an, schwankt weiter. Conny lässt sich davon nicht irritieren und **jubelt** begeistert Maja zu, als sie auf eine Lautsprecherbox springt und ihn antanzt.

14. BRÜCKE   A/N

Noch später marschieren die drei gutgelaunt und betrunken Arm in Arm, Maja in der Mitte, im Takt ihres Liedes über eine Fußgängerbrücke, die möglichst über eine Autobahn oder Schnellstraße führt.

TITUS, MAJA, CONNY: (grölen) Ein Hut, ein Stock,
ein Regenschirm und vorwärts,
rückwärts, seitwärts, bei und …

Titus mit Bierflasche in der Hand schert aus der Truppe aus, steuert auf das Geländer zu.

(…)

---

b Beschreibe, wie der Text auf dich wirkt. Erkläre, wie diese Wirkung zustande kommt.

c Lest den Text noch einmal mit verteilten Rollen.

d Fasse den Inhalt des Filmanfangs in eigenen Worten zusammen.

3

a Untersucht anhand des Ausschnitts (S. 222–226), welche Angaben ein Drehbuch enthalten muss. Notiert eure Ergebnisse in Stichpunkten.

TIPP
Klärt unbekannte Begriffe/Abkürzungen.

b Stellt fest, wie das Drehbuch gestaltet ist. Ordnet folgende Begriffe den einzelnen Abschnitten zu.

Regieanweisung, Dialog, Beleuchtung (Außen/Innen/Tag/Nacht), Ort der Handlung

c Überlegt, für wen die Inhalte eines Drehbuchs jeweils wichtig sind.

d Tragt zusammen, wer alles am Entstehen eines Filmes beteiligt ist.

4

a Vergleicht eure Ergebnisse aus Aufgabe 3 mit folgenden Informationen über verschiedene Berufsbilder.

Regisseur/in: leitet Dreharbeiten und realisiert Filme.

Kamerafrau/mann: ist für die Bildgestaltung, die Bildkomposition (Perspektive, Bildausschnitt), die Kameraführung sowie für die Ausleuchtung des Sets verantwortlich.

Tonmeister/in: ist für Originaltonaufnahmen, Synchronisationen und die Mischung verantwortlich. Oft wird im Film Hintergrundmusik (Soundtrack) eingesetzt.

Cutter/in: schneidet das Film- und Tonmaterial.

Beleuchter/in: sorgt durch den Einsatz des Lichtes für eine besondere Stimmung.

Auch Kostümbildner/innen, Maskenbildner/innen, Schauspieler/innen sind wichtige Berufe beim Film.

b Wählt einen Beruf aus und recherchiert weitere Informationen.

c Fertigt eine Wandzeitung über Berufe im Film an.

d Tauscht eure Informationen aus.

3 Beschäftigt euch genauer mit einigen Aufgaben der Filmemacher.

Lest im Merkkasten, welche Kameraeinstellungen es gibt. Tauscht euch darüber aus, welche Wirkung die verschiedenen Einstellungen erzielen können.

 1. **Einstellungsgrößen** der **Kamera**: Einstellungen wirken ganz unterschiedlich, je nachdem, aus welcher Perspektive (Standpunkt) sie aufgenommen wurden. Die Perspektive zeigt die Blickrichtung der Kamera auf die Szene.

Vogelperspektive   **Froschperspektive**

2. Mit der **Kameraeinstellung** wird der Ausschnitt einer Szene gewählt.

Detail: Teile des Gesichts oder eines Gegenstandes

Nah: Schultern und Gesicht

Halbnah: Oberkörper und Kopf

Halbtotale

Totale oder Weit: Überblick: Menschen und Gegenstände sind ganz (mit Umgebung) zu sehen

Selbst eine Drehbuchszene schreiben und drehen

→ S. 84 Kriminalgeschichten

1

a Um eine Krimiszene zu drehen, müsst ihr selbst ein Drehbuch schreiben. Sammelt Ideen für euer Drehbuch. Nutzt die folgende Schrittfolge.

> **So könnt ihr Ideen für ein Krimi-Drehbuch sammeln**
> 1. Beginnt mit dem zentralen Verbrechen, z.B. einem Mord oder Diebstahl, und legt fest, was genau geschieht.
> 2. Entwickelt die Figur des Täters: Warum mordet/stiehlt er? Wen/Was? Wie plant er davonzukommen? Beschreibt den Täter: Aussehen, Kleidung, Körperhaltung.
> 3. Gestaltet die Figur des Gegenspielers des Täters (Detektiv/in, Kommisar/in).
> 4. Ein Plot könnte z.B. so aussehen:
>   Akt I: Der Held/Detektiv übernimmt den Auftrag, den Mörder/Dieb zu suchen.
>   Akt II: Hindernisse stellen sich ihm in den Weg.
>   Akt III: Der Held/Detektiv wird wieder auf die Probe gestellt und besteht.
>   Akt IV: Der Held/Detektiv fängt den Mörder/Dieb.

Detektiv Hercule Poirot

> 5. Gestaltet einen Spannungsbogen, schafft z.B. eine überraschende Wendung am Schluss.
> 6. Beschreibt Orte, die man sich vorstellen kann, und glaubhafte Figuren.
> 7. Ein Krimi kann mit dem Ende eines Geschehens beginnen und dann als Rückblick chronologisch erzählt werden.

b Eine Hilfe, professionelle Drehbücher zu schreiben, bieten auch kostenfreie Programme (z. B. die Drehbuchsoftware »Celtx«). Informiert euch im Internet über kostenfreie Drehbuchsoftware. Tauscht euch darüber aus.

c Probiert das Arbeiten mit einem Softwareprogramm zum Drehbuchschreiben aus. Wo seht ihr Vorteile? Wo seht ihr Schwierigkeiten?

2 Arbeitet jetzt euren Drehbuchausschnitt aus. Nutzt eure Vorarbeit aus Aufgabe 1a (S. 222).

a Bildet Gruppen und geht auf Spurensuche für einen Krimi. Ihr könnt einen Polizeibericht oder ein Bild als Schreibanlass nutzen.

b Eine Stichwortmaske nach der ABC-Methode (Alter, Angst, Abschied, ..., Geräusch, ..., Kameraeinstellung, Motiv, ..., Zeitraffer) hilft beim Aufbau des Drehbuches.

c Bevor ihr anfangt zu schreiben, beantwortet folgende Fragen:
- Wie ist die Handlung aufgebaut?
- Welche Personen sind beteiligt? Was sagen sie?
- Was tun sie? Wie könnte man ihre Absichten und ihr Handeln in Regieanweisungen verdeutlichen?
- Welche Gefühle kann man wie darstellen?
- Wann bietet sich welche Kameraperspektive an?

d Schreibt nun das Drehbuch/den Drehbuchausschnitt. Arbeitet mit einer Drehbuchsoftware oder legt zunächst eine Tabelle an (Beispiel S. 231).

Selbst eine Drehbuchszene schreiben und drehen

Einstellung	Handlung/ Regieanweisung	Dialoge	Kamera-einstellung	Geräusche/ Musik
1	Ladentür öffnet sich, Kalle und Ringo treten ein	**Kalle:** Hm, schön warm hier. **Ringo:** Aber es stinkt.	Halbnah	Glasglöckchen läuten
2	Ladenbesitzer	**Ladenbesitzer:** Ihr Zwerge schon wieder!	Nah	tuschelnde Touristen
...	...	...	...	...

 3 Bereitet euch jetzt auf das Drehen eurer Szene vor.

TIPP
Hilfe beim Drehen bekommt ihr bei der SAEK (sächsische Ausbildungs- und Erprobungskanäle), www.saek.de.

a Legt die Aufgaben fest und bestimmt anschließend, wer diese Arbeiten während des gesamten Drehprozesses übernimmt. Orientiert euch dabei an den Berufsbildern (S. 227–228).

Legt die Aufgaben fest:

Die Schauspieler/innen bereiten sich auf ihre Rollen vor und lernen die Texte auswendig.

Der Tontechniker/Die Tontechnikerin sorgt für die Aufzeichnung des Tons, setzt Mikrofone ein und ist für den technischen Zustand verantwortlich.

Der Kameramann/Die Kamerafrau ...

b Besprecht, welche technischen Geräte benötigt werden und wo ihr sie besorgen oder nutzen könnt bzw. wer euch helfen könnte.

→ S. 248 Merkwissen (szenischer Text)

c Probt nun eure Szenen und filmt sie. Anschließend könnt ihr sie in einem Studio schneiden.

Was habe ich gelernt?

4 Überprüfe, was du über die Entstehung von Kriminalfilmen gelernt hast. Berichte deiner Lernpartnerin/deinem Lernpartner darüber.

Mundart

Standardsprache und Mundart unterscheiden

 In vielen schriftlichen Texten (z. B. Literatur, Zeitungsartikel, Fachtexte, amtliche Mitteilungen), aber auch in bestimmten Sprechsituationen (z. B. Vorträge, Nachrichten) wird die **Standardsprache** verwendet. Dazu gehören Wörter, die in allen Regionen des deutschen Sprachgebiets bekannt sind, ein geregelter Satzbau, die Schreibung nach Regeln (Rechtschreibung) und die Aussprache nach bestimmten Normen.

a Lies die beiden folgenden Textauszüge: den Beginn eines Romans und einen Ausschnitt aus einem Geschichtslehrbuch.

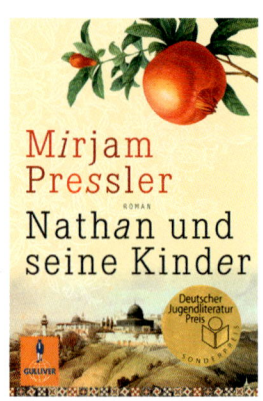

Geschem
Ich muss unter dem Maulbeerbaum eingeschlafen sein, wo ich mich am späten Nachmittag, als die Hitze unerträglich wurde, zum Ausruhen hingelegt hatte, denn ich wurde von Schreien geweckt. Es waren hohe, schrille Schreie, und ich hob unwillkür-
5 lich die Hände, um meine Ohren zu schützen. Erst verstand ich nicht, dass es ein Mensch war, der da schrie. Doch dann sah ich sie, Daja, die Herrin, wie sie sich drehte und wand und versuchte, sich aus dem Griff der Köchin zu befreien, ich sah ihr verzerrtes Gesicht und den aufgerissenen Mund. »Recha!«, schrie sie. »Recha! Recha!«
10 Doch Zipora und eine Magd hielten sie fest und lockerten den Griff auch nicht, als Daja wie wild um sich schlug und schrie: »Lasst mich los, ich muss zu Recha! Nathan ist nicht da! Gott steh uns bei, wenn Recha etwas passiert.« Ihre Schreie übertönten das Prasseln der Flammen. […]

Karl der Große unterwirft die Sachsen
Im Jahr 768 übernahm der Karolinger Karl die Herrschaft im Frankenreich. Unter seiner Führung erreichte es seine größte Ausdehnung. Den längsten und erbittertsten Widerstand gegen die Franken leisteten die Sachsen. Sie waren der letzte freie Stamm
5 der Germanen und noch nicht zum Christentum übergetreten. Unter Führung ihres Herzogs Widukind kämpften sie über dreißig Jahre einen verzweifelten Kampf. Um den Widerstand endgültig zu brechen, wurden die Sachsen gezwungen, das Christentum anzunehmen.

b Beurteilt, ob beide Texte durchgehend in Standardsprache verfasst sind.

TIPP
Nutze Internetseiten, berücksichtige auch Regionalsender.

2

a Höre dir Tonaufnahmen von Nachrichten oder Wetterberichten verschiedener Sender mehrfach an. Vergleiche die Aussprache der Sprecherinnen/Sprecher. Beurteile jeweils, ob sie regionale Besonderheiten aufweist oder der Standardsprache entspricht.

TIPP
Nimm den gesprochenen Text auf und bewerte deine Leistung nach dem Abhören.

b Übernimm selbst die Rolle einer Sprecherin / eines Sprechers. Lies die Nachricht aus Aufgabe 4 (S. 64) oder den folgenden Wetterbericht vor. Bemühe dich um eine standardgerechte Aussprache.

Die Wettervorhersage für heute: Der Tag bringt leicht wechselhaftes Wetter mit einzelnen Schauern. Vereinzelt können auch ein paar Flocken dabei sein. Die Temperaturen steigen von –1 Grad am Morgen auf maximal 4 Grad am frühen Nachmittag. Es weht ein mäßiger Wind aus südwestlichen Richtungen.
Die Aussichten bis Montag: Morgen bleibt es dicht bewölkt, aber verbreitet trocken bei Höchstwerten um 6 Grad. Am Sonntag ist es teils locker, teils auch dicht bewölkt, jedoch trocken bei 9 Grad. Der Montag wird dann sonnig und die Luft erwärmt sich bis auf 12 Grad.

 **3** Vergleicht mehrere Nachrichtentexte von verschiedenen Sendern miteinander. Schreibt sie dazu auf; achtet auf die Rechtschreibung. Untersucht anschließend die Wortwahl und den Satzbau der Texte.

Verschiedene Mundarten vergleichen

1

a Lies, welches Erlebnis Helge seinen Klassenkameraden erzählt.

Als wir im Sommerurlaub in Reit im Winkl waren – das liegt in Bayern –, sind wir mal auf einen Berg gestiegen und haben dort in einer Hütte Mittag gegessen. Da kam der Kellner mit mehreren vollen Tellern auf die Terrasse und rief: »Wer hatte Bratklopse
5 bestellt?« Niemand antwortete. Er versuchte es ein zweites Mal: »Oder anders gesagt: Buletten? Oder auch: Frikadellen?« Wieder keine Reaktion. Da probierte er es noch einmal: »Ich kann auch fragen: Wer hatte Fleischpflanzerl bestellt?« Da rief jemand: »Joa, dös san mia!«

b Schreibe die verschiedenen Wörter für die betreffende Speise heraus.

c Klärt, welche Fleischspeise so unterschiedlich bezeichnet werden kann. Beschreibt ihre Merkmale (Bestandteile, Form, Zubereitung).

d Tauscht euch aus, wie ihr diese Speise in eurer Gegend bezeichnet und welche der vier Bezeichnungen euch bekannt sind.

e Überlegt, aus welcher Region wohl der Gast stammt, der erst auf die letzte Bezeichnung reagiert. Warum hat er vorher nicht geantwortet?

> ! In der heutigen Sprache findet man in vielen Regionen Wörter und Ausdrücke, die nur dort gebraucht werden, und zwar vor allem in der gesprochenen Alltagssprache. Solche Wörter sind typisch für eine **Mundart** (auch: **Dialekt**). Mundartwörter (Dialektwörter) sind zum großen Teil außerhalb ihrer Region nicht bekannt.

2 Findet heraus, welche Wörter in den folgenden Gruppen Mundartwörter sind. Welche werden im gesamten deutschen Sprachgebiet gebraucht und gehören deshalb zur Standardsprache?

TIPP
Suche unbekannte Wörter in einem Wörterbuch oder im Internet.

1 Tischler – Schreiner **2** Metzger – Fleischer – Schlachter **3** Büttner – Küfer – Böttcher **4** Stiege – Treppe – Staffel **5** Esse – Schornstein – Kamin – Schlot **6** Erdapfel – Kartoffel – Erdtoffel – Knolle **7** Rahm – Obers – Sahne **8** Rotkraut – Blaukraut – Rotkohl

3

TIPP
Nimm dazu Wörterbücher oder das Internet zu Hilfe.

a Finde heraus, was die folgenden Dialektwörter bedeuten und in welcher Gegend sie jeweils gebraucht werden.

1 Motschegiebchen **2** Reet **3** Schrippe **4** Hütes **5** klönen **6** Husche

b Verwende die Wörter aus Aufgabe a in den folgenden Sätzen.

1 Das war nur ein kurzer Regen. **2** An der Ostseeküste sind Hausdächer oft mit Schilf gedeckt. **3** Ich esse gern Kartoffelklöße. **4** Guck mal – ein Marienkäfer! **5** Hol vom Bäcker schnell noch ein paar Brötchen! **6** Wir sollten uns mal wieder zusammensetzen und uns unterhalten.

a Betrachte die Karte und verschaffe dir einen Überblick, wo in Deutschland welche Mundarten (Dialekte) gesprochen werden.

Die deutschen Mundarten in der Gegenwart

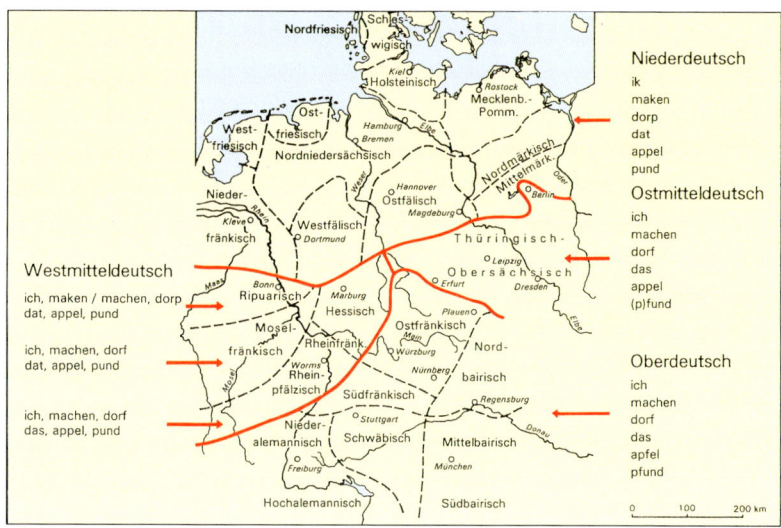

TIPP
Nimm, wenn nötig, einen Atlas zu Hilfe.

b Nenne einzelne Mundarten (Dialekte). Beschreibe, wo sie gesprochen werden (in Bezug auf Bundesländer, große Städte oder Landschaften).

c Ermittle, in welchem Mundartgebiet du lebst.

d Stelle mithilfe der Beispiele in der Karte wichtige Unterschiede bei Lauten und Formen zwischen den drei Dialektregionen in einer Tabelle gegenüber.

Niederdeutsch	Mitteldeutsch	Oberdeutsch
ik	ich	…

e Stelle fest, welche oberdeutschen Mundarten es auch in Österreich und in der Schweiz gibt.

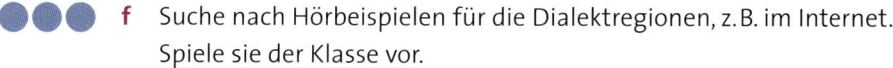

f Suche nach Hörbeispielen für die Dialektregionen, z. B. im Internet. Spiele sie der Klasse vor.

In Deutschland werden drei **Dialektregionen** bzw. Großdialekte unterschieden:
- **Niederdeutsch** (auch: **Plattdeutsch**), z. B. Mecklenburgisch-Pommersch, Niedersächsisch,
- **Mitteldeutsch,** z. B. Sächsisch (Obersächsisch), Thüringisch, Hessisch,
- **Oberdeutsch,** z. B. Bairisch, Alemannisch.

Für die Dialektregionen sind neben Wörtern auch bestimmte Laute und Lautkombinationen (geschrieben: Buchstaben und Buchstabenkombinationen) sowie bestimmte Formen typisch, z. B.: *Husche* (kurzer Regen), *ik* (ich), *Hütes* (Kartoffelklöße).

a Wähle einen der folgenden Witze aus und lies ihn still.

Unter den Gästen bei Petersens ist auch der Pastor. Im Lauf des Abends fragt ihn sein Tischnachbar: »Nülich heff ik hööort, Sie weern för'n paar Johr Mischonaar in de Südsee, wo dat noch so wat gifft. Weer dat denn nich 'n büschen gefährlich?« »Oh ja, gefähr‑
5 lich weer dat al«, entgegnete ihm der Pastor. »Ik stünn sotoseggen jümmer mit een Been up de Spieskort.«

Ein Mann macht einen Spaziergänger auf die Schönheiten der Natur aufmerksam: »Sähn Se mal das hibbsche Bärgschen!« – »Isch wissde nich, wieso mr das än Berch nenn gann.« – »Nich
10 doche. Das Bärgschen da.« – »Dud mr sehre leid, awwr 'ch verschdeh nur Bahnhof.« Nun reißt dem Mann zuletzt der Geduldsfaden: »Nu Goddvrbibbch noch ämal, 'ch meene doch den Boom dorte. Gabiern Se 's nu?«

 b Übertragt die Mundartteile des Witzes in die Standardsprache. Klärt zunächst unbekannte Formen und Wörter.

 c Findet heraus, welche Teile der Texte jeweils in Mundart verfasst sind. Sucht eine Begründung dafür.

 d Ermittelt, aus welcher der drei Dialektregionen der Witz stammt. Belegt euer Ergebnis durch typische Wörter, Formen oder Laute.

Mundarttexte gestalten

1

a Lies den folgenden Text still. Kennst du den Dialekt, in dem er geschrieben ist?

Hausfrauen unter sich

Frau Mehlmus Ich weeßes nich, mei Alder, där wärd mit jedem Daache määglicher mits Essen. Da gann 'ch uffn Disch bring, was 'ch will, där schtochert drinne rum un hat was dran auszusätzen. Mal isses zu milde, mal isses zu gewärzt. Und dann wieder dut 'r so, als däter iberhaupt nicht rausgriechen, was mei Gegochtes sin soll. So was is doch gradezu beleidchend fier ä feinfiehliches Weib mit zwanzichjährcher Braxis!

Frau Musmehl Allerdinks, meine Gudste, das isses. Da hammse ä schwärn Schtand. Ich berseenlich gennte da ja nu nich glaachen iber mein Alden. Där macht sich iber alles mit Abbedid her. Ich gloowe, wenn 'ch däm ä weechgegochten Scheierlabben vorsätze, dän frisst där gude Gärl ooch.

b Lies den Text laut vor.

c Erzähl den Dialog in eigenen Worten nach.

d Übertrage den Text ins Hochdeutsche und schreibe ihn auf.

e Suche die Besonderheiten dieses Dialekts im Vergleich zum Hochdeutschen heraus und fasse sie in Gruppen zusammen.

f Unterliegt der sächsische Dialekt einer bestimmten Rechtschreibung? Gibt es Wörterbücher mit typisch sächsischen Wörtern? Informiert euch darüber.

→ S.24 Präsentieren

2

a Der Text in Aufgabe 1a stammt von Lene Voigt. Sie ist die bekannteste sächsische Mundartschriftstellerin.
Sucht in Nachschlagewerken und im Internet Informationen über sie und bereitet einen Kurzvortrag über ihr Leben und Werk vor.

Lene Voigt

b Sucht weitere Texte von Lene Voigt und untersucht die Besonderheiten ihres Dialekts.

→ http://www.lene-voigt-gesellschaft.de

c In Leipzig gibt es eine Lene-Voigt-Gesellschaft e.V., die sich um die Bewahrung des Werkes von Lene Voigt kümmert. Sie organisiert jährlich zwei Rezitationswettbewerbe: »De Gaffeeganne« und »Gaggaudebbchen«. Informiert euch über die Veranstaltungen und erkundigt euch nach den Teilnahmebedingungen.

3

a Das Erzgebirge wird oft als »Weihnachtsland« bezeichnet. Tauscht euch darüber aus, ob diese Kennzeichnung zutrifft.

b In der erzgebirgischen Mundart sind viele Weihnachts- und Winterlieder verfasst.
Kennst du das folgende, von dem hier die erste Strophe abgedruckt ist? Lies sie zuerst still, anschließend laut vor.

Wenn 's im Winter schneie dut,
glietzern dut d'r Schnie,
hul ich mir men Schlieten raus,
naus gieht's uf de Heh'.
5 Un da wärd sich draufgesetzt,
hei, das gieht geschwiend,
saus mer nu d'n Barg hinei'
wie d'r behmsche Wiend.
Tralalalala, wie is das schie,
10 wemmer kenne ruscheln gieh',
tralalalala, wie is das schie,
wemmer ruscheln gieh'.

c Recherchiere die anderen Strophen dieses Liedes und schreibe sie auf.

d Welche Besonderheiten des sächsischen Dialekts findest du in der erzgebirgischen Mundart wieder? Welche anderen Merkmale fallen dir auf?

e Sammle weitere Lieder und Texte in erzgebirgischer Mundart, z.B. auch solche von der Gruppe »De Randfichten«.

4

a Was bedeuten die folgenden Wörter aus verschiedenen sächsischen Mundartgebieten? Wie kannst du die Bedeutung ermitteln, wenn du sie nicht kennst?

Neinerlaa, Plinse, Delle, jiepern, lappig, Radebere, Muckefuck, Apfelgriebs, sich kampeln, Lulatsch

Schreibe: *Neinerlaa: im Erzgebirge Festessen zu Weihnachten, das aus neun Speisen besteht (kein bedeutungsverwandtes Wort)*

b Welche bedeutungsverwandten Wörter gibt es dafür in der Hochsprache?

 c Wie werden die Wörter in deiner Region ausgesprochen? Notiere diese oder andere Mundartwörter aus deiner Region.

→ S. 24 Projektergebnisse vorstellen

5
Beschäftigt euch in einem Projekt mit der Mundart eurer Region oder anderen sächsischen Mundarten. Wählt aus folgenden Aufgaben eine aus:

A Fragt ältere Menschen nach Mundartwörtern, sammelt diese und stellt sie vor.

B Sucht nach Mundarttexten und veranstaltet eine Lesung. Ladet evtl. Gäste ein, die Mundarten pflegen.

C Sammelt Mundarttexte und stellt sie euch gegenseitig vor. Die Mitschüler/innen versuchen, die Texte nach dem Vortrag nachzuerzählen.

Was habe ich gelernt?

6
Überprüfe, was du über Mundarten gelernt hast. Entscheide, welche der folgenden Aussagen falsch ist. Begründe deine Meinung.

1. Standardsprache und Dialekte sind Sprachvarianten des Deutschen.
2. Man findet sie hauptsächlich im mündlichen Sprachgebrauch.
3. Standardsprache orientiert sich an allgemein gültigen Normen und ist im gesamten deutschen Sprachgebiet verständlich.
4. Mundarten erkennt man an typischen Wörtern und Wendungen und an bestimmten Lauten und Lautkombinationen (bzw. Buchstaben und Buchstabenkombinationen).

Unsere Zeitung – eine Schülerzeitung gestalten

1 Überlegt, was ihr bereits über Schülerzeitungen wisst, und verschafft euch weitere Informationen.

  a Habt ihr selbst schon an einer Schülerzeitung mitgearbeitet? Berichtet davon.

TIPP
Nutze z.B. die Internetseite http://www.jugendpresse-sachsen.de/

  b Recherchiert Informationen zur Verbreitung von Schülerzeitungen in Sachsen.

  c Beschreibe die Verteilung der Schülerzeitungen im Bezug auf unterschiedliche Schulformen.

2 Tauscht euch über den Zweck einer Schülerzeitung aus. Bringt eure Erfahrungen mit ein.

! Eine **Schülerzeitung** ist euer **Sprachrohr**. Sie wird von Schülern für Schüler gestaltet. Im Rahmen des Grundgesetzes und der Pressefreiheit könnt ihr in der Schülerzeitung eure Meinung frei äußern.

Einen Titel finden

→ S. 62 Titelseiten

1 Untersuche die folgenden Titelblätter von Schülerzeitungen.

a Betrachte die Titelseiten. Welche der beiden Zeitungen würdest du gern kaufen bzw. nicht kaufen?

b Sammle in einer Tabelle Pro- und Kontra-Argumente.

2 Untersuche die Titel der Schülerzeitungen.

a Schlage im Wörterbuch nach, was die Begriffe »Allergie« und »Spießer« bedeuten.

b Stelle Vermutungen darüber an, warum die Redaktion ihrer Schülerzeitung jeweils diesen Titel gegeben hat. Notiere sie in Stichpunkten.

Einen Zeitungstitel auswählen

3 In Sachsen gibt es Schülerzeitungen, die zum Beispiel »Pausenbrot«, »Schülerecho«, »Schlaumeier«, »teen«, »Die Lupe«, »Kunterbunt« oder »Buschtrommel« heißen. Sucht für eure Schülerzeitung einen Titel.

a Faltet jede/r ein A4-Blatt quer und schneidet es durch.

→ S. 250 Brainstorming

b Schreibt auf jedes Blatt groß und gut lesbar zwei Titelvorschläge (Zeit: 3 Minuten).

Titelvorschlag 1

Titelvorschlag 2

c Sammelt eure Titelvorschläge an der Tafel.

 d Diskutiert in Gruppen die Vorschläge und wählt drei Titelvorschläge aus.

e Nummeriert die Vorschläge aus der Gruppenarbeit und diskutiert diese in der Klasse.

So könnt ihr einen Zeitungstitel auswählen

Klärt in der Diskussion folgende Fragen:
1. Entspricht der Titel der Zielgruppe: Schüler schreiben für Schüler?
2. Ist der Titel altersentsprechend?
3. Können sich alle mit dem Titel identifizieren?
4. Weckt der Titel Leseinteresse?
5. Ist der Titel originell?
6. Löst der Titel Provokation aus?

f Wählt eure Favoriten aus. Jede/r Schüler/in hat eine Stimme. Der Titel mit den meisten Stimmen wird euer Schülerzeitungstitel.

Den Inhalt festlegen

1 Das Inhaltsverzeichnis informiert eure Leser auf einen Blick über die Themen eurer Zeitung.

a Lies die Inhaltsverzeichnisse der beiden Schülerzeitungen. Beschreibe deinen ersten Eindruck.

b Welche Themen findest du in beiden Zeitungen?

Inhalt

- Vorwort — S. 3
- Sportfest mit Bildern — S. 4
- Gedicht — S. 6
- News — S. 7
- Interview — S. 8
- Tinti (Hexe) — S. 11
- Klassensprecherfahrt — S. 13
- Antrag Konsumbesuch — S. 14

INHALT

SPIESSER-Spezial:
Glückwunsch! Der Euro ist 10

einmischen & mitreden

4 Pixel aufs Papier: Die besten Bilder der SPIESSER-Community
6 Anekdote: Das Tier in mir
8 Vertretungsstunde: Liebe Deichkinder …
10 Titelgeschichte: In aller Freundschaft

…

austoben & entspannen

34 Testlabor: Buch und Biotüte
36 Rentner-Kompetenz-Team: Poetenschlacht
38 Kino: Russendisko
40 Musik: Machts euch selbst und sechs Songs als kostenloser Download
42 Rätsel: Knobelt euch durch ein Kreuzworträtsel und sahnt Fanpakete, Gitarren, Spiele und mehr ab
44 SPIESSER-Kosmos: Meinungen. Fragen. Aktionen!
46 Letzte Seite: Brief an die Freundschaft, Holgers Hirnhusten

2 In Tageszeitungen gibt es die Ressorts *Politik, Wirtschaft, Feuilleton, Sport, Lokales, Panorama*. Bewertet diese Einteilung hinsichtlich der Brauchbarkeit für eine Schülerzeitung.

3 Fertigt eine Mindmap an. Sammelt Themen, welche in eurer Zeitung zu finden sein sollen. Ihr könnt z.B. über Aktionen und Klassenfahrten berichten, eure Mitschüler aktivieren, auf Veranstaltungen hinweisen.

4 Führt eine Zielgruppenanalyse für eine Schülerzeitung durch.

→ S. 73 Umfragen durchführen

a Fertigt einen Fragenkatalog darüber an, was eure zukünftigen Leser in der Schülerzeitung interessieren würde, und führt eine Befragung durch.

b Präsentiert eure Ergebnisse in einem Säulendiagramm und vergleicht die Ergebnisse mit eurer Mindmap (Aufg. 3).

c Legt fest, welche Themen/Ressorts in eurer Schülerzeitung vertreten sein sollen.

Texte schreiben und Layout gestalten

1

→ S. 61 Printmedien untersuchen

a Entscheide dich für ein Thema und eine Textsorte (z.B. Bericht, Kommentar).

TIPP
Hilfe findet ihr auf der Internetseite http://www.jugend-presse-sachsen.de.

b Informiere dich über die Merkmale der von dir gewählten Textsorte. Notiere Stichpunkte.

c Recherchieren heißt, gezielt nach Informationen suchen, um diese für einen geplanten Artikel zu verwerten. Formuliere Fragen, die du während der Recherche klären willst.

d Führe die Recherche durch und ordne dann deine gesammelten Materialien.

e Verfasse deinen Text. Achte auf die Merkmale der Textsorte.

→ S. 248 Merkwissen

f Führt eine Schreibkonferenz durch.

Das **Layout**, also die äußere Gestaltung, eurer Zeitung ist genauso wichtig wie eure Texte. Jede Zeitung hat ein unverwechselbares Gesicht und (re-)präsentiert eure Redaktion. Die Titelseite spielt dabei eine herausragende Rolle. Bei der Gestaltung der Innenseiten sollten einerseits Abwechslung und andererseits Einheitlichkeit angestrebt werden.

a Lies den folgenden Text.

Tipps zur Gestaltung eines Zeitungslayouts

1. Entscheidend für die Art der Aufmachung, den Druck und den Preis ist das Format der Zeitung. Ein DIN-A4-Heft mit zwölf Seiten wirkt eher lächerlich dünn, während der Käufer bei einer 24-Seiten-A5-Zeitung etwas in der Hand hält.
   - DIN A5 (148 x 210 mm) ist handlich und im Druck billiger als große Formate.
   - DIN A4 (210 x 297 mm) bietet großzügigere Gestaltungsmöglichkeit.
   - DIN A3 (297 x 420 mm): Dieses Format wird selten verwendet. Das Lesen und Umblättern ist umständlich. Kurze Texte auf einer großen Seite wirken nicht.

2. Spalten sollten immer gleich breit sein. In eine Zeile sollten etwa 39 Zeichen passen, der Abstand zwischen 0,4 cm und 0,8 Zentimeter.
   - DIN-A4-Zeitungen sollten zwei bis vier Spalten haben. Bei DIN A5 sind zwei Spalten sinnvoll.

3. Wichtig: Einen Rand lassen! Läuft ein Text bis zum Rand, sieht das nicht gut aus. Außerdem wird zum Druck immer ein Rand von etwa einem Zentimeter an allen Seiten benötigt.

4. Ein einheitlicher Schriftsatz, der sich durch das ganze Heft zieht, bringt einen wichtigen Wiedererkennungswert für die Leser. Schriftgröße und Schriftart festlegen für:
   - Headline, die große Überschrift
   - Unterzeile, die erklärende Unterüberschrift
   - Einleitung
   - Fließtext

5. Am besten lesbar sind: Arial- und Times-Schriftarten. Für den Fließtext bietet sich 8pt bis 12pt an. Überschriften sollten – je nach Bedeutung – in 24, 30 oder 36 Punkt gesetzt werden. Es können zwar unterschiedliche Schriftarten eingesetzt werden, aber »weniger ist mehr« gilt auch

hier. Also je eine Schriftart für Text, Überschrift und eventuell ständige Seitenelemente (Seitenzahl usw.) sind erlaubt. Eine noch größere Vielfalt verwirrt den Leser nur.

6. Der erste Satz eines Absatzes kann eingerückt werden. Zum Herausheben einer Passage die Schrift entweder kursiv oder fett benutzen. Nicht beides gleichzeitig verwenden und das Unterstreichen vermeiden!

7. Wiedererkennungswert durch einheitliches Seitenlayout: Die Zeitung ist ein Gesamtkunstwerk, durch das sich ein vorgegebenes Seitenlayout wie ein roter Faden zieht. In Kopf- und/oder Fußzeilen lassen sich Seitenzahlen, Rubrikname und Logo der Zeitung unterbringen.

TIPP
Achtet auf die Gestaltung eures Inhaltsverzeichnisses (S. 242).

b Notiere in Stichpunkten die wesentlichen Tipps zur Erstellung eines Zeitungslayouts.

Einen Text gestalten

❸ Gestalte deinen Text mit Bildern, Grafiken, Zeichnungen. Beachte dabei den Tipp: Weniger ist mehr!

Präsentieren der Schülerzeitung

 ❶

a Mit welcher Aktion/welchen Aktionen könntet ihr auf eure Schülerzeitung aufmerksam machen? Diskutiert die folgenden Vorschläge.
• Wie Christo : Klassenzimmer in Zeitungspapier einpacken
• Modenschau aus Zeitungen
• Zeitungsfrühstück

b Ergänzt die Vorschläge und wählt euren Favoriten aus.

❷ Eure fertige Zeitung könnt ihr bei einem Schülerzeitungswettbewerb einreichen.

a Lies die folgenden Zeitungsartikel.

Samstag, 2. Juli 2011

Beste Schülerzeitungen Sachsens gekürt

Dresden. Sachsens beste Schülerzeitungen werden in Döbeln, Mockrehna, Radeberg und Plauen gemacht. Sie wurden am Samstag in Dresden mit den ersten Preisen des Jugendjournalistenpreises ausgezeichnet. Nach Angaben des Kultusministeriums hatten sich 128 Schülerzeitungen beworben.

Bei den Gymnasien siegte der „Blattsalat" des Lessing-Gymnasiums Döbeln. „Young People" aus dem nordsächsischen Mockrehna setzte sich bei den Mittelschulen durch. Bei den Jüngsten siegte die „Coole Schule" der Grundschule Süd aus Radeberg. In der Kategorie Förderschule überzeugte der „Kakadu" der Adolph-Kolping-Schule in Plauen die Jury. Alle Sieger erhalten je 500 Euro.

Ein Sonderpreis als „Aufsteiger 2010/2011" ging an „Die Aufklärer", die neu gegründete Schülerzeitung des Lößnitzgymnasiums in Radebeul. Außerdem wurden noch Förderpreise für Berufsschulen und Online-Schülerzeitungen verliehen und Einzelbeiträge der besten sächsischen Nachwuchsautoren prämiert.

Der mit insgesamt 5000 Euro dotierte Jugendjournalistenpreis wird vom Kultusministerium in Kooperation mit der Jugendpresse Sachsen e.V. ergeben. Kultusminister Roland Wöller (CDU) erklärte, der Wettbewerb solle auch andere Nachwuchsjournalisten dazu ermutigen, eine Schülerzeitung zu gründen. (dpa)

Der Freistaat sucht die beste Schülerzeitung

Dresden. Sachsen sucht in diesem Jahr bereits zum achten Mal die beste Schülerzeitung. „Ein ideales Medium, um das Leben an der Schule aus Sicht der Schüler darzustellen", eklärte Kultusminister Roland Wöller (CDU) gestern in Dresden. Preise gibt es sowohl für die besten „Blattmacher" als auch für hervorragende Einzelbeiträge. Zudem werden die beste Online-redaktion und die beste neu gegründete Zeitung mit einem Sonderpreis prämiert.

Einsendeschluss ist der 12. Mai. Eine Jury begutachtet Sprache, Layout und Inhalt. Der Preis wird an Grund- und Mittelschulen, Gymnasien, Förderschulen und berufsbildenden Schulen vergeben. (dpa)

b Entscheide, welche der folgenden Aussagen richtig sind.

A Die Schülerzeitung »Blattmacher« hat 2012 den Schülerzeitungswettbewerb gewonnen.
B 2005 wurde zum ersten Mal die beste Schülerzeitung Sachsens gesucht.
C Prämiert werden nur Printmedien.
D Die Mittelschule Mockrehna gewann einen ersten Preis.

! Wenn eure **Zeitung** fertig ist, könnt ihr sie anhand verschiedener Aktionen dem Publikum **präsentieren** (z.B. Zeitungsfrühstück, Modenschau). Ihr habt auch die Möglichkeit, euch an einem Schülerzeitungswettbewerb zu beteiligen.

Was habe ich gelernt?

 Untersuche, was du über das Gestalten einer Schülerzeitung gelernt hast. Fertige ein Merkblatt an.

Gewusst wie

Rechtliches

1 Bevor ihr mit eurer Arbeit an der Schülerzeitung/Schülerzeitschrift beginnt, informiert euch über die rechtlichen Aspekte.

a Lest zunächst folgende Texte.

A Grundgesetz

Art 5
(1) Jeder hat das Recht, seine Meinung in Wort, Schrift und Bild frei zu äußern und zu verbreiten und sich aus allgemein zugänglichen Quellen ungehindert zu unterrichten. Die Pressefreiheit und die Freiheit der Berichterstattung durch Rundfunk und Film werden gewährleistet. Eine Zensur findet nicht statt.
(2) Diese Rechte finden ihre Schranken in den Vorschriften der allgemeinen Gesetze, den gesetzlichen Bestimmungen zum Schutze der Jugend und in dem Recht der persönlichen Ehre.

B Auszug aus dem Pressekodex (Fassung vom 3. Dezember 2008)

Die im Grundgesetz der Bundesrepublik verbürgte Pressefreiheit schließt die Unabhängigkeit und Freiheit der Information, der Meinungsäußerung und der Kritik ein. Verleger, Herausgeber und Journalisten müssen sich bei ihrer Arbeit der Verantwortung gegenüber der Öffentlichkeit und ihrer Verpflichtung für das Ansehen der Presse bewusst sein (...)

C § 3 Verordnung des SMK (Kultusministeriums) über Schülerzeitschriften in Sachsen

(1) Die Schülerzeitschrift dient dem Gedankenaustausch und der Auseinandersetzung mit schulischen, kulturellen, wissenschaftlichen, gesellschaftlichen und politischen Problemen innerhalb der Schule. Sie ist nicht nur Mitteilungsblatt, sondern auch Diskussionsforum.

(2) Die Schülerzeitschrift muss sich mit der für die Presse gebotenen Sorgfalt um wahrheitsgetreuen Bericht und sachliche Kritik bemühen. Sie soll die Wertvorstellungen anderer achten und bereit sein, den eigenen Standpunkt kritisch zu überprüfen.

b Fasst die wesentlichen Inhalte der drei Texte auf einem Poster zusammen. Recherchiert und ergänzt Inhalte des Pressekodex.

c Formuliert Schlussfolgerungen für eure journalistische Arbeit.

Merkwissen

Ableitung	Form der **Wortbildung**: Ableitungen entstehen durch: - das Anfügen von **Präfixen** (Vorsilben) und **Suffixen** (Nachsilben) an einen Wortstamm, z. B.: *beachten, achtsam, Achtung, Verachtung*, - **Änderung des Stammvokals**, z. B.: *fliegen – Flug, wählen – Wahl*.
Adjektiv (Eigenschaftswort)	**Deklinierbare und komparierbare Wortart**, die **Eigenschaften** und **Merkmale** bezeichnet, z. B.: *ein schönes Buch, mit schönen Bildern; schön, schöner, am schönsten*.
Adverb (Umstandswort)	**Nicht veränderbare Wortart**: Man unterscheidet **Adverbien** - **der Zeit** (Fragen: *Wann? Wie oft?*), z. B.: *morgens, heute*, - **des Ortes** (Fragen: *Wo? Wohin?*), z. B.: *oben, dort*, - **der Art und Weise** (Frage: *Wie?*), z. B.: *seltsamerweise*, - **des Grundes** (Frage: *Warum?*), z. B.: *darum, deswegen*.
Adverbial-bestimmung (Umstands-bestimmung)	**Satzglied**, das Prädikate näher bestimmt. Man unterscheidet u.a.: - **Temporalbestimmung** (Adverbialbestimmung der Zeit, Fragen: *Wann? Wie lange? Bis wann? Seit wann?*), z. B.: *Morgen wird von morgens bis mittags gelernt, ab 12 Uhr gibt es Mittagessen.* - **Lokalbestimmung** (Adverbialbestimmung des Ortes, Fragen: *Wo? Woher? Wohin?*), z. B.: *Wir kommen aus Plauen, verbringen die Ferien in Binz und gehen jeden Tag zum Strand.* - **Modalbestimmung** (Adverbialbestimmung der Art und Weise, Fragen: *Wie? Auf welche Art und Weise?*), z. B.: *Sie arbeiteten schnell. Mit viel Vergnügen planschten sie im Wasser.* - **Kausalbestimmung** (Adverbialbestimmung des Grundes, Fragen: *Warum? Weshalb? Weswegen? Aus welchem Grund?*), z. B.: *Wegen des Wetters bleiben wir hier. Wir kamen zu spät, weil wir verschlafen hatten.*
Anekdote	(*griech.* anékdota – das nicht Herausgegebene) Eine ursprünglich mündlich überlieferte Geschichte, in der typische Eigenheiten einer bekannten Persönlichkeit, einer gesellschaftlichen Gruppe oder das Charakteristische eines bestimmten Ereignisses wiedergegeben werden. Anekdoten sind meist kurz und witzig und enden oft mit einer Pointe.
Anredepronomen	Gruppe von **Pronomen**. Die **persönlichen Anredepronomen** *du/dein, ihr/euer* können in Briefen und E-Mails **klein- oder großgeschrieben** werden. Die **höflichen Anredepronomen** *Sie* und *Ihr* und alle ihre Formen muss man **immer großschreiben.**
Antonyme	**Wörter mit gegensätzlicher Bedeutung**, die teils gemeinsame, vor allem aber gegensätzliche Bedeutungsmerkmale haben, z. B.: *hell* (Lichtmenge, viel Licht) – *dunkel* (Lichtmenge, wenig Licht).
Apposition	siehe nachgestellte Erläuterungen

Argument	Ein **Argument** (**Begründung + Beispiel**) dient dazu, sich mit einer Behauptung (Meinung) auseinanderzusetzen und sie zu stützen bzw. zu widerlegen, z. B.: • Behauptung: *Schulessen ist gesund und schmackhaft.* • Begründung: *denn es ist abwechslungsreich, fettarm, ohne künstliche Zusätze und überwiegend frisch zubereitet.* • Beispiel: *So gibt es z. B. viel Gemüse und regelmäßig Fisch.*
Artikel	**Deklinierbare Wortart**: **Begleiter** von Nomen/Substantiven, die Fall (Kasus), Zahl (Numerus) und Geschlecht (Genus) verdeutlichen. Man unterscheidet **bestimmte Artikel** *(der, die, das)* und **unbestimmte Artikel** *(ein, eine, ein)*.
Artikelprobe	Probe zur Ermittlung der Groß- bzw. Kleinschreibung: Steht bei dem Wort ein Artikel oder lässt es sich mit einem Artikel verwenden? Ja → Nomen/Substantiv → Großschreibung Nein → kein Nomen/Substantiv → Kleinschreibung
Attribut (Beifügung)	**Satzgliedteil**, das Nomen/Substantive näher bestimmt (Fragen: *Welche(-r, -s)? Was für ein(e)?*). Attribute können nicht allein umgestellt werden. Sie bleiben immer bei dem Nomen, zu dem sie gehören, und sind ein Teil dieses Satzgliedes, z. B.: *Wir sahen	im Zimmer seines Bruders	einen lustigen Film.*
Aufzählung	Wörter, Wortgruppen oder Teilsätze können aufgezählt werden. Zwischen den Gliedern einer Aufzählung **muss** man ein **Komma** setzen, wenn diese nicht durch eine **aufzählende Konjunktion** (*und, oder, sowie* oder *sowohl ... als auch ...*) verbunden sind, z. B.: *Wir sahen dichte Wälder, grüne Wiesen und hohe Berge.* Steht zwischen den Gliedern einer Aufzählung eine **entgegenstellende Konjunktion** (*aber, doch, jedoch* oder *nicht nur ..., sondern (auch) ...*), **muss** auch vor der Konjunktion ein **Komma** gesetzt werden, z. B.: *Sie kamen, sahen, aber blieben nicht. Wir sahen nicht nur Wälder, Wiesen und Berge, sondern auch seltene Pflanzen.*
Autor, Autorin	(*lat.* auctor – Urheber, Verfasser) Verfasser von literarischen (erzählenden, lyrischen, dramatischen) Texten, aber auch von Drehbüchern, Fernsehspielen oder Sachtexten (Fachbuch-, Lehrbuch-, Sachbuchautor).
Ballade	**Textsorte**: mehrstrophiges, meist gereimtes Gedicht, das die Merkmale von Geschichten, Gedichten und Dramen in sich vereint (Erzählgedicht).
Berichten, Bericht	• **Darstellungsweise**, **Textsorte**, bei der i. d. R. **knapp**, **sachlich** und **in der richtigen Reihenfolge** über Sachverhalte oder Ereignisse **informiert** wird, indem man die wichtigsten *W*-Fragen beantwortet (*Was? Wann? Wo? Warum? Wer? Welche Folgen?*). Die Auswahl der Informationen und die Gestaltung eines **Berichts** hängen vom Anlass, Zweck und Empfänger ab. Besondere Berichtsformen sind der **Praktikumsbericht** und das **Protokoll**. • **Journalistische Textsorte**: ausführlichere Sachdarstellung
Beschreiben, Beschreibung	**Darstellungsweise**, **Textsorte**, in der über **Gegenstände**, **Personen/Figuren**, **Tiere**, **Pflanzen**, **Bilder**, **Handlungen**, **Vorgänge**, **Experimente** informiert wird. Der Inhalt und die Gestaltung einer **Beschreibung** hängen vom zu Beschreibenden, vom Anlass, Zweck und Empfänger ab.

Bewerbung, sich bewerben	Zu den Bewerbungsunterlagen gehören ein **Bewerbungsschreiben** (Bewerbungssatz, Gründe für die Bewerbung, kurze Vorstellung der eigenen Person, Bitte um persönliches Gespräch) und ein **tabellarischer Lebenslauf** (wichtige persönliche Angaben in übersichtlicher Form, z.B. Name, Adresse, Geburtsort und -datum, Sprachkenntnisse, Hobbys; Angaben zu Eltern, Geschwistern und Passfoto sind freiwillig). Ob weitere Unterlagen (z.B. Zeugniskopien) einzureichen sind, muss erfragt werden.
Brainstorming (engl. *brain* – Gehirn, *storm* – Sturm)	**Methode zur Ideenfindung**: Schnell und ohne nachzudenken werden mit einem Bild, einem Begriff, einer Frage oder einem Problem verbundene Gedanken, Gefühle oder Erlebnisse geäußert und notiert.
Buchvorstellung	**Präsentation**, in der man Zuhörer mit einem Buch bekanntmacht, um sie dafür zu interessieren und zum Lesen anzuregen. Eine Buchvorstellung kann so aufgebaut sein: • Autorin / Autor und Titel des Buches, • handelnde Personen, • kurze Zusammenfassung der Handlung, • Vortrag einer besonders witzigen oder spannenden Stelle, • Zusammenfassung, warum das Buch besonders gefallen hat.
Charakterisieren, Charakterisierung	**Darstellungsweise**, **Textsorte**, bei der neben den **äußeren Merkmalen** (Gesamterscheinung, Einzelheiten, Besonderheiten) einer Person oder Figur v.a. deren **innere Merkmale** (Lebensumstände, Gedanken, Gefühle, Verhaltensweisen, ihr Verhältnis zu anderen u.Ä.) dargestellt werden, die den Charakter der Person/Figur deutlich machen.
Cluster, Clustering (engl. *cluster* – Haufen, Schwarm, Anhäufung)	**Methode zum Sammeln von Ideen**. Man schreibt einen zentralen Begriff in die Mitte und ordnet ringsherum weitere Begriffe an. Dann verdeutlicht man die Beziehungen zwischen den Begriffen durch Verbindungslinien, sodass ein Netz (**Ideennetz**) entsteht.
Datumsangabe	siehe nachgestellte Erläuterungen
Deklination, deklinieren	**Beugung** (Formveränderung) von Nomen/Substantiven, Artikeln, Adjektiven und Pronomen, d.h., diese Wortarten verändern sich in **Fall** (Kasus), **Zahl** (Numerus) und **Geschlecht** (Genus), z.B.: • Nominativ: *das neue Haus, die neuen Häuser* • Genitiv: *des neuen Hauses, der neuen Häuser* • Dativ: *dem neuen Haus, den neuen Häusern* • Akkusativ: *das neue Haus, die neuen Häuser*
Dialekt (Mundart)	Älteste **Sprachvarianten** (**Sprachvarietäten**), die im 8. Jahrhundert n. Chr. entstanden und heute nur noch in Resten fortleben (Wörter, Formen, Laute/Lautkombinationen). Dialekte werden in einzelnen Regionen unterschiedlich gebraucht (v.a. mündlich, auf dem Land, von älteren Menschen, im Kreis der Familie und unter Freunden/Bekannten). In Deutschland unterscheidet man drei **Dialektregionen** bzw. Großdialekte:

	- **Niederdeutsch** (auch: **Plattdeutsch**), z. B. Mecklenburgisch-Pommersch, Niedersächsisch, - **Mitteldeutsch,** z. B. Sächsisch (Obersächsisch), Thüringisch, Hessisch, - **Oberdeutsch,** z. B. Bairisch, Alemannisch.
Dialog	(*griech.* dialogos – Wechselrede, Zwiegespräch) Unterredung zwischen zwei oder mehreren Personen im Unterschied zum Monolog (Selbstgespräch). Szenische Texte bestehen fast ausschließlich aus Dialogen.
direkte (wörtliche) Rede	Wörtliche Wiedergabe von Gesagtem oder Gedachtem, am Anfang und Ende durch **Anführungszeichen** gekennzeichnet. Auch Ausrufe- und Fragezeichen, die zur direkten Rede gehören, stehen innerhalb der Anführungszeichen. Oft steht vor, zwischen oder nach der direkten Rede ein **Begleitsatz**, der durch Doppelpunkt oder Komma(s) abgegrenzt wird, z. B.: *Nils flüstert mir zu***:** *»Bestimmt ist alles bald wieder in Ordnung.« »Das hoffe ich«**,** ruft Randi**,** *»schließlich müssen wir heim!« »Dann lasst uns doch einfach gehen«**,** denke ich.*
Diskutieren, Diskussion	Austausch über strittige Fragen und Probleme, in dem **Diskussionsteilnehmer** durch Diskussionsbeiträge ihre **Standpunkte** und **Argumente** darlegen und auf andere eingehen (**zustimmen**, **ablehnen**, einen **Kompromiss vorschlagen**). Größere **Diskussionen** haben oft einen **Diskussionsleiter**. Es empfiehlt sich außerdem, einen Protokollanten zu bestimmen und ein **Protokoll** anfertigen zu lassen. Abschließend sollte man die **Diskussion auswerten** (ggf. auf Grundlage des Protokolls).
Eigennamen	Wörter und Wortgruppen, die z. B. Personen, Orte, Veranstaltungen, Organisationen und Institutionen als einmalig bezeichnen. Eigennamen werden **immer großgeschrieben**, z. B.: *Emilia, Dirk Neumann, Bahnhofstraße, Potsdam, Sachsen-Anhalt, Europa, Deutsches Rotes Kreuz, Freie Universität, die Olympischen Spiele, die Vereinigten Staaten, Friedrich der Zweite.* Von geografischen Eigennamen abgeleitete **Adjektive auf -isch** werden kleingeschrieben, wenn sie nicht Teil eines Eigennamens sind, z. B.: *eine sächsische Großstadt*. Als Teil eines Eigennamens werden sie dagegen großgeschrieben, z. B.: *die Sächsische Schweiz*. Von geografischen Eigennamen abgeleitete **Adjektive auf -er** werden **immer großgeschrieben**, z. B.: *Thüringer Bratwurst*.
einfacher Satz	**Satz**, der **ein Subjekt** und **ein Prädikat** enthält. Die **finite Verbform** (Verb) steht in der Regel an erster oder zweiter Stelle, z. B.: *Iva Procházková hat das Buch geschrieben. Die Handlung spielt in Berlin. Kennt ihr das Buch? Lies das Buch doch bald einmal!* Neben Subjekt und Prädikat kommen meist weitere **Satzglieder** hinzu, die man mithilfe der **Umstellprobe** ermitteln kann.
Erbwort	Älteste Wörter unserer Sprache, die vor ungefähr 5000 Jahren entstanden und uns noch heute Auskunft über die Lebensweise der germanischen Stämme geben, z. B.: *Rind, Hund, Beil, weben*.

Epoche	(*griech.* Haltepunkt, Zeitabschnitt) Bezeichnet einen längeren Zeitabschnitt, der über grundlegende Gemeinsamkeiten auf einem bestimmten Gebiet verfügt (z. B. in der Geschichte der Menschheit, der Musik- oder Literaturgeschichte). In der Literatur werden jeweils Grundströmungen im literarischen Schaffen einer Zeit benannt. Dabei sind die Grenzen zwischen Epochen fließend, auch lassen sich nicht alle Autoren einer bestimmten Epoche zuordnen. Beispiele für Epochen der deutschen Literatur sind: Barock, Sturm und Drang, Klassik, Romantik, Expressionismus.
Erörtern, Erörterung	**Darstellungsweise**, **Textsorte**, die das Ziel verfolgt, Problemlösungen zu finden und darzustellen. In einer **schriftlichen Erörterung** setzt man sich denkend und schreibend mit einem **Problem (Thema)** und damit verbundenen **Fragen** auseinander, z. B.: *Mobbing unter Schülern: Was kann man gegen Mobbing tun? Ist Mobbing vermeidbar? ...* Dazu verschafft man sich einen Überblick über das Problem, bildet einen **Standpunkt,** sucht nach Lösungsmöglichkeiten und begründet diese mit **Argumenten**. Man unterscheidet **lineare (steigernde) Erörterungen** (Argumente für oder gegen einen Standpunkt / eine These werden angeführt) und **dialektische (kontroverse) Erörterungen** (Argumente für und gegen einen Standpunkt / eine These werden abgewogen).
Ersatzprobe	Probe zur Ermittlung von Fällen und Satzgliedern, z. B.: *Die Suppe schmeckt den Kindern. – Die Suppe schmeckt dem Jungen/ihm.* (Dativ) *Sie aßen an einem schönen großen runden Tisch. – Sie aßen dort.* (Satzglied) Probe zur Unterscheidung von *das* und *dass*: - Kann man *da*■ durch *dieses* ersetzen? → **Artikel** → *das* - Kann man *da*■ durch *welches* ersetzen? → **Relativpronomen** → *das* - Ergibt der Satz bei der Probe keinen Sinn → **Konjunktion** → *dass*
Erweiterungsprobe	Probe zur Ermittlung der Groß- bzw. Kleinschreibung. Man erweitert eine **nominale Wortgruppe** (Nomen/Substantiv + Begleiter) durch Attribute, z. B.: *das Laufen, das schnelle Laufen, das anstrengende schnelle Laufen.* Das Wort, das ganz rechts steht, ist das Nomen/Substantiv bzw. eine Nominalisierung/Substantivierung und wird großgeschrieben.

Erzählen, Erzählung	**Darstellungsweise**, **Textsorte**, mit der Erlebnisse, Ereignisse oder Erfundenes (Fantasiegeschichten) mithilfe verschiedener **Gestaltungsmittel** (z. B.: **Charakterisierung** von Figuren, **direkte Rede**, **feste Vergleiche**, **Metaphern**) anschaulich und unterhaltsam wiedergegeben werden.
	Man kann aus verschiedenen **Perspektiven** erzählen:
	- **Ich-Erzähler** (am Geschehen beteiligt, erzählt aus seiner Sicht), z. B.:
	  Heute ging ich besonders früh zu Bett, denn ich wollte ...
	- **Sie-Erzählerin / Er-Erzähler** (nicht selbst beteiligt, beobachtet von außen),
	  z. B.: *Heute ging Fanny besonders früh zu Bett, denn sie wollte ...*
	Ein wichtiges erzählerisches Mittel ist auch die **Zeitgestaltung,** z. B.:
	- **Zeitdehnung**: Einfügen von Gedanken, Gefühlen, Beschreibungen u. Ä.;
	  die Erzählzeit ist länger als die erzählte Zeit,

	- **Zeitraffung**: verkürztes Wiedergeben des Geschehens, Zeitsprünge; die Erzählzeit ist kürzer als die erzählte Zeit, - **Vorausdeutung**: Andeuten kommender Ereignisse, - **Rückblende**: Aufgreifen von vergangenen Ereignissen.
Fabel	**Textsorte**: Kurzer erzählender oder gereimter Text. Zu den **Merkmalen** einer Fabel gehören: - Tiere denken, handeln und sprechen wie Menschen, - Tieren sind bestimmte menschliche Eigenschaften zugeordnet, - Fabeln enthalten eine Lehre (zentrale Aussage).
Figur	(*lat.* figura – Gestalt, Wuchs) Person, die in einem literarischen Text vorkommt. Man unterscheidet zwischen Haupt- und Nebenfigur, je nach ihrem Anteil am Geschehen. Eine Figur wird charakterisiert durch ihr Äußeres, ihr beschriebenes Verhalten und eigene Äußerungen (Gedanken, wörtliche Rede). Die Beziehung der Figuren zueinander nennt man Figurenkonstellation.
Figuren-konstellation	Beschreibt die Gruppierung der Figuren in einem epischen oder dramatischen Werk. Dabei wird untersucht, in welchem Verhältnis die Figuren zueinander stehen und wie sich die wechselseitigen Beziehungen zwischen ihnen während des Handlungsverlaufes entwickeln bzw. ändern. Sind sie Gegner oder Verbündete? Welche Gefühle hegen sie füreinander?
fester Vergleich	Anschauliche, oft bildhafte Wortgruppen mit dem Vergleichswort *wie*, z. B.: *arm wie eine Kirchenmaus.*
flektieren (die Flexion), flektierbar	Ein Wort beugen, seine Form verändern (die Beugung, Formveränderung), z. B.: *(des) Flusses, (in den) Flüssen; (ich) gehe, (du) gehst, (wir) gingen.* Flexion ist der **Oberbegriff** zu Deklination und Konjugation.
Frageprobe	Probe zur Ermittlung von Fällen, Satzgliedern und Satzgliedteilen, z. B.: *dem Jungen helfen* – Wem helfen? (Dativ) *die Katze fangen* – Wen/Was fangen? (Akkusativ) *Sie essen den leckeren Kuchen nachmittags im Garten.* - Wer/Was isst …? (Subjekt) - Wen/Was essen sie …? (Objekt) - Wann essen sie …? (Temporalbestimmung) - Wo essen sie …? (Lokalbestimmung) - Welchen/Was für einen Kuchen …? (Attribut)
Fremdwort	Wort, das aus einer anderen Sprache übernommen wurde, sich aber in Aussprache, Schreibung und Betonung **nicht oder nur zum Teil dem Deutschen angepasst** hat, z. B.: *Sweatshirt, Ragout.*
Gedicht	**Textsorte**, in der Gedanken und Gefühle eines **lyrischen Sprechers (lyrisches Ich)** mithilfe besonderer Gestaltungsmittel (z. B. sprachliche Bilder, Vergleiche) ausgedrückt werden. Gedichte sind oft in **Strophen** unterteilt, die aus **Versen** (Gedichtzeilen) bestehen. Gedichte haben einen bestimmten **Rhythmus** und können sich nach einem bestimmten Schema **reimen**.

Genus (Geschlecht)	Grammatisches Geschlecht: **männlich**, **weiblich** oder **sächlich**. Das grammatische Geschlecht erkennt man am **Artikel**, z. B.: *der/ein Regen, das/ein Wetter, die/eine warme Jacke.*
germanische Sprachen	Die deutsche Sprache gehört zur Gruppe der germanischen Sprachen in der indoeuropäischen Sprachfamilie, wie auch das Englische, Friesische, Niederländische, Dänische, Isländische und Norwegische. Innerhalb der Gruppe der germanischen Sprachen können Wörter sich ähneln, z. B. *Mutter* – engl. *mother* – dän. *mor*; *drei* – engl. *three* – dän. *tre*.
Gesprächsregeln beachten	In Gesprächen sollte man einige **Regeln** beachten: • sachlich und freundlich bleiben, andere zu Wort kommen lassen, • aktiv zuhören und auf andere eingehen, • Meinungen begründen, ggf. einen Kompromiss suchen.
Gestik	Bezeichnet Körperbewegungen, um Aussagen zu unterstützen oder um sich ohne Worte zu verständigen.
Handlung	Dabei unterscheidet man die **äußere Handlung**, die das sichtbare Geschehen, die Außenwelt, zeigt. Hier handeln und sprechen die Figuren direkt. Die **innere Handlung** dagegen umfasst die Gedanken und Gefühle der Figuren, also deren Innenwelt.
Hauptsatz	**Teilsatz eines zusammengesetzten Satzes**, in dem die finite Verbform an zweiter Stelle steht, z. B.: *Tim und Tom lächelten glücklich, als sie uns sahen.*
Homonym	**Gleichnamige Wörter**: Wörter, die gleich (bzw. fast gleich) geschrieben und ausgesprochen werden, aber unterschiedliche Bedeutungen haben, z. B.: *Bremse – Bremse*. Sie können auch zu verschiedenen Wortarten gehören, z. B.: *(der) Morgen – morgen*.
Hörspiel	Ein für den Hörfunk produziertes oder bearbeitetes Stück, das allein mit akustischen Mitteln (Wort, Ton, Geräusche) arbeitet.
Hypertext, Hypertexte schreiben	Text, der **Hyperlinks** (Stichworte zum Anklicken) enthält und nicht »der Reihe nach« (linear) gelesen wird. So kann man Hypertexte verfassen: Textteil in eine Word-Datei schreiben, Stichwort markieren, auf »Einfügen« und dann auf »Hyperlink« klicken, Dateinamen eingeben und mit OK bestätigen, Fortsetzung schreiben usw.
indirekte Rede	**Nicht wörtliche Wiedergabe** von Gesagtem oder Gedachtem, in der Regel mithilfe des **Konjunktivs I**. Dabei muss man oft die **Pronomen**, Orts- und Zeitangaben umformulieren, z. B.: *Nils flüsterte mir zu, er sei zu spät gekommen. Randi meint, sie helfe uns.* Aber auch eine Wiedergabe im **Indikativ** ist möglich, z. B.: *Randi sagt, dass sie uns hilft.* Manchmal wird der **Konjunktiv II** oder die **würde**-Ersatzform verwendet, z. B.: *Nils flüsterte, er käme pünktlich. Randi sagt, sie würde uns helfen.*

Infinitivgruppe	Wortgruppe, die einen **Infinitiv mit zu** enthält (**erweiterter Infinitiv mit zu**). Ist ein Infinitiv nicht erweitert, kann man ein Komma setzen, z. B.: *Sibylle versprach(,) zu helfen.* In folgenden Fällen **muss** man ein **Komma** setzen: <ul><li>wenn die Infinitivgruppe mit *um, ohne, (an)statt, außer, als* eingeleitet wird, z. B: *Sylva fuhr nach Berlin, um ihren Freund Niklas zu treffen.*</li><li>wenn sich die Infinitivgruppe auf ein Nomen/Substantiv bezieht, z. B: *Sylva gab ihr den Rat, viel schwimmen zu gehen.*</li><li>wenn sich die Infinitivgruppe auf ein hinweisendes Wort, wie *daran, darum, damit, es,* bezieht, z. B.: *Sie bemühte sich darum, Sylvas Probleme zu verstehen.*</li></ul>Man kann Fehler vermeiden, indem man beim Infinitiv mit *zu* immer ein Komma setzt.
Informationen suchen	Um nach bestimmten Informationen zu suchen, kann man: <ul><li>im **alphabetischen**, **systematischen** oder **Onlinekatalog** einer **Bibliothek** nach Büchern und anderen Medien suchen,</li><li>im **Inhaltsverzeichnis** von **Zeitschriften** nach Beiträgen suchen,</li><li>in einem **Lexikon** (alphabetisches Nachschlagewerk) nachschlagen,</li><li>im **Inhaltsverzeichnis**, **Klappentext** und **Register** von **Sachbüchern** nach geeigneten Inhalten suchen,</li><li>**Suchmaschinen** und **Web-Kataloge** (nach Themen geordnete Sammlungen von Internetadressen) im **Internet** nutzen.</li></ul>Die **Beurteilung der Suchergebnisse** sollte nach folgenden Punkten erfolgen: <ul><li>**Autor** (Autor/Autorengruppe angegeben oder anonyme Seite?)</li><li>**Herkunft** (Kontaktdaten/Impressum vorhanden? Von einer offiziellen Organisation oder privat? Ein Diskussionsforum?)</li><li>**Aktualität** (Entstehungszeit? Letzte Aktualisierung?)</li><li>**Inhalt** (Überprüfbarkeit der Fakten? Quellen genannt?)</li></ul>Entnimmt man Büchern oder Internetseiten Informationen und Textstellen, muss man die **Quellenangabe** exakt notieren.
Inhaltsangabe (zu literarischen Texten)	Knappe, sachliche Darstellung des **wesentlichen Inhalts** eines literarischen Textes, Films oder Theaterstücks. Sie sollte folgende **Bestandteile** haben: <ul><li>Einleitung: Angaben zu Autorin/Autor, Textsorte, Titel, Thema</li><li>Hauptteil: Darstellung der Figuren und des Handlungsverlaufs</li><li>Schluss: Besonderheiten des Textes nennen</li></ul>Folgende **sprachliche Besonderheiten** sollte man beachten: <ul><li>Inhalt mit eigenen Worten wiedergeben (keine Zitate),</li><li>**direkte Rede** in **indirekte Rede** umwandeln,</li><li>in Präsens oder Perfekt darstellen.</li></ul>
Interview	Mündliche **Befragung**, um Informationen über eine Person und/oder deren Meinungen, Einstellungen, Wissen und Verhalten zu erhalten. Am besten eignen sich für Interviews Ergänzungsfragen, die man ausführlich beantworten muss. Entscheidungsfragen, auf die man nur Ja oder Nein antworten muss, sind weniger geeignet.

Kasus (Fall)	Fall in der Grammatik. Es gibt **vier Fälle**: • **Nominativ** (Fragen: *Wer? Was?*), z. B.: *Die Lehrerin liest vor. Langsam fließt das Wasser ab.* • **Genitiv** (Frage: *Wessen?*), z. B.: *Er fragt den Bruder seines Freundes.* • **Dativ** (Fragen: *Wem? Wo?*), z. B.: *Er hilft seiner Mutter. Wir helfen ihm.* • **Akkusativ** (Fragen: *Wen? Was? Wohin?*), z. B.: *Ihren kleinen Hund finden alle lustig. Wir spielen ein neues Spiel.*
Kommasetzung	Im **einfachen Satz** müssen **Kommas** gesetzt werden: • bei der **Aufzählung** von Wörtern und Wortgruppen, • bei **Infinitivgruppen**, • bei **Partizipgruppen**, • bei **nachgestellten Erläuterungen** (auch in Form von **Appositionen** und **Datumsangaben**). Im **zusammengesetzten Satz** müssen **Kommas** gesetzt werden: • in einem **Satzgefüge** zwischen **Haupt-** und **Nebensatz**, z. B.: *Wir packten gleich aus**,** als wir angekommen waren. Nachdem wir ausgepackt hatten**,** liefen wir zum See.* • in einer **Satzreihe** (**Satzverbindung**) zwischen den **Hauptsätzen,** wenn sie nicht durch eine aufzählende **Konjunktion** verbunden sind, z. B.: *Wir wollten etwas unternehmen, aber wir konnten uns nicht einigen.* *Tom ging ins Kino**,** ich blieb zu Hause.*
Kommentar	**Journalistische Textsorte**: persönliche, namentlich gekennzeichnete Meinung eines Autors zu einem aktuellen Ereignis oder Vorgang
Komparation, komparieren	**Steigerung** von Adjektiven: • Positiv (Grundstufe), z. B.: *klein* • Komparativ (Mehrstufe), z. B.: *kleiner* • Superlativ (Meiststufe), z. B.: *am kleinsten*
Konflikt	(*lat.* conflictus – Zusammenstoß) Problem der Hauptfigur, das sie im Verlauf der Handlung lösen muss. Das kann ein Streit sein oder eine schwierige Entscheidung.
Konjugation, konjugieren	**Beugung** (Formveränderung) von Verben nach **Person**, **Zahl** (Numerus), **Zeit** (Tempus) und **Handlungsform** (Aktiv, Passiv), z. B.: *(ich) schreibe, (wir) schrieben, (er) wurde geschrieben.*
Konjunktion (Bindewort)	**Nicht veränderbare Wortart**, die Wörter, Wortgruppen und Teilsätze miteinander verbindet. Nach ihrer **Bedeutung** unterscheidet man: • **aufzählende Konjunktionen** (treten bei Aufzählungen auf, z. B.: *und, sowie, sowohl … als auch, oder, weder … noch*), • **entgegenstellende Konjunktionen** (drücken einen Gegensatz aus, z. B.: *aber, doch, nicht nur …, sondern auch …*). Nach der **Funktion** unterscheidet man: • **nebenordnende Konjunktionen** (verbinden gleichrangige Wörter, Wortgruppen und Teilsätze, z. B.: *aber, und, sondern, denn*),

	- **unterordnende Konjunktionen** (leiten einen Nebensatz ein, z. B.: *als, weil, dass, wenn, falls, ehe, bevor, nachdem, sodass*).
Kriminalgeschichte	Erzählung, in deren Mittelpunkt ein Verbrechen steht (z. B. Diebstahl, Mord). Dabei liegt der Schwerpunkt entweder auf der Tat und dem Täter oder auf der Aufklärung des Verbrechens durch einen Detektiv. Im ersten Fall geht es um die Bedingungen, unter denen das Verbrechen geschieht, im zweiten Fall um Spurensuche und Beweisführung. Berühmte Detektive der Kriminalliteratur sind Sherlock Holmes oder Miss Marple.
Kurzgeschichte	**Textsorte**: (in Anlehnung an die amerikanischen Short Stories) kurze und prägnante Erzählungen mit folgenden typischen **Merkmalen**: - erzählt werden einzelne alltägliche Ereignisse oder Erlebnisse, - wenige Figuren, - unvermittelter Beginn und offenes, mitunter überraschendes Ende, - begrenzte Handlungszeit (wenige Stunden oder Tage) und Handlungsorte (oft nur einer), - knappe alltägliche Sprache, häufig Andeutungen und Metaphern.
Kurzwort	Wörter, die durch das Weglassen von Wortteilen entstehen, z. B.: *Fotografie* → *Foto*, *Fahrrad* → *Rad*. Besondere Formen von Kurzwörtern sind: - **Buchstabenwörter** (Buchstaben werden einzeln oder zusammenhängend gesprochen), z. B.: *Lkw* (gesprochen: el-ka-we, Lastkraftwagen), *PLZ* (Postleitzahl). - **Silbenwörter** (aus Anfangssilben zusammengesetzte Wörter), z. B.: *Kriminalpolizei* → *Kripo*.
Lehnwort	Wort, das aus einer anderen Sprache »entliehen« wurde und sich im Laufe der Zeit in Aussprache, Schreibung und Beugung **der deutschen Sprache angepasst hat**, z. B.: *Fenster* (von lateinisch *fenestra*).
Leserbrief	**Schriftliche Stellungnahme** zu einem Artikel in einer Zeitung oder Zeitschrift. Ein Leserbrief besteht aus: - Einleitung (knapp mitteilen, auf welchen Artikel man sich bezieht), - Hauptteil (mit Bezug auf den Artikel kurz die eigene Meinung formulieren und Begründungen nennen), - Schluss (Standpunkt kurz zusammenfassen).
Lesetagebuch	In einem Lesetagebuch dokumentiert der Leser persönliche Leseeindrücke. Es wird z. B. notiert: - wann welche Abschnitte gelesen wurden, - was dem Leser persönlich wichtig erscheint, - welche Textstellen für ihn besonders interessant waren, - wie die Handlung alternativ aussehen könnte, - wie das Handeln der Figuren bewertet wird. Es können auch visuelle Gestaltungen einzelner Abschnitte vorgenommen werden.

Literatur	(*lat.* litterātūra – Buchstabenschrift, Schrifttum) Bezeichnung für alle Texte, die aufgezeichnet und veröffentlicht werden. Manchmal wird der Begriff *Literatur* auch in einem engeren Sinn verwendet und meint dann vor allem die künstlerische Literatur.
lyrisches Ich	Bezeichnet den Sprecher des Gedichts, also das sprechende, künstlerisch gestaltete Ich, das nicht mit dem Ich des Autors übereinstimmt.
Medien	Mittel zur **Verständigung**, Information, Wissensgewinnung, Unterhaltung und Entspannung, wie z. B. Zeitung, Zeitschrift, Hörfunk, Film und Fernsehen, Computer. Man unterscheidet **Printmedien** (zum Lesen) und **audiovisuelle Medien** (zum Hören und Sehen). Wichtige Printmedien sind **Bücher** und **Zeitungen/ Zeitschriften**.
mehrdeutiges Wort	Wörter, die mehrere Bedeutungen haben, z. B.: *Hahn* (Tier, Wasserhahn), *Flügel* (Teil eines Vogels oder Flugzeugs, Musikinstrument). Welche der Bedeutungen gemeint ist, wird erst aus dem Textzusammenhang klar.
Meldung	**Journalistische Textsorte**: Kurznachricht, die nur das Nötigste über ein Ereignis, oft nur das Ereignis selbst, bekanntgibt. Nur die **Schlagzeile** ist noch kürzer.
Metapher	**Bildhafte Ausdrucksweise**, die durch Übertragung eines Wortes oder Ausdrucks mit seiner ursprünglichen Bedeutung auf einen anderen Sachbereich entsteht. Grundlage dafür ist ein gemeinsames Merkmal der Ähnlichkeit in beiden Bedeutungen, z. B.: *der Fuß des Menschen* → *am Fuß des Berges*.
Mimik	Bezeichnet den Gesichtsausdruck. Im Alltag, auf der Bühne oder im Film kann man an der Mimik die Gefühle eines Menschen ablesen.
Mindmap (engl. *mind* – Gedanken, Gedächtnis; *map* – Landkarte)	**Methode zur Sammlung und logischen Strukturierung von Informationen** zu einem Thema. Ausgehend von dem zentralen Begriff, der in der Mitte steht, werden weiterführende Informationen ringsherum angeordnet. Linien (z. B. Haupt- und Nebenäste) verdeutlichen Beziehungen, z. B. zwischen Ober- und Unterbegriff oder Teil und Ganzem.
Mitschreiben	Schriftliches Festhalten von Gehörtem. Dabei muss man: • genau und konzentriert zuhören, • Wesentliches von Unwesentlichem unterscheiden, • Aussagen genau zusammenfassen. Um schnell mitschreiben zu können, sollte man **Stichpunkte** formulieren und **Abkürzungen** benutzen, z. B.: *u., ca., usw.*
Mitteilungen verfassen	Es gibt verschiedene Anlässe und Möglichkeiten, Mitteilungen zu verfassen. Immer ist zu beachten, an wen und aus welchem Anlass man schreibt. **Offizielle Briefe** bzw. **E-Mails** sind Mitteilungen an eine Institution oder ein Unternehmen, z. B. Anträge, Beschwerden und Bewerbungen, in denen man sachlich und knapp, aber höflich formuliert, die **Anredepronomen** *Sie, Ihr(-e)* verwendet, auf fehlerfreie Rechtschreibung und Zeichensetzung achtet. Eine **Betreffzeile** enthält kurz den Anlass des Briefs, z. B.: *Bewerbung um einen Praktikumsplatz*.

	In der **Anrede** schreibt man: *Sehr geehrte Frau Müller, … Sehr geehrter Herr Lehmann, …* oder *Sehr geehrte Damen und Herren, …* Nach dem Komma wird auf einer neuen Zeile klein weitergeschrieben. Die übliche **Grußformel** am Schluss ist: *Mit freundlichen Grüßen / Mit freundlichem Gruß* In Briefen folgt die **persönliche Unterschrift**.
Modalverb	Im Deutschen gibt es **sechs Modalverben.** Sie drücken aus, wie eine Tätigkeit, ein Vorgang, ein Zustand speziell gemeint ist: *wollen* (Absicht): *ich will kommen,* *sollen* (Aufforderung): *er soll kommen,* *dürfen* (Erlaubnis): *er darf kommen,* *können* (Fähigkeit oder Möglichkeit): *er kann kommen,* *müssen* (Notwendigkeit): *er muss kommen,* *mögen* (Wunsch): *er möchte kommen.*
Monolog	(*griech.* monologos – allein sprechend) Selbstgespräch einer Person im Gegensatz zum Zwiegespräch (Dialog). Im Drama, aber auch in erzählender Literatur kann eine handelnde Figur in einem Monolog ihre Gedanken äußern.
nachgestellte Erläuterung	Einem Beziehungswort (meist Nomen/Substantiv) **nachgestellte Erklärung**, die durch **Kommas** abgegrenzt wird. Es gibt nachgestellte Erläuterungen: <ul><li>im gleichen Fall wie das Beziehungswort (Appositionen), z. B.: *Sylva, Tochter eines tschechischen Vaters, steht im Mittelpunkt der Handlung.*</li><li>die durch besondere Wörter eingeleitet werden, wie *und zwar, unter anderem (u. a.), zum Beispiel (z. B.), besonders, nämlich, vor allem (v. a.), das heißt (d. h.)*, z. B.: *Sylva liebt Sport, besonders das Schwimmen.*</li><li>Datumsangaben, die zu einem Wochentag gestellt werden, z. B.: *Die Geburtstagsfeier fand am Mittwoch, dem 16. April(,) statt.*</li></ul>
Nachricht	**Journalistische Textsorte**: kurze, sachliche Mitteilung über eine allgemein interessierende und nachprüfbare Tatsache
Nebensatz	**Teilsatz eines zusammengesetzten Satzes**, der allein meist nicht verständlich ist und durch **Komma** vom **Hauptsatz** abgegrenzt wird, z. B.: *Wir packten gleich aus, als wir angekommen waren. Nachdem wir ausgepackt hatten, liefen wir zum See.* Die meisten Nebensätze haben folgende **Merkmale**: <ul><li>die **finite Verbform** steht an letzter Stelle,</li><li>am Anfang steht ein **Einleitewort**.</li></ul> Nach dem Einleitewort unterscheidet man: <ul><li>**Konjunktionalsatz**: durch eine unterordnende Konjunktion eingeleitet, z. B.: *weil, dass, sodass, als, da, nachdem, bevor, seit,*</li><li>**Relativsatz**: durch ein Relativpronomen eingeleitet, z. B.: *der, die, das, welcher, welche, welches,*</li><li>**Fragewortsatz**: durch ein Fragewort eingeleitet, z. B.: *wo, wie, was, warum.*</li></ul>

Nomen/Substantiv	**Deklinierbare Wortart**, die Lebewesen, Gegenstände, Gefühle, Vorstellungen, Vorgänge, Orte und Veranstaltungen bezeichnet. Nomen werden **großgeschrieben**. Sie können Begleiter (Artikel, Possessivpronomen) und Attribute bei sich haben, an denen man Fall (Kasus), Zahl (Numerus) und Geschlecht (Genus) erkennt, z. B.: *die Wiese, unser Garten*.
Nominalisierung/ Substantivierung	Im Deutschen kann jedes Wort **als Nomen gebraucht** – also nominalisiert/ substantiviert – werden. Es wird dann wie Nomen **großgeschrieben** und kann ebenfalls einen Begleiter und ein Attribut bei sich haben, z. B.: *das Blau, euer lautes Rufen*.
Numerale (Zahlwort)	Wörter, die eine Menge oder eine Anzahl angeben. Man unterscheidet: - **bestimmte Numeralien**, z. B.: *eins, zwei, erster*, - **unbestimmte Numeralien**, z. B.: *einige, viele, alle*. Numeralien gehören zu **verschiedenen Wortarten**: - Nomen/Substantiv, z. B.: *eine Million*, - Adjektiv, z. B.: *zwei Schüler, in der sechsten Klasse*, - Adverb, z. B.: *er rief dreimal*.
Numerus (Zahl)	Zahl, in der Nomen/Substantive, Artikel, Adjektive oder Pronomen auftreten können. Es gibt eine Form für den **Singular** (Einzahl) und eine andere Form für den **Plural** (Mehrzahl), z. B.: *(das) Kind – (die) Kinder*.
Objekt	**Satzglied**, das das Prädikat ergänzt. Der Fall des Objekts ist vom Verb oder einer Präposition abhängig. Man unterscheidet: - **Dativobjekt** (Frage: *Wem?*), z. B.: *Sie hilft ihrer Oma*. - **Akkusativobjekt** (Frage: *Wen? Was?*), z. B.: *Er liest ein Buch*. - **Genitivobjekt** (Frage: *Wessen?*), z. B.: *Sie erfreut sich bester Gesundheit*. Genitivobjekte werden selten, meistens in der Schriftsprache gebraucht. - **Präpositionalobjekt** (Objekt, dessen Fall von einer **Präposition** bestimmt wird), z. B.: *Sie wartet auf ihn. Über das Buch freute sie sich*.
Parallelgedicht	Übernimmt das Muster des Vorbilds und füllt es mit neuem Inhalt.
Partizip	**infinite Verbform**
Partizipgruppe	Konstruktion, in deren Kern ein **Partizip** enthalten ist. **Vorangestellte** und **eingeschlossene Partizipgruppen** können durch Komma abgetrennt werden, z. B.: *In Berlin angekommen(,) besuchte Sylva ihren alten Freund Niklas. Er stimmte ihr(,) heftig mit dem Kopf nickend(,) zu.* Nachgestellte **Partizipgruppen** müssen durch Komma abgetrennt werden, z. B.: *Er stimmte ihr zu, heftig mit dem Kopf nickend.* Man kann Fehler vermeiden, indem man bei Partizipgruppen immer ein Komma setzt.
Personifizierung	**Bildhafte Ausdrucksweise**, bei der für Menschen typische Verhaltensweisen und Eigenschaften auf unbelebte Gegenstände und Erscheinungen übertragen werden, z. B.: *die Sonne lacht, stumme Steine*.

Pointe	(*frz.* Spitze, Schärfe) Unerwartete Wendung, z. B. zum Schluss einer Anekdote, mit dem Ziel, durch ihren Witz die Zuhörer oder Leser zum Lachen zu bringen.
Prädikat	**Satzglied**, das etwas über das Subjekt aussagt (Satzaussage, Frage: *Was wird ausgesagt?*). **Subjekt** und **Prädikat** bilden den **Satzkern**. Wenn das Prädikat nur aus dem finiten (gebeugten) Verb besteht, nennt man es **einteiliges Prädikat**, z. B.: *(er) liest.* Das **mehrteilige Prädikat** besteht aus der finiten (gebeugten) Verbform und anderen, infiniten (ungebeugten) Verbformen (Partizip II, Infinitiv) oder weiteren Wörtern. Das mehrteilige Prädikat kann andere Satzglieder einrahmen. Dann bildet es einen **prädikativen Rahmen**, z. B.: *Er hat ein Buch gelesen. Trotz der Kälte ging sie ohne Mütze los.*
Präfix (Vorsilbe)	Dem Wortstamm vorangestellter **Wortbaustein**, der nicht selbstständig stehen kann. Wichtige Präfixe sind *be-, er-, ent-, ge-, miss-, ver-, zer-*. Durch das Anfügen von Präfixen entstehen oft neue Wörter (**Ableitung**) mit veränderter Bedeutung, z. B.: *fallen* → *gefallen, verfallen, zerfallen, befallen.*
Praktikumsbericht	Dokumentation der Ziele, Aufgaben, des Verlaufs und der Ergebnisse eines Praktikums. Ein **Tagesbericht**, der als Tabelle oder als zusammenhängender Text gestaltet sein kann, enthält den Ablauf und die Ergebnisse eines Arbeitstages. In einem **Abschlussbericht** werden die wichtigsten Erkenntnisse und Erfahrungen aus dem gesamten Praktikum zusammengefasst.
Präposition	**Nicht veränderbare Wortart**, die räumliche, zeitliche oder andere Beziehungen zwischen Wörtern und Wortgruppen ausdrückt, z. B.: *in, aus, bei, mit, nach, vor, hinter, über, zu*. Präpositionen stehen meist **vor dem Nomen/Substantiv** und seinen Begleitern und **fordern einen bestimmten Fall**, z. B.: *mit dem Ball* (Dativ); *für den Freund* (Akkusativ), *wegen des Wetters* (Genitiv), *auf dem Tisch* (Wo? → Dativ), *auf den Tisch* (Wohin? → Akkusativ).
Präsentieren	Zuhörer werden über bestimmte Themen, Vorhaben oder Arbeitsergebnisse informiert. Zur **Vorbereitung** sammelt und ordnet man Informationen und Anschauungsmaterial und fertigt übersichtliche Stichpunkte an (z. B. auf Karteikarten). Beim **Halten des Vortrags** ist auf freies, langsames und deutliches Sprechen sowie auf Blickkontakt zu den Zuhörern zu achten. Abschließend können die Zuhörer eine **Rückmeldung** (Feedback) geben. Dazu formuliert man freundlich und motivierend.
Pronomen	**Deklinierbare Wortart**, die **Stellvertreter** oder **Begleiter** eines Nomens/Substantivs sein kann, z. B.: *die Kinder* → *sie, ihr Vater.*
Protokoll	Besondere **Form des Berichts**, mit dem kurz und genau informiert oder dokumentiert wird. Im **Verlaufsprotokoll** hält man den Ablauf und die Ergebnisse einer Veranstaltung, Diskussion oder eines Experiments fest. Im **Ergebnisprotokoll** werden nur die Ergebnisse bzw. Beschlüsse notiert.

Quellenangabe	Verwendet man Informationen und Material aus verschiedenen Medien, muss man die Quelle genau angeben. Die **Quellenangabe zu einem Buch** sollte Folgendes enthalten: - Autorin/Autor: *Hasselblatt, Karin und Sonja Wagenbrenner:* - Titel: *Was du schon immer über China wissen wolltest.* - Ort, Verlag, Jahr: *Berlin: Berlin Verlag, 2008,* - Seitenzahl, woher die Information stammt: *S. 54.* **Internetquellen** sollten so angegeben werden: - Autorin/Autor (wenn möglich): *Schiefer, Kim:* - Titel und Untertitel des Beitrags: *Die chinesische Sprache.* - Internetadresse: *Online im Internet:* *http://www.chinaseite.de/china-kultur/chinesische-sprache.html* - Abrufdatum, z. B.: *[03.03.2011]*
Redewendung	**Feste sprachliche Wendung** (Wortgruppe), mit der man etwas besonders anschaulich und einprägsam ausdrückt, z. B.: *auf die Nase fallen, sich den Kopf zerbrechen.*
Regieanweisung	(*frz.* régie – Verwaltung) Hinweise des Bühnenautors zu Bühnenbild, Sprechweisen, Figurenverhalten und Kostümen. Diese Hinweise werden nicht mitgesprochen. Im Text sind sie meist schräg gedruckt oder in Klammern gesetzt.
Reim	Gleichklang von Wörtern *(Hut – gut)* am Ende zweier Verse, z. B. der Paarreim (aabb), der Kreuzreim (abab) und der umarmende Reim (abba).
Relativsatz	Ein **Nebensatz**, der durch ein **Relativpronomen** (*der, die, das, welcher, welche, welches*) **eingeleitet** wird. Das Relativpronomen bezieht sich auf ein Nomen im vorangehenden Hauptsatz (Bezugswort). Relativsätze werden durch **Komma** vom Hauptsatz abgegrenzt, z. B.: *Die Suppe, die wir morgens gekocht hatten, aßen wir zu Mittag.* *Dazu gab es Brot, welches wir selbst gebacken hatten.*
Sachtexte erschließen	**Sachtexte** können mit unterschiedlichen Absichten geschrieben werden, z. B. um: - über Sachverhalte und/oder Probleme zu **informieren** und **Argumente** anzuführen, damit die Leser eigene Meinungen bilden können. - an Leser zu **appellieren**, d. h. ihre Meinung auf direkte oder indirekte Weise zu beeinflussen und vom Autor gewollte Handlungen auszulösen. - den eigenen **Standpunkt** (die Wertungen) einer Autorin / eines Autors zu Sachverhalten oder Problemen direkt oder indirekt **mitzuteilen**. Um Sachtexte zu erschließen, kann man die **5-Gang-Lesetechnik** nutzen: 1. Text überfliegen 4. das Wichtigste zusammenfassen 2. Fragen an den Text stellen 5. Text noch einmal lesen 3. Text gründlich lesen Um grafische Schaubilder, z. B. **Tabellen** oder **Grafiken**, auszuwerten, beantwortet man folgende Fragen:

		• Welches Thema wird behandelt? • Was wird auf den Achsen des Diagramms bzw. in den Spalten und Zeilen der Tabelle angegeben? • Welche konkreten Werte sind angegeben? • Was ergibt sich bei einem Vergleich der Werte? • Welche Schlussfolgerungen kann man aus dem Vergleich ziehen?
Satzart		Man unterscheidet drei Satzarten: • **Aussagesatz**: Man stellt etwas fest, informiert über etwas. Merkmale: finite (gebeugte) Verbform in der Regel an zweiter Stelle, Satzschlusszeichen: Punkt, z. B.: *Am Montag kommt eine neue Lehrerin.* • **Fragesatz**: Man fragt, erkundigt sich nach etwas. Merkmale: oft durch ein Fragewort eingeleitet (z. B.: *wer, was, wie, wann, wo, warum*) oder finite (gebeugte) Verbform an erster Stelle, Satzschlusszeichen: Fragezeichen, z. B. *Wann beginnen wir? Kommst du mit?* • **Aufforderungssatz**: Man fordert jemanden zum Handeln auf oder drückt Bitten, Wünsche, Hoffnungen aus. Merkmale: finite (gebeugte) Verbform an erster Stelle, Satzschlusszeichen: Ausrufezeichen oder Punkt, z. B.: *Holt bitte frisches Wasser! Sei einfach etwas freundlicher.*
Satzgefüge		siehe zusammengesetzter Satz
Satzglied		**Subjekt**, **Prädikat**, **Objekt** und **Adverbialbestimmung** sind Satzglieder. (Das Attribut ist ein Satzgliedteil.) Satzglieder kann man mithilfe der **Umstellprobe** ermitteln. Durch das Umstellen von Satzgliedern lassen sich auch verschiedene Aussageabsichten verwirklichen, z. B.: *Die Kinder / warten / am Morgen / auf den Bus.* *Am Morgen / warten / ... Auf den Bus / warten ...*
Satzreihe/ Satzverbindung		siehe zusammengesetzter Satz
Satzverknüpfung/ Textgestaltung		Um Texte inhaltlich und sprachlich flüssig und verständlich zu gestalten, verwendet man **sprachliche Verknüpfungsmittel**, die oft im **Vorfeld** des Satzes (an der ersten Satzgliedstelle vor der finiten Verbform) stehen, wie z. B.: • Pronomen, wie *sie, diese, das,* • Adverbien, wie *dort, dann, danach, deshalb,* • bedeutungsähnliche Wörter (aus einem Wortfeld), wie *Gepäck* für *Koffer und Reisetasche.* Auch die **Anordnung der Satzglieder** beeinflusst die Satz- bzw. Textaussage und -wirkung.
Schildern, Schilderung		**Darstellungsweise**, **Textsorte**, bei der Wahrnehmungen, Gedanken, Gefühle und Einstellungen von Personen oder Figuren ausführlich und anschaulich wiedergegeben werden. Man beschreibt z. B. **Sinneswahrnehmungen** (Hören, Sehen, Riechen, Schmecken, Fühlen) genau und verwendet **direkte Rede**. Geeignete **sprachliche Mittel** sind z. B.:

	- bildhafte Vergleiche und Bezeichnungen, z. B.: *kalt wie Eis, klettern wie ein Affe, Bruchbude – Hütte – Palast,* - abwechslungsreiche, genaue Bezeichnungen (**Synonyme**), z. B.: *Auto – Wagen – Gefährt,* - treffende Verben und Adjektive, z. B.: *flüstern, glitschiger Untergrund,* - **Personifizierungen**, z. B.: *Kälte kroch in meine Zehen.*
Schreibkonferenz	In einer Schreibkonferenz werden **Texte gemeinsam** (in Gruppen) **überarbeitet**. Dazu sollte man Arbeitsschritte besprechen und festlegen (z. B. Text lesen; Notizen zu Inhalt, Satzbau, Wortwahl machen und vergleichen; Hinweise und Vorschläge formulieren).
Schreibwerkstatt	In einer Schreibwerkstatt steht der Spaß am gemeinsamen Schreiben im Mittelpunkt. Wie in einer Werkstatt wird **gemeinsam an Texten gearbeitet**. Die einzelnen Arbeitsschritte sind das Werkzeug und die Sprache ist das Material.
sprachliche Mittel	Sprachliche Mittel dienen der anschaulichen, einprägsamen und/oder zweckmäßigen **Satz- und Textgestaltung**, wie z. B. in der Werbung: - Übertreibung, z. B.: *So wurden Sie noch nie erfrischt.* - Aufzählung, z. B.: *Quadratisch. Praktisch. Gut.* - Alliteration (gleicher Anfangsbuchstabe), z. B.: *Milch macht müde Männer munter.* - Reime, z. B.: *Mars macht mobil, bei Arbeit, Sport und Spiel.* - Wortspiel, z. B.: *Bemannte Räumfahrt.* - Gegensatz, z. B.: *Sind sie zu stark, bist du zu schwach.* - Ausruf, z. B.: *Wie gut, dass es Nivea gibt!* - Wortneuschöpfungen, z. B.: *Los Wochos!* - ungewöhnlicher Satzbau, z. B.: *Jetzt zuschlagen!* - Abweichungen von der Grammatik, z. B.: *Hier werden Sie geholfen!*
Sprachvarianten (Sprachvarietäten)	**Erscheinungsformen** unserer Sprache. Man unterscheidet: **Dialekte (Mundarten), Umgangssprache, Standardsprache**
Sprichwort	Ein Sprichwort gibt Erfahrungen, Beobachtungen und Einsichten der Menschen in Form eines Satzes besonders anschaulich und einprägsam wieder, z. B.: *Wer andern eine Grube gräbt, fällt selbst hinein.*
Standardsprache	Eine **Sprachvariante (Sprachvarietät)** des Deutschen, die v. a. in schriftlichen Texten (z. B. Literatur, Zeitungsartikel, Fachtexte, amtliche Mitteilungen), aber auch in bestimmten Sprechsituationen (z. B. Vorträge, Nachrichten) verwendet wird. Sie ist gekennzeichnet durch Wörter, die in allen Regionen des deutschen Sprachgebiets bekannt sind, einen geregelten Satzbau, eine geregelte Schreibung (Rechtschreibung) und eine geregelte Aussprache (nach bestimmten Normen).
Standpunkt	Als **Behauptung (These)** formulierte **Meinung** einer Person oder Personengruppe. Standpunkte sollten durch **Argumente** belegt bzw. widerlegt werden.
Stegreifspiel	Kurzes unvorbereitetes Rollenspiel zu einem Thema.

Strophe	(*griech.* strophe – Wendung, Dehnung) Abschnitt eines Gedichts, der sich aus mehreren Versen zusammensetzt.
Subjekt	**Satzglied**, über das im Satz etwas ausgesagt wird (Satzgegenstand). Es steht in der Regel im **Nominativ** und kann mithilfe der Fragen *Wer?* oder *Was?* ermittelt werden, z. B.: *Am Abend trafen die Großeltern und mein Bruder ein. Der Schnee begann langsam zu tauen.* **Subjekt** und **Prädikat** bilden den **Satzkern**.
Substantiv Substantivierung	siehe Nomen, Nominalisierung
Suffix (Nachsilbe)	An den Wortstamm angehängter **Wortbaustein**, der in der Regel nicht selbstständig stehen kann. Durch das Anfügen von Suffixen entstehen Wortformen und neue Wörter (**Ableitungen**), z. B.: *lernen, lernte, Lerner; Kindheit, kindlich, kindisch.* Typische Suffixe für Nomen/Substantive sind *-heit, -keit, -ung, -nis,* z. B.: *Dunkelheit, Hindernis.* Typische Suffixe für Adjektive sind *-ig, -lich, -isch,* z. B.: *windig, heimlich, himmlisch.*
Synonym	Zwei oder mehr Wörter mit verschiedener Form (Aussprache, Schreibung), die eine ähnliche (selten gleiche) Bedeutung haben. Sie bezeichnen denselben Gegenstand, dieselbe Handlung oder Eigenschaft, heben dabei aber oft unterschiedliche Merkmale hervor, z. B.: *Lärm – Krach – Geschrei.*
Szene	(*griech.* skene – Zelt, Bühne) Sinneinheit innerhalb einer Handlung. Sie ist die kleinste Einheit eines Theaterstücks, oft werden mehrere Szenen zu einem Akt zusammengefasst. Im Film besteht eine Szene aus einer oder mehreren Einstellungen.
szenischer Text	Wird in Dialogen geschrieben, es gibt keinen Erzähler. Ziel ist es, den Text als Handlung zu spielen. Oft gibt es Regieanweisungen mit Hinweisen zur Handlung oder zum Sprechen.
Texte verfassen	Beim Verfassen von Texten sind verschiedene **Arbeitsphasen** und **Arbeitsschritte** nötig. So kann man vorgehen: ▪ Schreibaufgabe bedenken (Für wen, warum, was/worüber soll geschrieben werden?), ▪ Text planen und gestalten (Ideen/Informationen sammeln, ordnen und gliedern; Textteile formulieren, z. B. Einleitung, Schluss), ▪ Textentwurf schreiben, ▪ Textentwurf überarbeiten (Inhalt, Wortwahl, Satzbau, Rechtschreibung, Zeichensetzung; evtl. Schreibkonferenz), ▪ Endfassung schreiben (evtl. gestalten).

Umfrage	Mündliche oder schriftliche **Befragung** mithilfe eines **Fragebogens**, um Informationen über Meinungen, Einstellungen, Wissen und Verhalten verschiedener Menschen zu erhalten. Die Fragen sollten möglichst einfach, eindeutig und kurz formuliert sein, sodass die Antworten gut auszuwerten sind. Zur Veranschaulichung der Ergebnisse können Diagramme, Tabellen oder Schaubilder dienen.
Umgangssprache	Eine **Sprachvariante (Sprachvarietät)** des Deutschen, die in bestimmten Alltagssituationen, z. B. in der Familie, mit Freunden und anderen vertrauten Menschen, vor allem in gesprochener Sprache gebraucht wird, aber auch im privaten Schriftverkehr oder in der Literatur (Figurenrede) vorkommen kann. Merkmale der Umgangssprache sind bestimmte Wörter und Wendungen, aber auch unvollständige Sätze, z. B.: *die große Klappe haben*.
Umstellprobe	Probe zur Ermittlung der **Satzglieder** eines Satzes: Alle Wörter, die nur zusammenhängend umgestellt werden können, bilden ein Satzglied. Im Aussagesatz kann jedes Satzglied, außer Prädikat, die erste Stelle (vor der finiten Verbform) einnehmen. Die finite (gebeugte) Verbform nimmt immer die zweite Stelle ein. Vor der finiten Verbform kann immer nur *ein* Satzglied stehen, z. B.: *Max und Moritz	spielten	den Erwachsenen häufig	böse Streiche. Den Erwachsenen	spielten	... Häufig	spielten	...*
unpersönliche Ausdrucksweise	Wenn es **unwichtig** ist, **wer handelt**, wird die unpersönliche Ausdrucksweise verwendet (z. B. in Berichten oder Beschreibungen). Es gibt zwei Formen der unpersönlichen Ausdrucksweise: • Verbform im Passiv, z. B.: *Das Wasser wird dazugegeben*. • man-Form, z. B.: *Man gibt das Wasser dazu.*
Verb	**Konjugierbare Wortart**, die **Tätigkeiten**, **Vorgänge** und **Zustände** bezeichnet. Es gibt: • **infinite** (ungebeugte) **Verbformen**: Infinitiv (z. B. *lesen*,) Partizip I (z. B. *lesend*), Partizip II (z. B. *gelesen*), • **finite** (gebeugte) **Verbformen**: Personalformen, die durch **Konjugation** entstehen und in Person und Zahl mit dem Subjekt übereinstimmen (z. B. *ich lese, du gehst*). Verben bilden **Zeitformen** (Tempusformen): **Einfache Zeitformen** sind **Präsens** und **Präteritum**, z. B.: *Ich lese gern. Er las gestern ein Buch.* **Zusammengesetzte Zeitformen** sind **Perfekt, Plusquamperfekt** und **Futur**, z. B.: *Wir haben viel gelesen. Er hatte viele Bücher mitgebracht. Bald werden wir neue Bücher bestellen müssen.* Die meisten Verben haben eine **Aktivform** (Betonung des Handelnden) und eine **Passivform** (Unwichtigkeit des Handelnden, Bildung: Hilfsverb *werden* + Partizip II, z. B.: *(ich) werde getragen, (du) wirst begleitet*). Verben bilden **Modusformen** (Formen der Aussageweise): • Verbformen im **Indikativ** (Wirklichkeitsform) werden verwendet, um Tatsachen und **direkte Rede** wiederzugeben, z. B.: *Er arbeitet beim Zirkus. »Ich habe früh damit begonnen«, sagt Dergin.*

	• Verbformen im **Konjunktiv I** werden verwendet, um **indirekte Rede** wiederzugeben, z. B.: *Er sagt, er arbeite beim Zirkus.* • Verbformen im **Konjunktiv II** (Möglichkeitsform) werden verwendet, um Vorstellungen oder Wünsche auszudrücken, z. B.: *Ich wäre so gern ein Filmstar. Ich bliebe gern hier.* Einige Verbformen im Konjunktiv II werden nur noch selten gebraucht, andere stimmen in der Form mit dem Indikativ überein. Man ersetzt sie durch **würde+Infinitiv**, z. B.: *sie log → sie löge – sie würde lügen, er fragte → er fragte – er würde fragen.* Der **Konjunktiv II** oder die **würde-Ersatzform** wird auch zur indirekten Redewiedergabe verwendet, wenn sich Indikativ und Konjunktiv I oder II formal nicht unterscheiden. • Verbformen im **Imperativ** werden verwendet, um Aufforderungen, Befehle, Ratschläge oder Empfehlungen auszudrücken, z. B.: *Warte!* (Singular) *Wartet!* (Plural) *Warten Sie!* (Höflichkeitsform) Aufgrund ihrer Formenbildung unterscheidet man: • **starke Verben** (Stammvokal ändert sich, die 1./3. Person Präteritum ist endungslos, das Partizip II endet auf *en*, z. B.: *schwimmen – schwamm – geschwommen.*) • **schwache Verben** (Stammvokal ändert sich nicht, die 1./3. Person Präteritum endet auf *te*, das Partizip II endet auf *t*, z. B.: *lachen – lachte – gelacht.*) Zur Bildung der verschiedenen Verbformen kann man sich an den **Leitformen** (Stammformen) orientieren: **Infinitiv – Präteritum** (1./3. Person Singular) **– Partizip II**, z. B.: *lesen – las – gelesen.*
Vergleich	Verbindet Wörter oder Wortgruppen mit »wie« oder »als (ob)«, um etwas miteinander zu vergleichen und dadurch deutlicher zu machen. Wird in der Alltagssprache verwendet oder als sprachliches Mittel im Gedicht, z. B.: *Die Luft ist wie aus grauem Tuch.*
Verlängerungsprobe	Probe zur Ermittlung der Schreibung eines einsilbigen Wortes. Man verlängert das einsilbige Wort, indem man z. B. folgende Formen bildet: • die Pluralform (z. B.: *Flu■ – Flüsse, Sta■ – Stäbe*), • ein Verb (z. B.: *Ba■ – baden*), • ein Adjektiv (z. B.: *Gol■ – golden, goldig*).
Vers	(*lat.* versus – Wendung, Linie) Bezeichnet die einzelne Gedichtzeile. Mehrere Verse ergeben eine Strophe.
Verwandtschaftsprobe	Probe zur Ermittlung der Schreibung eines Wortes. Man sucht ein stammverwandtes Wort aus der Wortfamilie, z. B.: *mahlen – Mehl – Mühle; Biss – bissig.*
Weglassprobe	Probe, um zu ermitteln, ob ein Attribut weggelassen werden kann, ohne dass der Sinn des Satzes verlorengeht, z. B.: *Ich legte den (verhassten) (grünen) Wisch auf den Schrank (in der Küche) und spürte, wie mein (brodelnd) (heißes) Blut vom Kopf in den Bauch rann.*

Wortart	Wörter lassen sich verschiedenen Wortarten zuordnen. Es gibt - **veränderbare Wortarten**: Nomen/Substantiv (deklinierbar), Verb (konjugierbar), Adjektiv (deklinierbar, komparierbar), Artikel (deklinierbar), Pronomen (deklinierbar), - **nicht veränderbare Wortarten**: Präposition, Adverb, Konjunktion, Interjektion. - Numerale (Zahlwörter) können zu verschiedenen Wortarten gehören.
Wortbildung	Für die Wortbildung haben sich im Deutschen zwei Formen bewährt: - die **Ableitung** mithilfe von Präfixen und Suffixen, - die **Zusammensetzung** (Bestimmungswort + Grundwort). Mithilfe der **Zerlegeprobe** lassen sich Wörter in ihre Bauteile zerlegen.
Wörterbuch	Wörterbücher oder Lexika (Singular: Lexikon) enthalten meist eine Vielzahl von Informationen und sind so aufgebaut: Die **Stichwörter** stehen in **alphabetischer Reihenfolge**. **Seitenleitwörter** (das erste und letzte Wort einer Seite) helfen bei der Orientierung. Rechtschreib-Wörterbücher enthalten neben dem **Wörterverzeichnis** oft einen Anhang mit den gültigen **Rechtschreibregelungen**, meist mit K (Kennziffer) oder R (Regel) und einer Nummer gekennzeichnet.
Wortfamilie	Wörter, die einen **gemeinsamen Wortstamm** haben, bilden eine Wortfamilie. Wortfamilien entstehen durch **Ableitung** und **Zusammensetzung**, z. B.: *lehren – Lehrer – Lehrbuch – Lehrling – gelehrig ...*
Wortfeld	Bedeutungsgleiche oder -ähnliche Wörter (**Synonyme**) bilden ein Wortfeld. Wörter eines Wortfeldes lassen sich in **Oberbegriffe** (mit allgemeiner Bedeutung) und **Unterbegriffe** (mit spezieller Bedeutung) einteilen, z. B.: *Pflanze: Baum – Birke, Buche, Fichte, ...*
Wortschatz- erweiterung	Unser Wortschatz erweitert sich ständig, z. B. durch - **Wortbildung** mithilfe von **Zusammensetzung** und **Ableitung**, z. B.: *Hörbuch, wässrig,* - **Übernahme** von Wörtern aus anderen Sprachen, z. B.: *Pizza, scannen,* - **Nominalisierung** von Wörtern (Verben und Adjektive), z. B.: *filmen → das / beim Filmen, neu → der Neue.*
Zeilensprung	Übergang eines Satzes oder Teilsatzes am Ende eines Verses in die nächste Zeile. Bewirkt ein Innehalten.
Zerlegeprobe	Probe zur Ermittlung der Schreibung eines Wortes. Man zerlegt Wörter in **Sprechsilben**, um zu erkennen, ob es mit zwei gleichen oder zwei verschiedenen Konsonanten geschrieben wird, z. B.: *es-sen, lis-tig.* Man kann Wörter auch in ihre **Bauteile** zerlegen, um Sicherheit über deren Schreibung zu bekommen, z. B.: *Ver-kauf, du nasch-st.*

Zitat, zitieren	Wörtliche Wiedergabe einer Textstelle in einem anderen Text. Zitate müssen buchstabengetreu übernommen und in **Anführungszeichen** gesetzt werden. Auslassungen werden durch eckige Klammern mit drei Punkten […] gekennzeichnet, z.B.: »Sylva mochte Taberys Stunden gern. Sie gehörten zu den wenigen, denen sie nicht aus dem Weg ging. […] Er täuschte keinen Sinn für Humor vor. Er machte auch keine peinlichen Witzchen […].« Um Herkunft und Wortlaut eines Zitats überprüfbar zu machen, ist eine präzise **Quellenangabe** erforderlich, z.B.: *Procházková, Iva: Die Nackten. Düsseldorf: Sauerländer Verlag, 2008, S. 9.*
zusammengesetzter Satz	Satz, der aus zwei oder mehreren inhaltlich eng miteinander verbundenen **Teilsätzen** besteht. Die Teilsätze werden in der Regel durch **Komma** voneinander getrennt. Jeder Teilsatz enthält mindestens ein **Subjekt** und ein **Prädikat** (finite Verbform). Man unterscheidet: • **Satzgefüge** (Haupt- und Nebensatz), z.B.: *Alle waren begeistert, als die Clowns auftraten.* • **Satzreihe/Satzverbindung** (mindestens zwei Hauptsätze), z.B.: *Clown Tilo stand auf dem Kopf (,) und Clown Marek spielte Trompete.* • **mehrfach zusammengesetzte Sätze** (drei oder mehrere Haupt- und Nebensätze), z.B.: *Clown Tilo, der auf dem Kopf stand, konnte sich nicht wehren, als Clown Marek ihn umstieß.*
Zusammensetzung	Form der **Wortbildung**: Zusammensetzungen bestehen aus **Grund-** und **Bestimmungswort**. Manchmal ist ein **Fugenelement** eingefügt. Das Grundwort bestimmt die Wortart und das Geschlecht der Zusammensetzung, z.B.: *wunder|schön, die Mittag|s|zeit.* Bei zusammengesetzten Verben gibt es • **fest zusammengesetzte Verben**, z.B.: *unterrichten – (er) unterrichtet,* • **unfest zusammengesetzte Verben**, z.B.: *teilnehmen – (er) nimmt teil.* Man kann sie durch die **Betonung** unterscheiden: • Betonung auf dem Grundwort → fest zusammengesetzt, • Betonung auf dem Bestimmungswort → unfest zusammengesetzt. Einige Verben bilden in Verbindung mit **durch**, **hinter**, **über**, **unter** und **um** sowohl **feste** als auch **unfeste Zusammensetzungen** mit unterschiedlichen **Bedeutungen**, wie z.B.: *Franz wollte während der Fahrradrallye mit Geschick alle aufgestellten Kegel umfahren und nicht einen einzigen umfahren.*

Lösungen zu den Tests

Texte erschließen (S. 22–23)

a Es wird das Problem der Meeresverschmutzung durch Plastikmüll angesprochen.

b Der Autor möchte in dem Text informieren und seinen Standpunkt mitteilen. Die Frageform provoziert außerdem die Suche nach einer Antwort.

c Die Überschrift weckt das Interesse, denn das Wort »Müllstrudel« ist eher ungewöhnlich.

a Meeresverschmutzung durch Plastikabfälle ist ein ernstzunehmendes Umweltproblem, an dem einzig und allein der Mensch schuld ist.

b (siehe Tabelle unten ↓)

c Der Autor äußert die Befürchtung, dass der Müllstrudel in zwei bis drei Generationen riesige Ausmaße haben wird.

d Bekämpft aktiv die Meeresverschmutzung durch Plastikmüll, damit der Müllstrudel nicht noch größere Ausmaße annimmt!

a Besonders problematisch bei Plastikmüll ist seine chemische Zusammensetzung: Er kann giftige Substanzen, zum Beispiel Weichmacher, enthalten. (überzeugendes Argument)
Ein weiteres Problem ist seine relativ lange Haltbarkeit und die langsame Abbaurate. Richtig beängstigend wird diese Umweltverschmutzung, wenn man bedenkt, dass Kunststoff bis zu 500 Jahre braucht, um sich im Salzwasser zu zersetzen. (noch überzeugenderes Argument)
Und: Kunststoff wird in großem Maße erst seit 60 Jahren hergestellt. Kaum auszudenken, welche Ausmaße dieser Strudel erst in zwei, drei Generationen haben wird. (überzeugendstes Argument)

b

Adjektive	Verben	Nomen
dramatisch (Z.1)	ballt sich ... zusammen (Z.8)	Erdverschmutzung (Z.1)
absichtlich oder versehentlich (Z.3)	kaum auszudenken (Z.20)	Müllstrudel (Z.2)
(der) schlimmste (Meeresverschmutzer) (Z.9)		(die) Dimension Mitteleuropas (Z.5)
(besonders) problematisch (Z.13)		(der schlimmste) Meeresverschmutzer (Z.9)
giftige (Substanzen) (Z.14)		(weiteres) Problem (Z.15)
beängstigend (Z.16)		(in zwei, drei) Generationen (Z.21)
ernstzunehmendes (Z.24)		Umweltproblem (Z.24)
schuld (Z.28)		Erderwärmung (Z.25)
		(ökologisches) Desaster (Z.27/28)

b mögliche Lösung: Die Argumente sind steigernd aufgebaut, das heißt, das dritte ist das überzeugendste Argument.

c Der Autor vergleicht die Größe des Müllstrudels mit Mitteleuropa.

4

a Das Diagramm veranschaulicht die Aussage: »Plastikmüll ist der schlimmste Meeresverschmutzer überhaupt.«

b mögliche Lösung: Plastikmüll und Styropor machen 75,3 Prozent des gesamten Mülls aus, der 2002 bis 2008 an der Wattenmeerküste Deutschlands gefunden und untersucht wurde. Daneben werden die Weltmeere auch durch Holz (8,3 %), Glas (5,4 %), Papier und Pappe (3,2 %) verschmutzt.

Über Sprache nachdenken (S. 192–193)

2
Olmütz ist eine gemütliche, alte Stadt in Mähren, mit vielen krummen Gassen, geheimnisvollen Ecken und Innenhöfen und vielen netten Leuten.
Die nettesten von allen waren wahrscheinlich meine Großmutter und meine Urgroßmutter, die mich meine drei ersten Jahre erzogen und verwöhnten.
Dann musste ich nach Prag zu meinem Vater und meiner Mutter, die mich nicht verwöhnten, aber sie liebten mich nicht weniger.
Er liebte lustige Geschichten und konnte wunderbar erzählen.
Von ihm unheilbar angesteckt, bin ich wie in einem Rausch oder in einem hohen Fieber, wenn ich schreibe, und dieser Zustand dauert, bis das Buch fertig ist.

Momentan ist mein Fieber normal, ich schreibe nichts, aber eine Geschichte entwickelt sich schon langsam in meinem Kopf (oder Herz?), klopft ungeduldig und wird bald rausgelassen werden …

3
eine gemütliche, alte Stadt in Mähren, mit vielen krummen Gassen, geheimnisvollen Ecken und Innenhöfen und vielen netten Leuten
Mein Vater, ein Schriftsteller …

4
Konjunktionen, Relativpronomen, Fragewort, finite Verbform
Die Autorin Iva Procházková erzählt über ihr Leben: »Ich bin am 13. Juni 1953 in Olmütz geboren. Olmütz ist eine gemütliche, alte Stadt in Mähren, mit vielen krummen Gassen, geheimnisvollen Ecken und Innenhöfen und vielen netten Leuten. Die nettesten von allen waren wahrscheinlich meine Großmutter und meine Urgroßmutter, die mich meine drei ersten Jahre erzogen und verwöhnten. Dann musste ich nach Prag zu meinem Vater und meiner Mutter, die mich nicht verwöhnten, aber sie liebten mich nicht weniger. Mein Vater, ein Schriftsteller, ist gestorben, als ich 17 war, und er fehlt mir bis heute. Manchmal erzähle ich ihm vor dem Einschlafen etwas Lustiges, um ihm eine Freude zu machen. Er liebte lustige Geschichten und konnte wunderbar erzählen. Das ist vielleicht der Grund, warum auch ich Schriftstellerin geworden bin. Von ihm unheilbar angesteckt, bin ich wie in einem Rausch oder in einem hohen Fieber, wenn ich schreibe, und dieser Zustand dauert, bis das Buch fertig ist. Momentan ist mein Fieber normal, ich schreibe nichts, aber

eine Geschichte entwickelt sich schon langsam in meinem Kopf (oder Herz?), klopft ungeduldig und wird bald rausgelassen werden ...«

5 Dann musste ich nach Prag zu meinem Vater und meiner Mutter, die mich nicht verwöhnten, aber sie liebten mich nicht weniger.
HS 1, NS 1, HS 2.

Mein Vater, ein Schriftsteller, ist gestorben, als ich 17 war, und er fehlt mir bis heute.
HS 1, NS 1, HS 2.

Von ihm unheilbar angesteckt, bin ich wie in einem Rausch oder in einem hohen Fieber, wenn ich schreibe, und dieser Zustand dauert, bis das Buch fertig ist.
HS 1, NS 1, HS 2, NS 2.

Momentan ist mein Fieber normal, ich schreibe nichts, aber eine Geschichte entwickelt sich schon langsam in meinem Kopf (oder Herz?), klopft ungeduldig und wird bald rausgelassen werden ...
HS 1, HS 2, HS 3.

6 Manchmal erzähle ich ihm vor dem Einschlafen etwas Lustiges, <u>um ihm eine Freude zu machen</u>. <u>Von ihm unheilbar angesteckt</u>, bin ich wie in einem Rausch oder ...

7 Viele Erinnerungen regen die Autorin dazu an, Geschichten zu erzählen.

8 Iva Procházková wuchs in einem kleinen mährischen Städtchen auf, <u>von der Großmutter und der Urgroßmutter verwöhnt</u>.

9 Nomen, Attribute
1 eine <u>gemütliche, alte</u> Stadt
2 <u>lustige</u> Geschichten
3 <u>viele nette</u> Leute
4 mit <u>vielen krummen</u> Gassen und <u>geheimnisvollen</u> Ecken

10 vor dem Einschlafen, etwas Lustiges

11 1 Ich wurde von Großmutter und Urgroßmutter erzogen. 2 Ich wurde (von Mutter und Vater) nicht verwöhnt.

12 Iva Procházková sagte, das sei der Grund, warum auch sie Schriftstellerin geworden sei. Von ihm unheilbar angesteckt, sei sie wie in einem Rausch […], wenn sie schreibe (schriebe), und dieser Zustand dauere, bis das Buch fertig sei.

13 dann, heute, manchmal, momentan, bald

14 **Ableitungen:** Autor|in, er|zählt, gemüt|lich, er|zogen, (ver|wöhnten – abgeleitet von *gewöhnen*), Lust|iges, wunder|bar, Schriftsteller|in, un|heil|bar, ent|wickelt, lang|sam, un|geduld|ig
Zusammensetzungen: geheimnis|voll, Innen|höfen, Groß|mutter, Ur|groß|mutter, Schrift|steller, Ein|schlafen, (viel|leicht), an|gesteckt, raus|gelassen

Richtig schreiben (S. 220–221)

1 Mit nur einem *s* schreibt man den Artikel, das Relativpronomen und das Demonstrativpronomen *das*, die Konjunktion *dass* wird mit *ss* geschrieben. (Duden, S. 328)

2 1 dass, das 2 Das 3 Das 4 dass 5 Das 6 das 7 dass, das 8 das, dass

3 Das war spannend damals in Calgary zu den Olympischen Winterspielen 1988. Im Eiskunstlauf der Damen liegt Debi Thomas aus den Vereinigten Staaten von Amerika vor Katarina Witt aus der DDR. Zur Kür haben sich beide das gleiche Musikstück aus der Oper »Carmen« von Georges Bizet ausgesucht. Der Ausgang ist bekannt. Die hübsche Kati aus Sachsen besiegt die attraktive Debi aus Kalifornien und gewinnt olympisches Gold. 1994 gelingt ihr ein unglaubliches Comeback bei Olympia in Lillehammer, einer Stadt in Norwegen. Nunmehr startet sie für die Bundesrepublik Deutschland.

4 1 über das Hier und Jetzt sprechen 2 das Für und Wider diskutieren 3 eine Acht im Rad haben 4 mit einer Zwei in der Mathearbeit rechnen 5 das Reiten und das Schwimmen lieben 6 sich für eine gute Sache einsetzen 7 ohne Wenn und Aber helfen 8 das Nein gut überlegen 9 etwas mit Ach und Krach schaffen 10 heute Mittag pünktlich sein 11 abends ins Kino gehen 12 den Stuhl hier stehen lassen 13 das Üben jetzt beenden 14 mit dem Berichtigen beginnen 15 in aller Frühe aufstehen

5 1 d. h. 2 usw. 3 z. B. 4 s. o. 5 Pkw 6 DRK 7 Ing. 8 Dr. 9 m 10 kg 11 C 12 CD 13 WWW 14 U-Boot 15 Abk. 16 kPa 17 BLZ 18 Abi

6 1 Etage (Stockwerk) 2 City (Innenstadt) 3 Medaillon (Bildkapsel, Rundbild, rundes Relief) 4 Bike (Fahrrad) 5 Pool (kleines Schwimmbecken) 6 Jeans 7 Keyboard (elektronisches Tasteninstrument) 8 Cowboy 9 Manager (Leiter eines großen Unternehmens) 10 Manege 11 I-Pod (iPod als eingetragenes Warenzeichen) 12 Ingenieur 13 Facebook 14 Chance 15 cool 16 Airbag 17 engagiert 18 (Web)-Browser

Quellenverzeichnis

Textquellen

6 Freunde treffen, Schule, Sport – Prioritäten setzen. Online im Internet: http://www.yaez.de/20100914/ Erwachsenwerden [15.03.2011]   **8 ff.** Wölfel, Ursula: Lügen. Aus: U. W.: Du wärst der Pienek. Weinheim: Anrich Verlag, 1972.   **11 ff.** Drawe, Anna: Im Warenhaus. Aus: Vorlesebuch Religion I. Göttingen: Vandenhoeck & Ruprecht, 1971, S. 236 f.   **16 f.** Czycholl, Harald: Rosen aus Kenia. Ostafrikas gefährliche Blüten. Nach: http://www.faz-net.de [15. 03. 2011]
18 f. Wischniewski, Thomas: Deutschland ist Wasserimporteur. Online im Internet: http://www.verbraucherbildung.de [15. 03. 2011]   **19** *Diagramm*, Aus: BUND (Hg.): Virtuelles Wasser oder: Wie viel Wasser wir wirklich verbrauchen. Kiel, 2008.   **22** Maiwald, Stefan: Wo ist der Müllstrudel? Nach: P. M. Fragen und Antworten 9/2010, S. 20.   **23** *Diagramm*. Online im Internet: http://www.nabu.de/themen [15.03.2011]   **24** Wasserkreislauf. Online im Internet: http://www.wasser-macht-schule.com [15. 03. 2011]   **28** Über eine Milliarde Menschen haben heute keinen Zugang zu sicherem Trinkwasser ... Online im Internet: http://www.misereor.de/themen/wasser.html [22.12.2011]   **28** *Schaubild*, DWHH (Deutsche Welthungerhilfe)-*Grafik*: Tränkle+Immel, FAO 2005, WRI 2005.   **35** »Raubkopierer sind Verbrecher ...« Nach: http://www.test.de/themen/computer-telefon/meldung/Musik-und-Filme-kopieren-Geraubt-oder erlaubt-1251490-1252410/ [20.12.2011]   **41** Jacobs, Claudia: Tückische Tattoos. Nach: Focus Schule Magazin, 5/2010, S. 9.   **51 ff.** Böll, Heinrich: Die Waage der Baleks. Aus: Balzer, Bernd (Hg.): Heinrich Böll: Werke. Romane und Erzählungen 2. Köln: Kiepenheuer & Witsch, o. J., S. 45 ff.   **57** Wann spricht der Gesetzgeber von Betrug? Aus: Strafgesetzbuch der Bundesrepublik Deutschland. § 263 Betrug.   **64** Krump, Hans: Bezahlen ohne Ende. Aus: Märkische Oderzeitung, 16. 12. 2010, S. 2.
70 f. Riesiger Jubel ... Nach: http://www.focus.de/panorama/welt [27. 01. 2011]; Friedemann Bauschert ist ... Online im Internet: http://www.dradio.de [15. 03. 2011] © 2010 Deutschlandradio   **71** Die Bergleute kommen ... Nach: http://www.focus.de/panorama/welt [27. 01. 2011]
73 *Diagramm*, Aus: Ebert, Lena; Feierabend, Sabine u.a.: JIM 2011: Jugend, Information, (Multi-)Media. Basisstudie zum Medienumgang 12- bis 19-Jähriger in Deutschland. Herausgegeben vom Medienpädagogischen Forschungsverbund Südwest. Stuttgart, 2011, S. 15 (http://www.mpfs.de).   **76** Tausende Erdbebenopfer im Iran ... Nach: Iran: Bis zu 20.000 Tote bei schwerem Erdbeben? www.heute-t.online, 26.12.2003.   **76 f.** Der Erde ausgeliefert. Nach: Andrea Nüsse in: Der Tagesspiegel vom 27.12.2003.   **78** Hilfe endet nicht mit der Katastrophe. Nach: Der Tagesspiegel, 29.12.2003.
79 Englert, Sylvia: Der bunte Blätterwald. Aus: S. E.: Medienmacher. Nachrichtenmagazine, Soaps und Online-Magazine. Hamburg: Ellermann 2002, S. 20–28 und 35–37.   **80 ff.** Nach: Englert, Sylvia: Medienmacher. Aus: S. E.: Medienmacher. Nachrichtenmagazine, Soaps und Online-Magazine. Hamburg: Ellermann, 2002, S. 20–28 und 35–37.   **85 ff.** Doyle, Arthur Conan: Ein Skandal in Böhmen (Auszug). Aus: A. C. D.: Die Abenteuer des Sherlock Holmes. Neu übersetzt von Gisbert Haefs. Zürich: Haffmanns Verlag, 1984, S. 7 ff. **88 ff.** Christie, Agatha: Der Prügelknabe. Aus: A. C.: Zeugin der Anklage. Der Prügelknabe. Aus dem Englischen von Maria Meinert. Bern/München/Wien: Scherz, 1991, S. 63–69 und S. 125–127.   **100 f.** Im Jeep ... Aus: Rosoff, Meg: So lebe ich jetzt. Aus dem Englischen von Brigitte Jakobeit. Hamburg: Carlsen, 2005, 2008, S. 13–17.   **104 f.** Zum Glück ... Aus: Marsden, John: Winter – Ein Mädchen sucht die Wahrheit. Wien: Carlsen Verlag, 2002, S. 28–29.   **106 f.** Meine Eltern ... Aus: Marsden, John: Winter – Ein Mädchen sucht die Wahrheit. Wien: Carlsen Verlag, 2002, S. 54–57.   **109 ff.** Dahl, Roald: Lammkeule. Aus: R. D.: Georgy Porgy. Gesammelte Erzählungen. Ins Deutsche übertragen von Hans-Heinrich Wellmann. Reinbek bei Hamburg: Rowohlt Verlag, 1996, S. 7 ff.   **117** Lotz, Ernst Wilhelm: Wir sind nach Dingen krank ... (Auszug). Aus: Dietrich Bode (Hg.): Fünfzig Gedichte des Expressionismus. Stuttgart: Phillipp Reclam jun., 2002, S. 9.   **120** Auszug aus einem Soldatenbrief. Aus: http://www.g-geschichte.de/pdf/plus/soldatenbriefe_aus_dem_ersten_weltkrieg.pdf. [06. 07. 2011]   **121** Köppen, Edlef: Mein armer Bruder – warum tat man das? Aus: Martin Reso (Hg.) in Zusammenarbeit mit Silvia Schlenstedt und Manfred Wolter. Expressionismus. Berlin und Weimar: Aufbau Verlag, 1969, S. 386.   **121** Stramm, August: Patrouille. Aus: A. S.: Das Werk. Wiesbaden: Limes Verlag, 1963, S. 86.
122 Stramm, August: Im Feuer. Aus: A. S.: Das Werk. Wiesbaden: Limes Verlag, 1963, S. 90.   **123** Trakl, Georg: Vorstadt im Föhn. Aus: Killy, Walther und Szklenar, Hans (Hg.): Das dichterische Werk. Salzburg: Otto Müller Verlag, 1986.   **124** Lasker-Schüler, Else: Weltende. Aus: Ginsberg, Ernst (Hg.): Else Lasker-Schüler: Dichtungen und Dokumente. München: Kösel Verlag, 1951, S. 88.

125 Hoddis, Jakob van: Weltende. Aus: Kurt Pinthus (Hg.): menschheitsdämmerung. ein dokument des expressionismus. Rowohlts Klassiker der Literatur und der Wissenschaft. Deutsche Literatur, Band 4. Hamburg: Rowohlt Taschenbuch Verlag, 1959, S. 39. **125** Becher, Johannes R.: Diese zwei Strophen [...] Aus: Das poetische Prinzip. Berlin, Weimar: Aufbau Verlag 1957, S. 339f. **128** Kordon, Klaus: Biologie. Aus: Gelberg, Hans-Joachim (Hg.): Überall und neben dir: Gedichte für Kinder. Weinheim, Basel: Beltz Verlag, 1986, S. 110. **129** Brecht, Bertolt: Der Rauch. Aus: Gesammelte Werke in 20 Bänden. Band 10. Frankfurt a. M.: Suhrkamp, 1967, S. 1012. **129** Rühm, Gerhard: du. Aus: Gomringer, Eugen (Hg.): konkrete poesie. deutschsprachige autoren. anthologie. Stuttgart: Philipp Reclam jun., 1991, S. 121. **129** Auer, Martin: Zufall. Aus: Gelberg, Hans-Joachim (Hg.): Überall und neben dir: Gedichte für Kinder. Weinheim, Basel: Beltz Verlag, 1986, S. 64. **132** Tucholsky, Kurt: Luftveränderung. Aus: Gerold-Tucholsky, Mary und Raddatz, Fritz J. (Hg.): Gesammelte Werke. Bd. III. Reinbek: Rowohlt Taschenbuch, 1975, S. 534. **133** Holz, Arno: Märkisches Städtchen. Aus: Israel, Jürgen und Walther, Peter (Hg.): Musen und Grazien in der Mark. 750 Jahre Literatur in Brandenburg. Ein Lesebuch. Berlin: Lukas Verlag, 2002, S. 223. **136** Heynicke, Kurt: Freundschaft. Aus: Kurt Pinthus (Hg.): menschheitsdämmerung. ein dokument des expressionismus. Rowohlts Klassiker der Literatur und der Wissenschaft. Deutsche Literatur, Band 4. Hamburg: Rowohlt Taschenbuch Verlag, 1959, S. 300 f. **142** Murail, Marie-Aude: Über kurz oder lang (Auszug). Aus dem Engl. von Tobias Scheffel. Frankfurt a. M.: Fischer Taschenbuchverlag, 2010, S. 9ff. **149, 150, 154, 156** © Deutsches Rotes Kreuz **158** Radtke, Günther: Modalverben. Aus: Wiemer, Rudolf Otto (Hg.): bundes deutsch. Lyrik zur sache grammatik. Wuppertal: Hammer, 1974, S. 70. **169** Filip ist ... Aus: Procházková, Iva: Die Nackten. Düsseldorf: Sauerländer Verlag, 2008, S. 32. **171** Sylvas Vater seufzte ... Aus: Procházková, Iva: Die Nackten. Düsseldorf: Sauerländer Verlag, 2008, S. 23–24. **175** Sylva geht gern ... Aus: Procházková, Iva: Die Nackten. Düsseldorf: Sauerländer Verlag, 2008, S. 28. **177** Nöstlinger, Christine: Liebeskummer. Aus: Kratzer, Hertha und Welsh, Renate (Hg.): Antwort auf keine Frage. Geschichten von und über die Liebe. Wien, München: Verlag Jugend und Volk, 1985, S. 41 ff. **177** Bei aller Ernsthaftigkeit ... Online im Internet: http://www.residenzverlag.at [15. 03. 2011] © Residenz Verlag. **178** Der alte Mann ... Nach: Straube, Peer: Sogar die Seismografen schlugen aus. Aus: Der Tagesspiegel, 15. Oktober 2010, S. 13. **191** Es ist unbeschreibbar ... Aus: Heine, Heinrich: Die Harzreise. Aus: Nationale Forschungs- und Gedenkstätten der Klassischen Deutschen Literatur in Weimar (Hrsg.): Heines Werke in fünf Bänden. Bd. II. Berlin, Weimar: Aufbau Verlag, 1981, S. 271 f. **192** Die Autorin ... Online im Internet: http://ivaprochazkova.com/index_de.html [21. 03. 2012] **194** Schlechte Manieren. Nach: Lenz, Nikolaus: Das Superbuch der 1001 Rekorde. Bindlach: Gondrom Verlag, 2001, S. 287. **216** Die teuerste Show der Welt. Nach: Lenz, Nikolaus: Das Superbuch der 1001 Rekorde. Bindlach: Gondrom Verlag, 2001, S. 173. **217** Der absolut höchste Berg der Welt. Nach: Brauburger, Birgit u. a. Das große Buch der 555 Rekorde. Köln: Buch und Zeit Verlagsgesellschaft, 2007, S. 71. **219** Von geografischen Namen ... Aus: Duden: Die deutsche Rechtschreibung. 25., völlig neu bearbeitete und erweiterte Auflage. Mannheim, Wien, Zürich: Dudenverlag, 2009, S. 64. **222 ff** *Drehbuchausschnitt* »Filmriss. Drehbuch für einen Erfurter KiKA KRIMI.DE«, 4. Fassung, KiKA: Erfurt. 2009, S. 1 – 12 (gekürzt) **232** Geschem. Aus: Pressler, Miriam: Nathan und seine Kinder. Weinheim, Basel: Beltz Verlag, 2010, S. 9. Oomen, Hans-Gert: Karl der Große ... Aus: Entdecken und Verstehen. Geschichtsbuch Sekundarstufe I, Berlin, 7./ 8. Schuljahr. Berlin: Cornelsen, 2007, S. 60. **237** Voigt, Lene: Sächsische Hausfrauen unter sich. Aus: Schütte, Wolfgang U. (Hg.): Lene Voigt. Nu grade! Leipzig: Connewitzer Verlagsbuchhandlung, 1995, S. 141. **238** LP »Weihnachten im Erzgebirge«. Berlin: Eterna, 1965. **242** *Inhaltsverzeichnisse* Schülerzeitschrift »Allergie«, Schülerzeitung der Schillerschule, Dresden, 1. Ausgabe im SJ 2003/2004, S. 2; Spiesser. die jugendzeitschrift, Nr. 139, Februar/März 2012, S. 3 (gekürzt). **245** Sachtext zum Layout einer Schülerzeitung, Nach: http://www.wissen.de/wde/generator/wissen/ressorts/bildung/schule/die_schule_geht_los/index, page=1310708,chunk=1.html [12.02.2012, 23.17 Uhr] **246** Beste Schülerzeitungen in Sachsen gekürt, 2.07.2011, aus: http://www.sz-online.de/nachrichten/artikel.asp?id=2803174 [12.03.2012, 15.00 Uhr]; Der Freistaat sucht die beste Schülerzeitung, aus: Sächsische Zeitung, 10.02.2012. **247** Artikel 5, in: Das Grundgesetz der Bundesrepublik Deutschland (http://www.gesetze-im-internet.de/gg/art_5.html); Auszug aus dem Pressekodex (Fassung vom 3. 12. 2008), aus: http://www.presserat.info/inhalt/der-pressekodex/pressekodex.html [beide Quellen: 28.06.2012, 11.39 Uhr]; § 3 zu Schülerzeitschriften in Sachsen, aus: Verordnung des SMK über Schülerzeitschriften in Sachsen.

Bildquellen

6 picture-alliance, Frankfurt a. M. **16** picture-alliance/dpa, Frankfurt a. M. **18** © parazit – Fotolia.com **22** © Peter Arnold **26** links: picture-alliance/ZB, Frankfurt a. M. **26** rechts: picture-alliance/dpa, Frankfurt a. M **33** © Bernd Jürgens-Fotolia. com **41** © Haramis Kalfar – Fotolia.com **44** fatman73 – Fotolia.com **57** © Blickfang-Fotolia.com **58** © Udo Hoeft – Fotolia.com (1) **58** © drx – Fotolia.com (2) **58** © c – Fotolia.com (3) **58** overthehill – Fotolia.com (4) **61** unten Thomas Schulz, Teupitz **62** Cover (Spiesser): © Spiesser GmbH, Dresden **67** bpk/Gustave Marissiaux, Berlin **68** © Kindernothilfe/Hartmut Schwarzbach **71** picture-alliance/abaca, Frankfurt a. M. **79** Guido Schiefer **80** Norbert Michalke **81** Thomas Köhler/photothek **82** Fotografik: Gerhard Medoch **83** Fotografik: Gerhard Medoch **84** links: picture-alliance/Mary Evans, Frankfurt a. M. **84** rechts: picture-alliance/Mary Evans, Frankfurt a. M. **84** unten: Illustration: Jutta Bauer. © Verlag Friedrich Oetinger, Hamburg **99** picture-alliance/ Mary Evans, Frankfurt a. M. **104** Buchcover (Winter): Carlsen Verlag, Hamburg 2004 **117** akg-images, Berlin © Jüdisches Museum, Frankfurt a. M. **119** links: picture-alliance/dpa Frankfurt a. M. **119** links Mitte: picture-alliance/akg-images, Frankfurt a. M. **119** rechts Mitte picture-alliance/dpa, Frankfurt a. M. **119** rechts: akg-images/Michael Teller, Berlin **120** akg-images, Berlin **121** akg-images,Berlin, © VG Bild-Kunst, 2012 **126** The Munch Museum/The Munch Ellingsen Group **127** picture-alliance/akg-images, Frankfurt a. M. **136** Thomas Schulz, Teupitz **139** © Robert Kneschke – Fotolia.com **140** © hapa7– Fotolia.com **141** © MNStudio – Fotolia.com **142** Buchcover: Über kurz oder lang. Fischer Verlag (Tb), Frankfurt a. M. 2010 **146** picture-alliance/dpa, Frankfurt a. M. **147** picture-alliance/dpa, Frankfurt a. M. **149** © Deutsches Rotes Kreuz **150** oben: © Deutsches Rotes Kreuz **150** mitte: © Deutsches Rotes Kreuz **151** ddp images/dapd, Berlin **153** ddp images/dapd, Berlin **154** © Deutsches Rotes Kreuz **155** © Gorilla – Fotolia.com **156** © Deutsches Rotes Kreuz **157** links: picture-alliance/dpa, Frankfurt a. M. **157** rechts: Task Force Germany – Deutsche Erdbebenrettung e. V. **159** © Cientotres – Fotolia.com **160** Buchcover (Die Nackten): Sauerländer Verlag im Bibliographisches Institut, Mannheim 2008 **178** picture-alliance/dpa, Frankfurt a. M. **192** privat/© Mafa Jan Zatorsky **194** © www.naturfoto-cz.de **205** © ArTo – Fotolia.com **207** Cover (Duden Fremdwörterbuch): Bibliographisches Institut, Mannheim 2007 **211** Cartoon Caricature Contor, München **216** picture-alliance/dpa, Frankfurt a. M. **220** picture-alliance/dpa, Frankfurt a. M. **222** Cinetext Bildarchiv, Frankfurt a. M. **227** picture-alliance/ Mary Evans, Frankfurt a. M. **228** picture-alliance/ZB, Frankfurt a. M. **229** picture-alliance/ Mary Evans, Frankfurt a. M. **232** Buchcover (Nathan und seine Kinder): Beltz Verlag, Weinheim und Basel 2011 **235** Dialektkarte: Archiv VWV **237** Lene-Voigt-Gesellschaft e.V., Leipzig **238** picture-alliance, Frankfurt a. M. **240** Thomas Schulz, Teupitz **241** Mit freundlicher Genehmigung: SPIESSER GmbH, Dresden **242** Thomas Schulz, Teupitz **245** http://www.schuelerzeitung.de/projekte-und-veranstaltungen/sz-wettbewerb/

Sachregister

A

Abkürzung **212, 214**
Ableitung **178**
Adjektiv **148**
Adverb **148, 159**
Adverbialbestimmung **161**
Aktiv **157**
Anführungszeichen **176**
Anschauungsmaterial **26**
Antonym **184**
Argument **30, 31, 38**
Artikel **148**
Attribut **161**

B

Begleitsatz **175**
Begründung **30, 31**
Behauptung **30**
Bericht **62**
Beschwerdebrief **50**
Bewerbungsschreiben **135**
  E-Mail-Bewerbung **137**
  tabellarischer Lebenslauf **135, 136, 137**
Bindestrich **205**
Briefe, offizielle **47, 50**

C

Charakterisieren **99**

D

Demonstrativpronomen **148**
Detektivroman **84**
Dialektregionen **236**
Direkte Rede **175**
  eingeschobener Begleitsatz **175**
  nachgestellter Begleitsatz **175**
  vorangestellter Begleitsatz **175**
Diskussion **30, 31, 34, 37**
  Diskussionsauswertung **37**
  Diskussionsleiterin/Diskussionsleiter **34**
Drehbuch **229**

E

Eigennamen **196**
Einfacher Satz **160**
Einstellungen (Kamera-) **229**
Epoche (literarische) **117**
Erörterung **38**
  Dialektische (kontroverse) Erörterung **44, 45, 46**
  Lineare (steigernde) Erörterung **40**
  Schlussteil **42**
  schriftliche Erörterung **38**
  Überarbeitung **43**
Expressionismus **120, 122**

F

Figurenbeschreibung **99**
Flektierbare Wortart → Veränderbare Wortart
Fremdwort **207, 208, 210**

G

Gedicht **128, 130, 131**
Getrennt- und Zusammenschreibung **198, 199, 201, 202, 203**

H

Hauptsatz **168, 174**
Homonym **186**

I

Imperativ **156**
Infinitivgruppe **165**
Inhaltsangabe **14, 15**
Interjektion **148**
Interrogativpronomen **148**
Interview **70, 72**

J

Journalistische Textsorten **62**
   Bericht **62**
   Kommentar **64**
   Meldung **63**
   Nachricht **62**
   Reportage **64**

K

Kamera-Einstellungen **228, 229**
Kommasetzung **174**
Kommentar **64**
Konjunktion **148**
Konjunktiv I **151, 152**
Konjunktiv II **154, 155**
Kriminalgeschichte/Kriminalroman **84, 98**
Krimi-Drehbuch **227**
Kurzgeschichte **8**
Kurzwort **212, 214**

L

Layout **244**
Lebenslauf (tabellarischer) **135, 136**
Lesetagebuch **98**
Lineare (Steigernde) Erörterung **40**
Literarische Epoche **117**
Lyrik → Gedicht

M

Medien **58** ff.
Metapher **188**
Meldung **63**
Modalverben **158**
Modusformen **151**
   Imperativ **156**
   Indikativ **151**
   Konjunktiv I **151, 152**
   Konjunktiv II **154, 155**
Mundart (Dialekt) **234, 236**

N

Nachgestellte Erläuterung **163**
Nachricht **62**
Nachsilbe → Suffix
Nebensatz **168, 174**
Nicht veränderbare (nicht flektierbare) Wortart **148**
Nomen → Substantiv
Nominalisierung → Substantivierung
nominalisierte/substantivierte Verben und Adjektive **195**

O

Objekt **161**

P

Partizipgruppe **167**
Passiv **157**
Personalpronomen **148**
Personenbeschreibung **101**
Personifizierung **105, 190**
Possessivpronomen **148**
Prädikat **161**
Präfix **178**
Praktikumsbericht **138**
   Abschlussbericht **141**
   Tagesbericht **140**
Präposition **148**
Präsentation **25, 26, 27, 246**
Printmedien **61**
Pronomen **148**
   Demonstrativpronomen **148**
   Interrogativpronomen **148**
   Indefinitpronomen **148**
   Personalpronomen **148**
   Possessivpronomen **148**
   Reflexivpronomen **148**
   Relativpronomen **148**
Protokoll **37**

Q

Quellenangabe **176**

R

Rechtschreibprüfprogramm **215, 217**
Reflexivpronomen **148**

Reklamation **47, 50**
Relativpronomen **148**
Ressort **62**
Reportage **64**
Rückmeldung (Feedback) **27**

S

Sachliches Informieren **16**
Sachtexte **16, 20, 21**
   appellierende S. **20**
   informierende S. **21**
   wertende S. **21**
Sandwich-Methode **27**
Satzgefüge **168**
Satzglied **161**
Satzgliedstellung **162**
Satzgliedteil **161**
Satzreihe (Satzverbindung) **168**
Satzverknüpfung **162**
Schlagzeile **63**
Schildern (Wiedergeben von Eindrücken) **105, 108**
Schülerzeitung **240**
   Zeitungstitel **242**
   Layout **244**
   Präsentieren **246**
Sprachliche Mittel **102, 105, 131, 162, 188, 190**
Standardsprache **232**
Standpunkt **30, 38**
Straßennamen **203**
Subjekt **161**
Substantiv **148**
Substantivierung **195**
Suffix **178**
Synonym **182**

T

Tabellarischer Lebenslauf **136**
Tagesbericht **140**
(Zu) Texte(n) schreiben **130**
Textsorte, journalistische **62**
These → Behauptung

U

Überleitung **26**
Umfrage **73**
Umstellprobe **160**

V

Veränderbare (flektierbare) Wortart **148**
Verb **148**
   Aktiv **157**
   Vollverb **148**
   Hilfsverb **148**
   Modalverb **148**
   Modusformen **151**
   Passiv **157**
   Zeitformen (Tempusformen) **150**
Vorausdeutung **103**
Vorsilbe → Präfix

W

Wortart **148**
   veränderbare (flektierbare) **148**
   unveränderbare (nicht flektierbare) **148**
Wortbildung **178**
Wörterbuch **219**
Wortfeld **182**
Wörtliche Rede → Direkte Rede
Wortschatzerweiterung **178** ff.

Z

Zeichensetzung **174, 175**
Zeitformen (Tempusformen) **150**
Zeitgestaltung **103**
   Zeitdehnung **103**
   Zeitraffung **103**
   Vorausdeutung **103**
   Rückblende **103**
Zeitungstexte, spezielle **68**
Zerlegeprobe **178**
Zitieren **176**
Zusammengesetzter Satz **168**
Zusammensetzung **178**

Zu diesem Buch gibt es ein passendes **Arbeitsheft** (ISBN 978-3-06-062754-7).

Autoren und Redaktion danken Veronika Amm, Kristina Bullert, Simone Fischer, Viola Oehme, Katrin Paape und Freya Rump für wertvolle Anregungen und praktische Hinweise bei der Entwicklung des Manuskripts.

Redaktion: Karin Unfried, Birgit Patzelt, Gabriella Wenzel
Bildrecherche: Angelika Wagener
Illustrationen: Friederike Ablang, Berlin: S. 24, 25, 27, 30, 39, 47, 49, 60, 100, 101, 106, 107, 128, 129, 158, 162, 163, 164, 165, 167, 168, 169, 170, 171, 172, 173, 175, 179, 180, 182, 183, 184, 186, 188, 190, 191, 195, 196, 198, 200, 201, 202, 203, 204, 206, 208, 219, 233, 236
Sylvia Graupner, Annaberg-Buchholz: S. 9, 10, 11, 13, 52, 54, 85, 86, 88, 91, 93, 96, 109, 111, 113, 116, 123, 124, 125, 131, 132, 134, 143, 144, 228, 229

Umschlaggestaltung: werkstatt für gebrauchsgrafik, Berlin
Umschlagillustration: Dorothee Mahnkopf, Diez a. d. Lahn
Typografisches Konzept, Satz und Layout:
Klein & Halm Grafikdesign, Berlin,
nach Entwürfen von Farnschläder & Mahlstedt, Hamburg

www.cornelsen.de

Die Webseiten Dritter, deren Internetadressen in diesem Lehrwerk angegeben sind, wurden vor Drucklegung sorgfältig geprüft. Der Verlag übernimmt keine Gewähr für die Aktualität und den Inhalt dieser Seiten oder solcher, die mit ihnen verlinkt sind.

Dieses Werk berücksichtigt die Regeln der reformierten Rechtschreibung und Zeichensetzung. Bei den mit R gekennzeichneten Texten haben die Rechteinhaber einer Anpassung widersprochen.

1. Auflage, 3. Druck 2021

Alle Drucke dieser Auflage sind inhaltlich unverändert
und können im Unterricht nebeneinander verwendet werden.

© 2012 Cornelsen Verlag / Volk und Wissen Verlag, Berlin
© 2017 Cornelsen Verlag GmbH, Berlin

Das Werk und seine Teile sind urheberrechtlich geschützt.
Jede Nutzung in anderen als den gesetzlich zugelassenen Fällen bedarf der vorherigen schriftlichen Einwilligung des Verlages.
Hinweis zu §§ 60 a, 60 b UrhG: Weder das Werk noch seine Teile dürfen ohne eine solche Einwilligung an Schulen oder in Unterrichts- und Lehrmedien (§ 60 b Abs. 3 UrhG) vervielfältigt, insbesondere kopiert oder eingescannt, verbreitet oder in ein Netzwerk eingestellt oder sonst öffentlich zugänglich gemacht oder wiedergegeben werden.
Dies gilt auch für Intranets von Schulen.

Druck: AZ Druck und Datentechnik GmbH, Kempten

ISBN 978-3-06-062748-6

PEFC zertifiziert
Dieses Produkt stammt aus nachhaltig bewirtschafteten Wäldern und kontrollierten Quellen.
www.pefc.de